历史的流星

纵横精华第二辑·历史的侧影

主编：刘未鸣

中国文史出版社

《纵横精华》编辑委员会

主　编：刘未鸣

执行主编：金　硕

编　委：全秋生　孙　裕
　　　　李军政　胡福星

目 录

一代功名托至公

——丁佛言生平事略

———

亦　斌

丁佛言是我国近现代史上的著名社会活动家，他不论为官还是为仕，从不向邪恶势力低头，不出卖灵魂，不与贪官污吏同流合污；他爱国爱乡，体恤民情；他重义轻利，甘于清苦，视钱财如粪土。在他身上，用得上"清正廉明"四个字。须知，在那个军阀林立，刀兵纷争，"要钱不要命"的时代，丁佛言能清廉如是，是难能可贵的。读罢该文，我们或许能从中得到一些教益和启迪。

丁佛言，原名世峄，字佛言，号迈钝，别号松游庵主、还仓室主，山东省龙口市人，清末民初著名书法家、古文字学家和社会活动家。他历任山东谘议局议员、山东各界联合会会长、国民参议会议员等公职，及《神州日报》《亚细亚报》《国民日报》《中华杂志》等报刊编辑和山东政法学堂教员、民国大学文字学教授，1916年出任过为期半年的黎元洪总统府秘书长。

由于志不得行，心情抑郁，他享年不永，赍恨而殁，令人惋惜。

一

丁佛言诞生于清末光绪四年（1878）农历十一月二十八日，受家庭影响，幼年即聪颖好学，酷爱书艺，19 岁为县庠生员、补廪生，以后无意科举，专修经史。他目睹清政腐败，民生凋敝，心情十分焦虑，常将庚子事件、清廷割地赔款、订立丧权辱国条约的愤慨倾注诗文中。听到戊戌变法失败，康、梁流亡海外，他扼腕唏嘘，不胜惋惜，及在书摊上购到《中国魂》《中国脑》诸书携以归家，阅后连连拍案叫好："中国事尚可为也！"

自此，丁佛言思想趋向解放革新，自己剪了辫子，动员妻子放足。这些言行为思想保守的父亲难以接受，被看成大逆不道，严加斥责，他负气出走，到济南师范学堂就读，扬言"非临终不相见"。

1905 年，他以官费去日本东京法政学堂学习。留日期间，他与杨度、蒋观云等以才学出众、擅长社会活动闻名于时，并经常与周健龙、王揆若等在一起切磋学问，纵谈政治，一致认为：中国非推行联邦制不能统一。

丁学成归国，执教山东政法学堂，1910 年当选为山东谘议局议员，开始步入政治舞台。其实，他对这个"议员"并没有多大兴趣，仍在苦苦探索兴邦救国道路。正如他在一首七绝中所剖露的：

莫将宦海问长年，平地风波万顷烟。

若使胸中无把舵，终生一叶恁簸颠。

当时山东谘议局中分两大派。人们将把持实权的 62 人称为"六二党"，另一部分称之谓"清流党"。丁佛言为清流党的中心人物。

1911年10月，武昌起义爆发，各省纷纷响应。丁佛言早已厌恶清廷立宪欺世，萌发了覆清之志，适值同盟会徐镜心、丁惟汾等谋促山东独立，前来联系，便共同拟订了《独立大纲》，积极活动起来。他还亲到抚院找孙宝琦辩论，规劝他顺应潮流民意。

11月5日，各界人士在谘议局聚会。因新旧潮流意见相左，相互冲击，会场哗然。丁佛言挺身而出，慷慨陈词，予同盟会以声援。他本来就擅长演讲，开口之后全场顿时鸦雀无声，听众无不动容，演讲完毕，掌声如雷，新旧两派暗暗折服。同盟会乘机将八项要求公诸于众，公推丁佛言等为代表向孙宝琦请愿，敦促他代奏清廷。

为使山东独立顺利实现，同盟会丁惟汾、徐镜心又与丁佛言及士绅夏莲居等协议，成立了山东各界联合会。会上，夏莲居被推为会长，丁佛言被推为秘书长。联合会迫使孙宝琦在11月13日宣布了山东独立。

山东易帜仅20天，孙宝琦便提出辞职、撤销独立。接任的袁世凯爪牙张广建等大肆捕杀革命党人，镇压革命。为稳定山东局势，丁佛言与夏莲居亲去北京，想面见袁世凯，劝他收回成命，但没能行通。

1912年1月1日，中华民国成立，丁佛言当选国会议员。从这年起，他开始摹写古籀。章太炎为改组共和党进京与他洽谈。二人一见如故，十分投机，遂结为文字交。6月，以丁佛言与王揆若为首组成了共和党山东支部。这一年，他还兼任了《国民日报》《民吁报》编辑。

众望所归，1913年丁佛言被推选为第一届国会参议院议员，先任该院审查委员会委员，继任委员长；后又被推选为宪法起草委员会委员长。共和党改组，他担任了进步党党务部长。参议院议长张溥泉辞职，党中一致议推丁佛言出任，因他得悉袁世凯已属意他人，坚辞不就。

这年，他受党内委派去武昌拜访黎元洪。黎早已心仪其人，见面后对他的胆识才干更加器重。

薛大可在北京创办《亚细亚报》，请丁佛言任主笔，他们后来虽因政见不一割席分道，但当时还是志同道合的。丁佛言在报纸上发表过不少政论文章，综论世界形势，救国方略，高瞻远瞩，振奋人心。

司法总长梁启超等人曾邀丁佛言入阁参政，被谢绝了。其后，他只对财政、铁路主权谈过两项建议，但没被采纳。

进步党党务部创办了一份《中华杂志》，丁佛言为总编，撰发的文章内容多系国计民生和国家前途，其中的《世界势》《国是论》等即为其代表作。这些反对专制、恶军阀如蛇蝎的开明见解，恰为心怀叵测的袁世凯所忌恨。

1912 年 3 月，袁世凯就任临时大总统后，多有违反共和国政体的言行，对国民党的压迫尤其明显。看到这些情景，丁佛言深悬唇亡齿寒之忧："国民党若被消灭，进步党岂能独存？"为此，他特约议长王家襄向袁世凯进谏。袁世凯执意孤行，拒不采纳。丁佛言气愤地说："国民党有四个都督，执掌四省兵权，势力雄厚，不可小看。"

当时，广东胡汉民，湖南谭延闿，江西李烈钧，安徽柏文蔚对倒行逆施的袁世凯确实有很大威胁。

袁世凯听后，道："他们想兴兵打仗吗？打就打吧！"

丁佛言说："兵衅一开，老百姓岂不又要蒙受涂炭之苦？"

"那也没办法"，袁世凯蛮横地说，"谁叫他是老百姓哩！"

丁佛言见袁世凯跋扈到这般地步，忧愤至极，出门仰天长叹道："国事不可为也！"

不久，"二次革命"爆发，政局被他不幸言中。面对遍地狼烟、满目疮痍的动荡局势，他捶胸顿足，只恨回天无力。

二

1914 年 1 月，袁世凯解散国会，5 月废除临时约法，积极筹备复辟称帝。与丁佛言交谊极深，又系同乡的参议会国民党籍议员徐镜心（字子鉴）被军法处逮捕。丁佛言闻讯，与众议院议员周健龙往见财政总长周子，请他帮助设法营救。

周子极力推诿："此为总统之意，实难为力，徒劳无益。"

丁佛言一听很不满意，质问说："子鉴前几天见过你，你曾讲，只要不出京，可保证他的安全。有这句话吧？"

周子默然。

丁佛言又道："今子鉴未出京为什么逮捕他？你又不肯营救，是何用心？莫非当初就有意诓赚他不成！"

周子闪烁其词，支支吾吾……

此后，丁佛言多方奔走，直至计划筹款赎徐出狱，终未能成。不久，徐镜心遇害。

徐镜心被捕之前，国民党籍议员多已出京避难，虽有一两个留在京城，亦没敢公开出面营救。及徐镜心遇难，丁佛言连夜找到周健龙，偕同徐镜心生前至交、日本人仓谷箕藏着手收殓，料理后事。在扶运灵柩回籍前后，丁佛言竭尽了全力。

事后，丁佛言在按院胡同寓所深居简出，闭门读书。一天，同乡仲广文造访，见门外有几个行踪鬼祟的人逡巡左右，便对丁佛言说："你察觉到了吗？门外几个人不怀好意。"

丁佛言漫不经心地道："觉察到了。他们不但守在这里不走，待我外出时还紧随身后，实为便衣侦探。"

次日，仲广文将这事告知王幼山。王幼山便约王揖唐面见袁世凯，询问此系何意。

袁世凯顾我而言他，答非所问："丁佛言既不是国民党想杀我，又非公民党想敲我几个钱用。我对他并无戒心。"

王幼山说："总统既然不知，或许为吴总监所为。请通知吴总监将侦探撤走可好？"

袁世凯道："这不难。不过我有句话问你们，来京居住者大都是想做官。丁某请他做官他不做，又恋栈不去，是何用心？"

"人各有志嘛！"王揖唐答，"不好勉强。"

袁世凯沉吟道："是了，是了，人各有志……"面呈不悦之色。稍停，袁又说，"我有件事烦你们转达丁某，现在日本人由龙口登陆，舰泊胶东。敢劳他胶东一行，将日方情况调查一下。若加任命嘛，那又成了官啦。我不加任命，也不给薪俸，考察归来补发路费。"

王揖唐与王幼山退归，转告丁佛言。

丁佛言道："此曹孟德杀祢正平之计也！他明知我素有抵御外侮之名，我去，日人必加害于我。可是，又不好不去。"

二王颔首称是。

于是，丁佛言立即打点出京，直赴胶东，遍走各县，作了调查，然后呈文上报。至于袁许诺的路费，却如泥牛入海，杳无音讯。

第二年，袁世凯又委派他去山东曹州查办土匪，仍是不发薪水，没有名义。丁佛言说："他原是要借日本人的刀杀我，没成；又要借土匪的刀杀我。可我明知是俎上肉，还是要去。"

随后，丁佛言再赴山东。调查完毕，丁缮就呈文托人转去，不久即潜至天津通电反袁。

丁佛言由天津去济南，寄住在靳云鹏府里。袁世凯得悉，向靳要人。靳复电说："此人在我处终日读书写字，绝无越轨行为。在这里看管，胜似解都。"使丁佛言避过风险。

当时，丁佛言的处境极其险恶，北不能去，南不能去；张勋在徐州，西行亦不利。可是当推举他与丁惟汾等代表山东参加南京会议时，他却履险如夷，慨然应诺。

会期，丁佛言仗义执言，明确提出袁世凯必须退位。安徽督军倪嗣冲主张维持袁的总统地位，丁佛言拍案而起，坚决反对。倪嗣冲气势汹汹地质问他："你不是代表山东来的吗？靳将军是拥护中央的，你为什么私通南方？"湖南代表陈裔时代为反驳："君子爱人以德。主张退位是为袁总统着想，正是拥护中央。"

在五次会议上，丁佛言带头提议要电邀南方独立的五省代表参加这次会议，解决总统去留问题，并得以通过。为此倪嗣冲派兵到会场示威，丁佛言莞尔一笑，毫不介意。他那威武不屈，大义凛然的正气博得与会者的赞叹。

会议未能实现袁世凯及其党羽的预期目的，不决而散。消息在报上披露后，轰动一时。袁世凯气火攻心，病情加剧，6月6日惊忧而死。

1916年8月1日，黎元洪代理总统，国会复活，丁佛言怀着极其矛盾的心情再次进京就议员职。

当时，总统府秘书长饶汉祥见议院秘书长徐树铮傲纵越权，难与共事，便向黎元洪推荐丁佛言接任自己的职务。饶汉祥拜访丁佛言，转达了黎元洪的依重情义。丁佛言力辞。恰逢孙伯兰、汤斐予来访，三人一齐敦促，始无可奈何地应承下来。他说："你们这是情急乱烧香，寻替死鬼呀！我这是临危受命。"就任前，仍坚持保留自己的议员席位，以备退步。

国务总长孙伯兰，侍从武官哈汉章等认为，府院不和的原因主要是段祺瑞从中作梗掣肘，只要将他逐下台去，便可风平浪静。丁佛言认为这事难以行通，要消除隔阂，还是应当把权限分清。为此，他明确提出府院办事手续，划清职权范围，以免相互扯皮，并建议总统要出席内阁会议、发表意见，但不参加表决；总统对国务得以自由行使职权，任用非人可拒绝盖印。哪知徐树铮不同意，专横地驳斥说："中国现行的是内阁制，有什么权限之分！"终未达成协议。

段祺瑞让人转达心意给丁佛言："以你的才干应当出任国务卿。中国的事全在北洋一派手中。北洋派的领袖是段祺瑞，他很想与你面谈一次。"丁佛言拒绝说："我所以急于谋划段、黎合作，是为国家前途着想，非为个人私利。"

不悉内情的人，误以为府院龃龉系丁佛言从中拨弄，丁佛言应负其咎。其实他是一直想竭尽全力调处，未能奏效。瞻前顾后，丁佛言面对积重难返的时局心灰意冷，越感到自己的政治抱负难以实现。几经权衡之后，他下定了去职决心。

他在辞职书上写道："……国务会议以前无议事日程，会后无报告。发一令总统不知用意，任一官总统不知其来历……大总统无见无闻，日以坐待用印为职！"将自己的愤懑不平和盘托出。

议院秘书长徐树铮去职后，段祺瑞认为总统府秘书长丁佛言也应免任才算公允。黎元洪大为恼火，正要拒绝其无理要挟，突接到张勋斥责丁佛言的电报，勇气又消了。

1917 年 2 月 25 日，丁佛言离职，在任历时 6 月余。任职期间，他仍不废治学，每天按预定课程练字做文章，从不懈怠，即使半夜回家，也要坚持练习、临摹大字两张。生活上，他律己甚严，上下班仅雇一黄包车，有时则徒步行走。有人问他："为什么不乘汽车？"

他说："上台须防下台时。今日可以乘汽车，将来下台怎么办？"

他的寓所仍在按院胡同。那是一处仅 20 元租金的小屋。夫人贤惠勤俭，亲自下厨、洗衣、买菜。有一次，汤斐予不期而至，并想见嫂夫人。丁佛言道："你在门口没逢到？""唯有一半老仆妇。"汤斐予心不在焉地说。

丁佛言哑然失笑："非也！此即我内人也！"

1917年7月，张勋拥宣统复辟。黎元洪逃往东交民巷日本使馆，外界风传辫子兵必杀丁佛言。丁佛言将家眷安排回原籍，只身赴天津，转道上海。临行，他沉痛地说："中国政治坏于北洋派，只知贪赃卖国，毫无治国章程。而进步党只会依草附木，趋炎奉承，猎得一个总长或省长即如愿以偿。仰承鼻息，拾人牙慧，必败无疑。"

他有两首七绝，是记叙当时战乱情景和忧虑心情的：

> 解铃不是系铃人，花样翻新又一新。
> 天道好还人事近，却看入瓮是诸君。
> 去年群犬争投骨，今日惊忧若丧家。
> 剩有阇城台上客，长搓泪眼望新华。

丁佛言在上海环龙路拜访过孙中山先生后，便去南方游说，力促恢复国会，继续制宪。他始终认为民国以来的政争不息、变乱频仍皆由国家无法所致，若早定宪法，则军阀、政客难以肆虐。数月后他辗转返回原籍，潜心书艺篆刻，并与康有为飞鸿往来，笔谈书道，十分相得。后因地方形势不稳，丁佛言携眷至京，仍在按院胡同赁房居住，杜门谢客，开始第一部著述《说文古籀补补》的撰写，取号"迈钝"。这期间，全家的生计也就赖于他的鬻书治印了。

1918年9月，徐世昌当选为大总统，征聘他出任善后委员会委员；直鲁豫副巡阅使吴佩孚原是坚持联邦制宪的，也曾请他到洛阳起草宪法，均没应允。

丁佛言给吴佩孚回信时，希望他能主持公道，挽颓局于万一。而吴复电说："民国政治之不上轨道，皆议员所致。"

丁佛言对这一论断十分气愤，复电回驳说："政治之坏，皆坏于军阀拥兵称霸。议员不应负其咎也！"

旧国会恢复后，丁佛言再次赴会。行前他致书黎元洪："余此次专为列席宪法会议，不问其他。"

不久，直系军人和拥曹政客蠢蠢而动，蓄预废黎元洪的两院联合会，解除黎元洪的职务。丁佛言目睹社鼠横行，政争不息的现实，又陷入极度苦闷之中。这时，曹锟邀他写宪法碑，被他凛然回绝了。气焰熏天的曹锟没料到会受这么个难堪，十分恼怒。但一时也无可奈何。

"豺狼当道，安问狐狸？"丁佛言看到推行宪法将成泡影，决定辞去议员职务。他到寓居北京的汤斐予处辞行，见汤正在草拟辞职书，尚未脱稿，便立即表示愿意联名发表。他说："国事蜩螗，城狐社鼠。我明天即束装出京，此后不列议席了！愿诸公好自为之。我辈能存廉耻于千百，国家或许还有希望。"

他为报纸写好了揭露曹锟秽行的文章，将家具处理一光，大有破釜沉舟、义无反顾之势，并对前来送行的亲友说："这些人能不让我施展政治抱负，却无法阻拦我著书立说。"

从此，丁佛言彻底摆脱了那风云变幻的政治舞台，隐退故里，潜心古文字的研究及书法、篆刻修炼。

三

四十岁已无闻到此日况将半百

五千元真可惜从今后不值一文

这是丁佛言 1923 年底回到原籍后，戏写在客厅门上的对联，意在嘲讽曹锟贿选。丁佛言当时已辞去议员职务，但曹锟深知他在国会中仍有一定影响和势力，不敢轻慢，照送贿金 5000 元，请其"鼎助玉成"，没想到又吃了闭门羹。

丁佛言对国会中朋比为奸，党同伐异的腐败现象伤透了心，对曹锟贿选厌恶冷齿。离京前，他曾在报上发表文章痛斥这一丑行，使热得发昏的曹锟像挨了当头一棒，陷入狼狈窘迫之中。

第二年夏秋，因与别人合办的米店有事，丁佛言进京。8 月 21 日为衔恨已久的曹锟逮捕系入鹞义胡同侦缉队监狱，再次胁迫他书写伪制天坛宪法。山东籍议员闻讯，联名向曹锟提出抗议。

曹锟颐指气使，着秘书长王兰亭出面说："直奉战起，人们争相出京。丁某此时入京，其中似有嫌疑。丁某的性命可保无虞，但不能即行开释。"

众议员无奈，又找吴佩孚解救。吴因昔日谠诤之嫌，不肯出力。

狱中似软禁。这主要是曹锟尚碍于时局不稳，社会舆论压力及丁佛言的声望，一时不敢加害于他。其实，丁佛言早将生死置之度外。自谓：人生自古谁无死？怎样死还不是寿终正寝！

狱中他写了一首七律：

> 霜露清凉通九秋，风吹坏壁鬼生愁。
>
> 廿年夙有读书愿，入狱原来我自求。
>
> 务名莫悔抽身早，杀士难遮窃国羞。
>
> 今日死生成赌斗，试拭双眼看吴钩！

狱中长日永夜，丁佛言正好得闲读书，一本许慎的《说文解字》，给他解除了不少寂寞。

丁佛言身困缧绁，不废学术研究，利用这段时间将所著《说文古籀补补》一书作了认真校核，誊清后作了序跋。不久，此书由商务印书馆付印，公开出售。

1924 年 10 月 23 日，直系将领冯玉祥倒戈，发动"北京政变"，直系政权垮台，曹锟被囚，丁佛言获释。当时报刊竞相发布两大新闻：一为"驱逐溥仪出宫"，一即"释丁世峄出狱"。可见其清望之高。

出狱后，他坚辞多方征聘，诸事不顾，匆匆返回原籍。翌年，张宗昌督鲁，为借地方贤达名流巩固统治地位，特邀丁佛言"辅弼襄助"。丁佛言托故谢绝。张宗昌无奈，便在督军府给他挂了个空衔，按月寄送200 元薪俸。丁佛言收到后，悉数转给县里做了教育经费，并随即去学堂执教，以示无意政治，韬晦自全。这段时间，他将全部精力投注于著书立说，继《说文古籀补补》之后，又写成了《续字说》《说文抉微》《还仓室述林》，余暇则鉴赏古玩，砥砺书艺。

1929 年张宗昌由龙口登陆东征刘珍年，拟顺路拜访丁佛言。丁佛言闻讯携全家避往大连，转抵北平，作长住打算。

四

丁佛言一生崇尚节俭，厌恶奢侈豪华，生前身后别无长物。因苦于辗转搬迁，夫人曾想劝他买处房子，也算给孩子置点产业。他却很不以为然："积财千万，不及薄技在身；留产业不及教他学点技艺，做个自食其力的人。"

他身居要津，室如悬磬，早为时人所共睹。早在 1918 年任参议员时，有人提议增设机制酒税。他对此议很为反感，认为当时国内机制酒厂仅北平双合盛啤酒厂及烟台张裕公司数家而已，况且势单力薄，尚待巩固发展。设此税后，不利于民族工业振兴，也将影响抵制外酒，很可能把国内为数可怜的几家机制酒厂扼杀在摇篮中。

这时，双合盛啤酒厂也想谋求免税支撑，恳托丁佛言代缮呈文，并面见总统徐世昌及烟酒督办张小松、财政总长周子。丁力争数次，屡陈利弊，始得允准，使国内几家机制酒厂解脱了重轭和倒闭威胁。

双合盛总经理郝跻卿因感激丁佛言的仗义执言，嘱示黄县籍经理王禹川多次以 5 万元酬金相赠。丁佛言坚辞不受，正色道："我是为民族工业着想，并不是出于私谊。"

王禹川见难以勉强，年底要送两打黑啤酒。丁佛言坚持说："不得超过此数，多即退还。"将啤酒收下后，又以所书扇面、楹联回酬。

1928 年，丁佛言为避张宗昌裹胁由原籍抵京，寄居在杨梅竹斜街鸿升客店里。王禹川拜访时说："我在西城新购一住宅，还较宽敞，并附有一小花园。家属未来前请三爷代为看管、暂住。"

盛情难却。碍于同乡情谊，丁佛言只好暂借其厅屋栖身。直至丁佛言去世，王禹川在灵前将交通银行存折及那处住宅契约拿出来，泣告丁夫人说："双合盛感激三爷情义，因赠款不受，窃以他的名义代存银行。三爷前住之屋，实由存款中所提，购下转赠三爷的。今三爷作古，余款及房产请夫人接收。三爷在世，禹川绝不敢提及此事！"

丁夫人执意拒收。她说："俭可以养廉，这是先夫家训，绝不敢违先夫初衷，玷污他的名节！"

事后，双合盛总经理郝跻卿感慨地说："谁说处尊居显未必贤？丁佛言之清廉非浪得虚名可比，实可风世！还有丁夫人的气节，禹川的信义，也是值得称道的。他们那超常拔俗的品格，足以振颓风而励后人！"

丁佛言晚年虽称不谈革命，不介入政事，实际无时不在为国家前途、民族兴衰而焦虑苦思，充斥于字里行间的忧时悯乱之心犹炽烈如火，从未平静过。长时间的悲愤悒郁，严重损害了他的健康。

1930 年，他任民国大学文字学教授，住鲍家街。他早年就有胃病，时轻时重，二、三月间又染上流感，经数月方痊愈。至秋，丁佛言胃病复发，医治无效，又受风寒。延至农历十二月一日溘然长逝，终年 53 岁。弥留之际，他曾对亲友说："天若假我十年，即可完成著述计划。虽死无憾矣！"可惜斯人不寿，愤恨而终。

几天后，《大公报》发表社论，主笔张季鸾撰文《悼丁佛言先生》，对其人品、气节、学问大加褒扬，推为"一代之范"。

噩耗传开，海内外贤达名流敬赠仪幛、挽联 800 多件。公推民初教育部长雷光宇为主祭。

沈钧儒等送来的挽联甚有特色：

> 大笔何淋漓金石刻画为余事
> 才人感摇落风流儒雅怅千秋
> 所居在谦让之间鲁多君子
> 作字溯商周以上前无古人
> 平生具王佐奇才出世曾为天下事
> 晚岁成著述大业退闲聊作云水身

五

丁佛言生逢民族多难的离乱之秋，不甘与军阀、政客同流合污，急流勇退，埋头于学术研究。

丁佛言的书艺、治印精严渊雅，师承前人，法古而不泥于古，集众家所长而出新，笔法精绝，四体皆工，尤其大篆，公推一代所宗，名重南北。他长期从事古文字的形、声、义研究，由许慎的《说文部首》入手，参考古籀，为纠正使用和解释篆籀字混乱所作的《说文古籀补补》等著述，起到矫枉归宗的积极作用。他一生著述不下20部，近百万言，大部分未能整理出版。

在书艺上，他由于博学诸家，任何法帖提笔便能神似。据说，丁佛言生前春节回家，只要门上贴出春联，不过一夜便不翼而飞，被人揭去，可见其书艺为人爱重之深——即使弹丸小县也不乏慧眼识货者，知其为传世之作。于学忠任河北省主席时，丁佛言的楹联一幅标价200元。因偏好和用功最多，他的甲骨、钟鼎不唯誉满神州，亦为东邻日本所推崇。日人素重书道，视丁佛言遗墨为神物，每以重金搜求，珍重收藏。

丁佛言书艺日臻成熟，夫人曾流露出要收藏他一部分作品的意图，他慨然道："存什么！等有时间给你写两天就是了！"

后来，他果真写了一份毛公鼎（周鼎，十大页，数百字），写罢将笔一掷："我平生写了这一份，以后没饭吃可卖2000元！"

丁佛言青年时代所作诗词不少，七言绝句尤多，存留下来的却甚寥寥。其诗韵，既有愤世嫉俗之激情，也有伤时感怀之消沉，奔放抑郁兼有。

丁佛言去世后，北平师范大学教授柯燕舲、商务印书馆经理孙伯恒深知其遗墨及著述均有传世价值，拟分别整理付梓，后因种种原因未能如愿，遂延宕搁置下来。北伐初定，抗战又起，内忧外患，国无宁日，历史文物在劫难逃，多罹兵燹，丁佛言这些不啻国宝的遗墨亦散失不少。

1950年，美国驻华大使司徒雷登归国前，想出20万美元收藏丁佛言的遗墨和著述手稿，恳托丁佛言生前好友代为说项。丁夫人就商于黄炎培、章士钊、沈钧儒。众人认为"此系国粹，一旦落于外人之手，中国即难复得，虽重金不能卖"而回绝了。

在友人的支持下，丁夫人毅然将这部分遗物——包括那份毛公鼎在内的珍贵字画、印谱如数捐给了山东博物馆。

第一个在国际联盟会议上用汉语
讲演的蒋作宾

————

王腊成

    1929 年 3 月，国际联盟（联合国的前身）在瑞士日内瓦召开了第一次裁军会议，蒋作宾代表中国政府参加了此次会议。按照规定，与会代表的大会发言均须使用英法两种语言。蒋作宾对此深感愤慨，他认为，占世界人口四分之一的中国人讲的汉语，竟然不能在国际会议上使用，这是不合理的。因此，他不顾会议组织者反对和阻挠，在日本人发言后，以中国外交家的尊严走上讲坛，一反惯例，毅然用汉语发表了演讲，令全体与会者大吃一惊。第二天日内瓦的数家报纸都以此为题，发表了大量的报道和评论。报道说："在国联会议上第一次听到了中国话！"日本代表一改往日的倨傲，找到蒋作宾说："敬佩！敬佩您的勇气，能在国际联盟里用中国话发言，以后我们日本也援引此例！"作为第一个在国际会议上用汉语发表讲演的蒋作宾，为汉语登上国际讲坛，重塑中国的形象，开辟了道路。

蒋作宾，字雨岩，1884 年生于湖北省应城西十乡一个贫苦的家庭。父母早逝，靠兄嫂抚养长大。15 岁应科举，县试名列榜首，府试中秀才。光绪二十八年（1902），考入武昌普通学堂，与同窗宋教仁友善，接受了革命思想。因成绩优异，1905 年被张之洞选派到日本留学。在日本留学期间，与宋教仁相遇，而且结识了黄兴、陈天华等革命志士，经宋的引援，蒋作宾与孙中山相识。见面后，他深为孙中山的精神与气质所折服。这年 8 月，蒋作宾成为同盟会的首批会员。

1908 年，蒋作宾在日本士官学校学成回国，被分配到保定军官速成学校当教官。在此期间，他利用授课之便，不断向学员灌输革命思想，秘密组织革命团体。超群的军事理论素养和实际军事操作能力，赢得了清政府陆军部长荫昌的赏识，后被调入陆军部军衡司，不久晋升军衡司司长。陆军部军衡司是掌管全国陆军人事勤务及部队编配等业务的部门。蒋作宾利用这一契机，整编全国军队，将旧军逐渐淘汰，换上同盟会员及陆军军校的毕业生，为将来推翻清政府建立起革命的后备军。

1911 年 10 月，武昌起义爆发，蒋作宾和革命党人吴禄贞、张绍曾等密谋武力夺取北京计划被清政府察觉，只好逃出北京辗转来到武昌，正逢起义军在汉阳失守，革命军总司令黄兴东下上海，蒋作宾到了武昌督府，见黎元洪束手无策、伤心痛哭。便想法稳住了黎情绪，鼓励他坚持防守等待援军。蒋作宾交代后，即刻马不停蹄地深夜冒着风雪穿过战区赶往九江，火速请来了李烈钧的队伍，为武昌解了围，使武昌的局势得以缓和。

1911 年底，蒋作宾应黄兴电邀，赴南京参加临时政府成立筹备工作。次年 1 月，中华民国临时政府成立，蒋作宾被任命为陆军部次长。袁世凯上台后，蒋作宾受到排挤，被送西山幽禁。黎元洪继任大总统后，蒋受邀复出任参谋本部次长。1917 年 9 月，蒋作宾奉命赴美、法、土耳其、希腊等国考察，开始了他职业外交的生涯。1919 年 2 月，他从欧洲回国参加北伐，任战地政务委员会主任委员。北伐战争取得胜利后，国民政府基本上统一了全国，这时候对外的国际关系就显得重要起来了。蒋作宾向国民政府主席谭延闿建议：北伐已告成功，国家已初具统一规模，列强必更忌我畏我，我若不急谋抵御，势必为列强暴力所乘。假若有事，列强必以海军封锁我海岸线，非先为国家辟一后门，则缓急莫可待也。余以个人出外考察联络各国，以争取友好支持。由于当时列强有逼人之势，国民政府同意了蒋作宾的建议，但不同意以个人名义出外考察联络，而是委派他驻德国公使及兼任驻奥地利公使，以利于开展外交活动。蒋作宾是国民政府派出驻德、奥的第一任公使。蒋作宾受命后，于 1928 年 11 月自上海乘船赴欧洲，40 余天后到达德国，受到德政府的隆重礼遇。德政府专门开了一辆花车到德边境迎接，当花车由边境到达柏林时，德海军上校李滋曼以及其他高级官员亲临车站迎候多时。

蒋作宾在外交活动中，深感日本人对华野心勃勃，他决定努力联络德国和苏联以钳制日本。1929 年 3 月，借国际联盟在日内瓦召开裁军会议之机，蒋作宾与苏联外交委员会主席季维诺夫就改善中苏关系作了多次会谈，极大地改进了当时很紧张的双边关系。由于国民党政府的种种干扰，蒋作宾想恢复中苏外交关系的努力终告失败。蒋作宾气愤至极，于 1931 年春愤然提出辞职。在回国途中，蒋作宾绕道去苏联考察，亲眼看到了苏联全国上下团结一心建设国家的热潮和人民积极向上的精神状态。回国后，蒋作宾把在苏联所考察的情况和亲身感受写成报告，冒险交给国民党政府。但是，他的呼声、措施未能得到国民党政府的重视和理睬。

蒋作宾对国民党政府当时的外交政策失去信心，然而，回国不到一个月，又被任命为驻日本公使。推辞不掉，他只得于 9 月初起程赴任。不久，驻日公使馆升格为大使馆，蒋作宾即成为中国第一个驻日大使。蒋作宾在驻日期间，正是日本帝国主义侵略中国的野心大暴露的时期，驻中国的日本军队不断在中国领土上挑衅滋事。蒋作宾成天忙于与日交涉，数度与日本外相币原、广田等人举行谈判，但由于国民党政府软弱，一味退让，使蒋作宾时时处于进退维谷之中，他所做的一切努力付诸东流。在日本四年的外交生涯他终身难忘，深感国家的强弱、政府的廉污决定着一个民族的存亡。尽管蒋作宾处境艰难，但他还是尽了自己的最大努力，在对日交涉中，坚持了国家的利益，保持了民族气节，维护了国家及自己的尊严。在日四年中，也耗尽了他许多心血，1935 年 12 月回国时，已是两鬓斑白心力交瘁。回国后，一直郁郁不得志，身体健康每况愈下，于 1942 年 12 月 24 日病逝于重庆，时年 58 岁。

东北"辛德勒"王替夫的传奇人生

———

谭敦民

　　一次偶然的采访中，朋友告诉我一桩奇人奇事：有一位 90 岁高龄、生活困顿的老人，居然会讲四国外语！现在还常常教中小学生外语，可就是一分钱也不收，据说，他当过伪满"外交官"，见过抗日名将马占山，见过希特勒，见过溥仪，见过蒋经国……

　　我急于和这位老人见面。朋友经过几次联系，我们终于找到了居住在哈尔滨市芦家街的奇人王替夫的家。

　　这是一栋普通得不能再普通的半旧居民楼。好不容易才敲开王老的家门，高声应答并前来开门的正是王替夫老人，由于已经电话联系，没有更多的寒暄，老人就滔滔不绝地打开了 70 年前的话匣子。

生不逢时，就业于伪满"外交部"

　　1911 年，王替夫出生在吉林省永吉县黑山嘴子屯，从小就显示出极好的外语天赋，随经商的父亲到哈尔滨念"高小"时，已经能用英语与老巴夺烟厂的英国人会话了，上初中以后，又学了俄语，直到考取哈尔滨工业大学，他的外语成绩一直遥遥领先。由于数学不太好，他又跳槽到当时的法政大学，开始学习日语、德语。

1932 年，他毕业后的一天，一个不速之客来到他家，来人是日军青木警尉，"土老师，听说您会说四国外语，特地前来拜访，我想和你学习中国话。""王老师"哪里敢问来龙去脉，更不敢说不行，忙说那么我和你学习日本话吧。于是，这一对特殊的师生就开始了特殊的学习。自此，神秘的青木警尉一直陪伴着他。

时间不长，伪满洲国驻哈尔滨特派员公署招两名外交雇员，青木警尉要他去考试，试试运气。他哪里敢说不去，便报上了名。经过笔试、口试，王替夫以优异成绩脱颖而出，成为 80 多名考生中被录取的两名之一。伪满新京（长春）外交部大桥次长听说王替夫考试成绩好，特地来电话要调他去新京。

原来，当时的苏联在伪满洲国的哈尔滨、满洲里等地都有领事馆，伪满洲国因此要求在苏方赤塔设立领事馆，苏方默许。领事李垣、副领事山本齐郎以及书记官都已就位，独缺一位书记员，王替夫会俄、日两国语言，自然是最佳人选。于是，大学生变成了伪满的外交官。

晋见希特勒，暗中做满洲的"辛德勒"

王替夫在驻苏联赤塔领事馆工作三年半，由书记员升任书记官，后来回到大连日本关东州附属地。时间不长，1938 年，法西斯德国承认伪满洲国，伪满派吕宜文为驻德公使，于当年 12 月起程赴德国汉堡。由于王替夫会讲德语，又作为书记官带家属随行。

经过两个多月的车船奔波，到达德国已经是 1939 年初春了。

王替夫陪同吕宜文公使向希特勒递交国书。50 岁的希特勒设午宴招待吕宜文一行。席间，提起成吉思汗，希特勒眉飞色舞地盛赞成吉思汗的远征欧洲之举，说欧洲也应当出现这样一个人物。王替夫听得出来，希特勒是以成吉思汗自许。希特勒对中国满洲了如指掌，还对东北的大豆、辽宁的苹果大加赞扬。他侃侃而谈，还提议为两国建交举杯祝酒。

再次见到希特勒是在 5 月 10 日，这天是希特勒的 50 岁生日。生日的前一天，总统府设鸡尾酒会，各界要人、各国来宾及外交使节聚会一堂。表面上看，希特勒不抽烟、不喝酒，没有家室，一心一意为"振兴日耳曼民族"尽心竭力。他自己开敞篷车上下班，有时还下车和普通市民谈谈话，一副平易近人的样子。希特勒喜欢读书，知识比较广泛，尤其擅长讲演，不拿讲演稿也可以口若悬河地讲几个小时，语言极富煽动性。一些狂热的追随者把他看成了神圣的化身，在各种游行和集会中高呼口号，誓死效忠希特勒。一些少年对他的崇拜已经到了疯狂的地步，在各公众场所行元首式的"举手礼"。

10 日这天，举行了声势浩大的大型阅兵式，参加检阅的陆、海、空军阵容庞大，希特勒神采飞扬地站在观礼台上，对三军行注目礼。阅兵式从上午 9 点一直到下午 2 点，希特勒在观礼台上整整站立了五个小时，毫无倦容，令人惊奇！坐在观礼台上的各国使节交头接耳、忐忑不安，希特勒如此亢奋地炫耀武力，足见其狼子野心。果不其然，几个月过后，法西斯德国发动了一系列的闪击战……

5 月中旬，德国外交部长里宾特洛甫召见吕宜文公使，告诉他：德国政府要将本土的"劣等"民族犹太人全部驱逐出境，从本年初就成立了犹太人出境办事处。但是，从海路走太慢了，现在还有大量的犹太人没有离开，美国的犹太人协会答应接受他们，我们想让这些"犹太猪"经苏联远东进入"满洲帝国"，然后去美国，希望你们能够同意。

经过请示，得到了默许，吕宜文委派王替夫以兼职领事的身份全权办理此事。王替夫很快与苏联大使达成共识，签署了犹太人过境签证议定书。然后，又与他的德国秘书朗格尔小姐赶到美国大使馆，与美国"犹太人共济会"代表托马斯进行详谈，使他对犹太人为什么出境有了进一步的了解，他深深地为犹太人的命运担忧，希望更多的犹太人尽快地离开这里。

然而，事实并不如他所愿，6月10日9时整，"犹太人共济会"代表托马斯来到他的办公室，从提包中只拿出了20本护照。王替夫惊讶地问："怎么只有这几本？"托马斯无奈地说："是的，不过以后会越来越多的。"这以后，护照的数量逐渐增加。20多天以后，王替夫自己统计了一下，发现只签了近千人。可窗外的反犹吼声一天比一天高，犹太人的处境越来越危险，王替夫急了，他要求托马斯每天多带一些护照来，要尽快争取时间，让更多的犹太人在纳粹还让离境的时候，多办一些护照，多救助一些生命。

托马斯对王替夫的人道主义精神表示深深的敬佩，从7月初开始，每天都带100本护照来签字、盖章，并当天带回去。这期间，吕宜文带王替夫出席了几次纳粹组织的大会，觉察到了纳粹在欧洲的野心，也了解到他们要对犹太人实施更加疯狂的迫害，这使他忧心忡忡，他心里说，要快，要快呀，这些可怜的人需要帮助啊！王替夫放弃了周日和早晚的休息时间，不论护照什么时候来，他都办理，绝不延误。

1939年9月1日，纳粹德国悍然发动了袭击波兰的战争，这一天，托马斯没有来；也是这一天，吕公使来找王替夫，告诉他，今天见到了德国外交部长里宾特洛甫，暗示我们可以不给犹太人签证了，他们准备有计划地建立一些犹太人居住地，使这些劣等民族不能再到世界其他地方去；日本驻德国公使也表示了类似的意见。所以，我想这件事就到此为止吧。再说，满洲国对此并没有明确的意见。王替夫一听就急了，他强压住心里的愤慨，大声说："如果我们不帮助这些任人宰割的犹太人，那他们就只有等着一死了！救人一命胜造七级浮屠啊！全德国的犹太人我们帮助不了，我们总可以帮助一些人哪，更何况我们已经开了头，很多犹太人都知道我们给签证，我们是他们唯一的希望啊！"

吕公使半晌默然无语，沉默了好长时间，才说："这样吧，你可以继续悄悄地办理，但不要声张，尽可能地不要让德国秘密警察知道，也最好不要让日本人知道……"为了躲过公使馆内日本参事官江原刚的视线，他决定不让托马斯到这里来，而是让自己的秘书小姐朗格尔每天外出公干时，到美国大使馆将护照取回来，盖上章。第二天送回去再取新的。

朗格尔小姐将情况和王替夫的安排告诉了托马斯，托马斯非常惊讶，也非常不安，他担心会给王替夫带来麻烦，每次只让拿10本护照。当王替夫得知托马斯的担心时，禁不住大声说："都什么时候了，他还怕给我带来麻烦，我毕竟是个外交官，盖世太保是不敢轻易动我的。不行，我得亲自去找托马斯。"

王替夫风尘仆仆来到美国大使馆，托马斯紧紧握着王替夫的手，激动地说："亲爱的王领事，你已经为我们办理了7000多本签证，这就等于救了7000多条生命啊！以现在的形势来看，你再办下去，会对你有所不利的！"王替夫也十分动感情："托马斯先生，不要说这些了，趁我手中还有这些权力，在我们公使默许的时候，让我们多帮一帮苦难的犹太人吧！"

王替夫的善良和真诚感动了在场的每一个人，双方约好，签证一如既往地进行。但是，不知是考虑安全问题还是其他原因，签证仍然以每天十本、十几本的速度进行着，王替夫再急也没用。时间在一天天地过去，就这样，从当年 10 月开始，到 1940 年 5 月，他又陆陆续续签了近 5000 本护照。

1940 年 6 月，王替夫接到新的任务，要陪同公使到欧洲其他国家递交国书。或许，这样做是上峰出于一种爱护，采取的一种规避办法，王替夫无奈地停止了秘密进行的工作。这样，在两年的时间里，他先后为 12000 多名犹太人发出了签证，挽救了 12000 条生命。

运乖时蹇，蒋经国也改变不了他的命运

如果说运乖时蹇，事事赶得不是时候，王替夫恐怕是比较典型的了。

1944 年 10 月，德国战败已成定局，伪满洲国驻德国公使等撤回了新京。他作为伪满外交官已经整整 12 年了。

回国不久，伪满皇帝溥仪召见所有撤回来的欧洲使节，身着长袍、剃着光头的溥仪坐在龙床上，苍白清瘦的脸上带着勉强的笑容，两个圆圆的金丝镜片后面目光暗淡，令人感觉到一种无奈和身不由己的拘束。站在下面的王替夫想，这个人恐怕永远也不会快乐起来了。

第二年 5 月 11 日，日本举行了"战争最高指导会议"，伪满洲国宣布进入全面临战状态。在这危急存亡之际，5 月 15 日，王替夫突然被破格提拔为伪国务院总务厅参事官。这突如其来的荣升，使他不知道是喜是悲。

一天上午，他被告知，皇帝陛下要接见他。虽然他已经见过溥仪一次，但是单独被召见还是很不容易的。他打扮整齐，身着黄色协和服，披着金丝带，先见过掌礼司长，再见皇帝。溥仪仍然是那张面无血色憔悴的脸，平静的神情之中透出一丝忧郁。

王替夫恭恭敬敬地行了一个鞠躬礼，然后垂手站立一旁："蒙皇帝

陛下诏授鄙人为国务院总务厅企划局参事官，深感任重才薄，但有信心为陛下效劳！""你是去年从德国回来的？"溥仪语调平和。"是，陛下。""你多大年龄？""35岁。""35岁，多好的年龄啊，有为啊。在这个年龄就晋升到这个职位，在日满双方官员中你可是头一个啊！"

殊不知，正是这一次升迁，使他日后的战犯等级升高了好几级！

正好是3个月以后，8月15日，日本人就投降了。王替夫没有来得及随溥仪迁都通化，也没能回哈尔滨与家人团聚，苏联红军就攻进来了。当时新京（长春）处于无政府状态，市长于镜寰忧心忡忡，听说苏联红军军纪不太好，怎么办？他要警察厅"坚持原状，为市民服务"。他与王替夫商量："苏联红军来，这场外交谁来办？我看只有你出面了。日本人没了，满洲国政府也垮了，王参事官，你是唯一的合适人选……"

王替夫虽然是临时留用人员，却也敢仗义执言。一天，他在街上看到一名苏军士兵强行往屋里拽一个日本妇女。他看不过眼，走过去用俄语大喝一声："你要干什么？"那士兵解释："她是日本人……""日本人也不行，现在外面传说苏联红军强奸妇女，你这不是给人口实吗？"那士兵有几分不相信，也有几分不服气似的，与他顶撞了起来。王替夫不顾个人安危，向卡尔洛夫少将汇报了这一情况。正直的卡尔洛夫秉公处理，将那名士兵处分回国了。

9月3日上午，苏军将伪满30多名各级官员包括张景惠等召到原来的国务院，宣布逮捕押送苏联。王替夫听说又惊又怕，庆幸自己没被押走。

没过多久，国民党接收大员熊式辉来到了长春。

几天以后，蒋经国带着莫德惠等一批接收大员来了，指名要见王替夫。

会见是在一种融洽的气氛中进行的。看见王替夫进来，在场的人都站起来和他握手寒暄，谈话间，莫德惠还半开玩笑地说："你看看，你们两个人同岁（指与蒋经国），还是王先生长得少相啊！"蒋经国肯定了他这一段时间帮助苏军稳定地方秩序的功劳，然后又很认真地谈了国民政府关于对汉奸的惩罚条例，最后告诉他，根据他最近一段的工作成效，政府将来能够考虑将功折罪、宽大处理。蒋经国的这番话，使王替夫心里轻松了不少，他觉得有希望和可能将来回哈尔滨与亲人团聚。

可是没想到，11 月 4 日下午 3 时，苏军卫戍司令部招他前去，宣布根据莫斯科军事法庭的特别命令，逮捕伪满外交官王替夫！王替夫被押到苏联赤塔，被判 25 年徒刑。直到 1956 年回到哈尔滨，当了一名工人。以后在历次运动中经磨历劫，下放农村戴帽改造 22 年，1980 年落实政策好不容易才回到市里，但也没有什么正式工作，他对自己的经历讳莫如深，不愿为外人道。

1981 年，省政协委员赵麟阁教授给邻居看病，发现患者的病非常奇怪，听说只有苏联有这方面的病症资料，只有研究透资料，才能对症下药。资料好不容易搞到手了，可又全是俄文，正在为难之际，恰巧王替夫来串门，便自告奋勇，只用了十几分钟便翻译出来了。赵教授大吃一惊，刮目相看。自此，二人经常往还，相交日久，王替夫吐露了身世。赵教授再度吃惊，向省委统战部汇报了王替夫的情况。省委统战部听说哈尔滨还有这样一位传奇老人以后，马上约老人详谈。黑龙江省文史馆闻讯找到老人，请他做文史馆的馆员，每月发给 100 元的补助费……

"红色土司"安登榜

李静　许峰

　　红军二万五千里长征经过了苗、瑶、壮、布依、彝、藏、羌、回等 10 多个少数民族聚居区。如何做好少数民族的工作,打破统治阶级造成的民族隔阂,团结各族人民,共同对敌,是红军能否完成战略转移的一个至关重要的问题。在党的民族政策的感召和影响下,许多少数民族和宗教首领同红军建立了密切的关系,其中以彝族的小叶丹、藏族的格达活佛和羌族的安登榜最为有名。此三人中,彝族的小叶丹因与刘伯承的歃血为盟、格达活佛因与朱德的浓厚情谊及后来致力于西藏和平解放而多为媒体、杂志所介绍,唯独羌族土司安登榜少见介绍。

　　1935 年 5 月,红四方面军到达川西北羌族聚居区域。在此,红军严格执行党的民族政策,爱护羌族人民,努力争取和团结羌人中的上层人物,很多羌人志士"弃身锋刃端,名编壮士籍",投身于革命队伍中。羌族土司安登榜为摆脱国民党反动派和地方军阀的欺压、迫害,毅然率随从参加红军,扛起革命大旗为贫困的羌民谋利益,成为羌族近代史上第一个率众参加红军的民族上层领袖人物。最后他在为红军筹粮的过程中英勇牺牲。

安登榜 1895 年 3 月出生于四川松潘县镇坪甲竹寺世袭土司家庭，父亲病逝后他按世袭制接任其父土司之职，管辖六关三十二寨及白羊十一团，是这一带羌人的土司头领。国民党反动派为了统治和奴役羌民，便委任在羌人中享有威望的安登榜为伪松潘县第六区区长，企图通过他来敲诈、勒索和压迫羌族人民。1933 年 8 月 25 日，毗邻的茂县境内发生了震惊中外的叠溪大地震，地震带来的巨大灾难使原本贫苦的广大羌民生活更加苦不堪言。但是，国民党政府反以"疏导积水""整理团务"等名目，强征捐税，松潘县长于戒需也趁火打劫，强征白草区枪弹款、军饷款数千银元，声称两月内如不备缴来府，绝不宽容。安登榜知道羌民生存艰难，对县府令拒不执行，多次违抗，受到当局的忌恨。为此，伪松潘县府一次次发出通令，指控他"违令""漠视县府""负固顽抗恶迹昭著"，并上告撤销他区长的职务，由服从国民党反动派统治的其继母张玉清接任。

在各阶层羌民的支持下，安登榜与伪松潘县府相抗争，一次次触犯了反动派的利益，遭到了伪县府的四处迫害和打击。1935 年春，当他得知当局准备对他下毒手时，遂带领李华桂、付凯、左传富等 10 余人全副武装星夜出走，途经北川县墩上（今武安公社）时，与红四方面军第四军十二师先头部队相遇。在了解了党的民族政策后，他毅然率众参加了红军，担任通司（翻译）、向导和前卫工作。由于安登榜在当地羌民中享有极高声望，加之通晓羌、藏、汉三种语言，在他的组织发动下，广大羌民很快消除了对红军的顾虑，都积极帮助和支援红军，羌区相继建立起了乡村苏维埃红色政权。

为阻挡红军入境，于戒需和川军驻松城防司令吴子问派出常练队、门练队、司属羌族士兵队，利用有利地势在吴家梁对红军先头部队发起进攻。由于敌众我寡，红军退至青杠梁，接着敌人又疯狂扑向青杠梁，双方展开激战，红军失利后撤到北川小坝走马岭，敌人又进至野猪窝，两军对峙，敌前沿是王光宗的羌族司属士兵队。

由于地势险要，易守难攻，使红军先头部队的前进道路受阻。安登榜得知这一情况后，带人来到黑尔明龙藏，接近敌阵地，两次写信给不明真相的王光宗，劝其以地方利益和羌民利益为重，撤离阵地，帮助红军。王光宗接到土司的信后，立即撤离。红军乘势击溃了据守之敌，胜利进入松潘境内。

红军进入白羊地区后，安登榜主动宣传红军的主张，宣传党的民族政策，使红军很快就得到当地群众的了解和信任，受到群众的热烈欢迎。在他的鼓励和带动下，当地群众积极为红军筹粮、运粮，给红军带路。同时，安登榜经常不顾自己的安危，翻山越岭去侦察敌情。由于群众的拥护和支持，白羊的溜索头、马鸣、半边街等地迅速建立起了苏维埃政权，许多青年踊跃参加红军，革命队伍日益壮大和发展。

红军驻扎在镇坪、镇江一带时，安登榜担任宣传和筹粮工作。为了使当地群众摆脱国民党反动派的欺骗宣传，他总是不辞辛苦地四处宣传和介绍红军，讲红军的宗旨和主张，讲在红军队伍里的所见所闻。有一次在镇坪东岳庙坝子开会，他说："大家不要以为胡宗南部队有什么了不起，他们不是被我们打跑了吗？他们的枪不是被我们缴获了吗？我是本地人，希望大家不要轻信反动派的谣言，都快回家来。"并且，他还经常带领红军去西格寨、格早沟、斯大地、甲竹寺、干沟子等山寨对羌民进行宣讲："红军是为我们羌族人民谋解放的队伍，大家不要怕，不要跑，都来帮助红军。"安登榜一面向广大群众进行宣传，一面在这些山寨里筹粮，并把粮食分配到红军各个连队。

由于安登榜在羌民中的崇高威望，以及广大红军指战员严格遵守党的民族政策，使得羌民亲眼目睹、亲身感受到了红军与国民党军和地方反动军阀大为不同，逐步认识到只有跟着共产党闹革命，各民族才能得解放。因而，红军在羌民中的影响不断扩大，群众的觉悟逐渐提高，平定关、靖夷堡、镇坪、镇江等地相继建立了苏维埃政权。当地群众积极为红军献粮、运粮，用牛皮、羊皮给红军做皮衣、鞋子，同时红军指战员也主动帮助羌民干活儿，军民之间建立起深厚的友谊和真挚的感情。

1935年6月，为了扩大红军队伍，加强革命力量，红军和羌民商定建立番民游击队，由安登榜任大队长。8月初，红军离开镇坪、镇江一带，踏上了通往毛儿盖的山路。番民游击队列入浩浩荡荡的红军队伍，奉命北上，安登榜继续负责宣传和筹粮工作，每天早出晚归。一次，在从毛儿盖索花寨筹粮归来途中，安登榜和随行的10多名红军战士不幸遭到敌人伏击。他们顽强拼搏、英勇厮杀，最终全部壮烈牺牲。安登榜的头上被砍了一刀，腹部被刺了一矛，倒在血泊中。第二天，大家找到了他们的尸体，悲惨的情景让人忍不住失声痛哭。掩埋了大队长和同志们的遗体后，大家怀着悲痛的心情，踏上了茫茫草地，踏上了通往抗日前线的征途。虽然安登榜已不在大家身边，然而他的精神、他的意志和他未完的使命，依然延续在红军长征的队伍里，鼓舞着广大红军指战员克服种种艰难险阻，一步步迈向胜利。

1936年7月，由李伯钊、易世钧等填词，采用《奋斗曲》调，编唱了歌曲《歌唱安登榜》。激昂的旋律，通俗易记的歌词，使他永远活在人们的心目中。

安登榜，

战斗英雄，革命模范，

潘番游击大队长。

他是那镇江关里一羌族，

一心拥护共产党。

安登榜，安登榜，

羌族好儿郎。

安登榜，

能骑善射，武技高强，

恨死那国民狗党。

大家看，三十六寨他带头反，

镇江六关他敢挡。

安登榜，安登榜，

革命志气强！

安登榜，

战马飞驰，战刀鹰扬，

冒险闯敌去筹粮。

直到那弹尽刀折浴血战，

拳打嘴咬斗志昂！

安队长，安队长，

红军好榜样！

同志们，

摩你的拳，擦你的掌，

压倒困难而北方。

他不怕雪山重重西风凉，

千里草原不厌长。

安登榜，安登榜，

我们的好榜样！

最终脚踏一条船

——忆父亲方克光土司

———

方鹤琴

归 来

我父亲方克光，于1936年出任芒市安抚司署代理土司。1945年，他出走缅甸腊戍、勐浪等地，开办了锯木厂，并经营珠宝生意，生活相当富裕。

1949年底，父亲的老朋友朱家璧将军几次来信，讲述国内形势和共产党对待民族上层的政策，劝父亲归来。父亲犹豫再三，决定我与母亲先回芒市老家看看。大约两个月以后，解放军和工作队相继进驻芒市，解放军的卫生队就住在我们家里。最初，我和母亲都很害怕，存着戒心，见他们就忙着低头赶快避开。可这些兵很和气，不但不乱拿家里的东西，还经常帮我们扫院场、挑水、劈柴……一切的一切，我们母女俩都看在眼里，记在心上。

此前，芒市土司——我的堂兄方御龙听信反动宣传，避往缅甸，芒市司署已陷于瘫痪。在这种情况下，解放军首长和潞西县领导多次来我家看望母亲，诚恳地请其转告父亲，尽快回国担任土司代办，主持芒市司署。母亲被诚意所感，接二连三地写信、带口信去缅甸。这些信像一支支兴奋剂，使父亲彻夜不眠。他怀念故乡、思念乡亲，在党的团结民族上层的政策感召下，终于下决心舍弃了国外的生活条件，于 1950 年 5 月返回祖国。但是，父亲也留了一手，即安排小妈方爱德继续留在缅甸勐浪，为的是脚踏两只船，以防有变。

回到芒市以后，父亲受到驻军首长和地方领导的热情欢迎，就任芒市司署代理土司。父亲对解放军纪律严明，对地方干部艰苦廉洁非常满意。他出来讲话了。当时，老百姓害怕解放军，民族隔阂很严重，而土司代办出面宣传共产党的民族政策，可就十分起作用了。父亲还自告奋勇写信给跑往国境边界、脚踏两只船的遮放土司多英培、瑞丽土司衍景泰及干崖土司、梁河土司，谈自己的切身体会，晓以大义。

父亲为人精细开明，他回归祖国接任代理土司，为边疆的稳定、为民族的团结做了一些工作，被党和政府所器重，先后任云南省民族事务委员会委员、保山专区联合政府副主席、潞西县联合政府协商委员会主任委员。

遇 险

1950 年秋的一天，解放军第四十一师师长查玉升奉中央领导之命，专程从保山来到芒市，热情邀请父亲赴北京参加国庆一周年盛典。但父亲还没有决定去不去北京，谣言却出来了："方代办去北京以后，就再不能回芒市了！""共产党的话信不得！"几位半信半疑的好心父老，也悄悄地到家里来劝告父亲："要三思而行啊！"他们还讲了段历史：早年干崖土司刀安仁一去北京，就被关入汉人监狱里，至死家里人都未得见一面……他们还说："北京是过去皇帝居住的地方，傣族人去不得！"

　　既没有听信敌人的谣言，也没有接受亲友的劝告，父亲告诉查师长，他感谢共产党中央领导人的盛情，并表示十分荣幸地接受这一邀请。

　　我很幸运，父亲让我随他一起赴京。我是父亲原配夫人多云仙所生，是长女，当年18岁。因长期跟随在父亲身边，在缅甸读书，父亲对我是既娇惯、偏爱而又信任。到祖国的首都北京去！北京是什么样子？那几天，我沉醉在欢乐里，连晚上睡觉都会笑出声来。母亲在欢喜中又带几分担忧，她按照父亲的吩咐，买来许多彩色毛线和丝线赶织了傣锦和"筒帕"，好让我们带到北京，敬献给党和国家领导人，表达傣族人民美好的祝愿。

　　9月上旬，我们从芒市出发，我换上一套灰色的、很时髦的解放服，父亲穿着崭新的呢子中山装。同行的有保山专署专员王以中等领导，一共是四辆汽车。当我见第一辆、第四辆吉普车旁边都是背着枪的解放军，便悄悄问父亲："这些解放军也和我们一样要去北京观礼吗？"旁边送行的查师长听见，笑着解释说："他们是护送的警卫人员，要把你们送到昆明呢。"父亲对查师长说："查师长亲自护送，叫我深为不安哪！"查师长说："方代办别这么说，送方代办去北京观礼，是中央领导亲自布置给我的任务，完不成任务我会挨批评的！"说罢拉开了轿车的门，请我父亲先上车，王专员和随父亲去观礼的堂弟方伯龙等人登上了第三辆车。小小的车队出发了，查师长和父亲并肩而坐，亲切交谈，我感到这位将军不甚威严，倒是相当的和蔼、可亲。

　　这一天，天气不是很好，车队过了南天门到达龙陵县附近，天空就布满了又黑又浓的云块，雨点不断落下来。山回路转，下午车队进入保山县境"七〇七"公里处，前面警卫人员乘坐的吉普车忽然停下，原来一具横躺着的、身穿解放军衣服的尸体挡住了去路。我紧张地看看周围，没有村寨，没有行人，公路两边摇晃的树木被雨点打得沙沙作响，对面是大山，长满黑乎乎、阴沉沉的大树……面对此情此景，我立即产生了一个不祥之兆："今天会发生可怕的事情！"我害怕地看着查师长走到尸体旁边，只蹲下去看了看，随即迅速、果断地大声命令："散开！准备战斗！"话音刚落，从对面山上的森林里就"啪""啪"地响起了枪声……原来，残匪不知怎么得到了这个消息，即策划在途中横尸公路伏击车队，杀害查师长、王专员和父亲，以图制造骇人听闻的政治事件，破坏民族团结，破坏边疆的稳定。

残匪居高临下，"乒乒，乒乓"地朝着我们开枪。堂弟方伯龙捂着小腿蹲在地下，他中弹了！警卫部队迅速开枪还击。我看得很清楚：查师长一面命令部队猛烈射击，一面迅速拉起我父亲的手，快步跑向公路旁边的坑洼里，把父亲安置在隐蔽处。然后，他又回到公路上，从一个警卫人员手中拿过一支冲锋枪，镇静自若地射击残匪。

我平素胆小，看见别人放爆竹都吓得捂耳朵。子弹像下冰雹似地打落在车子周围，我想下车跑去找父亲，但又不敢。可我总不能丢下父亲哪！这样一想，我的胆子又壮了起来，决定不顾一切地去找父亲。我刚把门打开，头和半个身子探出车，脚还没有落地，"啪"的一声，一颗子弹打来，好像擦着头飞过去似的，吓得我赶快缩进车内，急急忙忙卧倒，心在"扑通，扑通"地乱跳。车子被子弹打中了，幸喜没有伤着我。

正在这时，查师长的警卫员端着枪，猫着腰，几个箭步蹿到汽车跟前。他一把拉开门，见我卧着，便急忙小声说："快起来，方代办他们在下边。"边说边抓住我的胳膊就跑。这位解放军让我朝里边而他自己朝外边，很明显他是在用自己的身体保护我。很快，我到了父亲身边。但很遗憾，对这位用自己身体掩护我的解放军战士，我事后不但没有打听一下他的名字，甚至连他长什么模样也没有看清楚。

残匪非常狡猾，他们见解放军人少，持枪的只有八九个人，而自己有六七十人之众，又据绝对有利的地势，便疯狂地向我们扑过来。我们躲在坑洼里，清清楚楚地听到了残匪的喊叫声。残匪步步逼近，狂叫声越来越大。我父亲虽曾被日本侵略军投入集中营，以后又被国民党军队扣押，但经受的只是精神磨难和政治打击，从来没有经历过这种真枪实弹的战地厮杀场面，所以吓得微微发抖。他嘴里喃喃地说："灾难哪！灾难哪！"我紧紧拉着父亲的衣角，在万分焦急中只有一个信念：生和死都要和阿爹在一起！查师长看到情况十分危急，命令警卫员把我父亲转移到更安全些的地方去。我父亲站立不稳，不能行走，那位警卫员就去背父亲。查师长则迅速从一个战士手中夺过一挺轻机枪，边扫射边冲上前去，以掩护我们转移。警卫员背起父亲往公路下边的山沟里跑去。我跟在后边跑，边跑还边回头看查师长，我觉得这时候的查师长和到我们家时候判若两人。那时候是亲切和蔼，现在才显出猛将本色。

我们很快到了较为安全的地方，而查师长却处在了万分危险的境地。子弹密密麻麻地落在他周围，把石头、土块打得乱飞，查师长身边既没有一棵可以隐蔽的树木，也没有一个土丘，只是一片光秃秃的高地。查师长就站在这块高地上，端着机枪朝着残匪猛烈射击、射击！警卫部队见自己的师长如此奋不顾身，顿受鼓舞，一个个像猛虎般地迎着敌人的子弹冲了上去……

直到下午7时左右，残匪终被我猛烈的火力击退了。查师长把机关枪还给那位战士，一路小跑来到我们隐蔽的地方，一蹴跳下坑，拉起我父亲的手，带着歉意地说："方代办，让你受惊了！"又拉起我的手问道："小姑娘，没有伤着吧？害怕吗？"我回答："我没伤着。"父亲也感激地说："师长辛苦了！"查师长开心地笑笑说："方代办父女命大呀！可能是菩萨保佑吧！"我父亲站起来，一把拉住查师长的手，激动地说："不是菩萨保佑，而是托师长的福啊！"查师长十分高兴地笑着说："应该说托共产党的福啊。我是执行上级的命令，护送方代办去北京参加国庆观礼嘛！"我听着他铿锵的声音，心里产生了崇敬的感情，父亲大概和我有同感。

来到保山县城也是第四十一师师部驻地，师首长和同志们把我们待如上宾，招待十分周到。我和父亲睡在师长家隔壁，由于白天遇匪受惊，夜里我发烧、做噩梦、说胡话。我梦见残匪把我捉去了，大哭大叫起来。父亲把我叫醒，我非常害怕地问父亲："阿爹，我们还走不走呀？不要走了！"父亲亲切地回答我："有查师长和我们在一起，你什么也用不着害怕。"听了父亲的话，我脑子里立即出现了查师长勇猛的样子，放心地睡去了。

住在保山期间，查师长常和父亲谈心，并对我们说："你们有什么不了解的事，有什么疑问都可以提出来。"我倒是有一个疑问呢！我每天爱看解放军集合、排队，一人一个碗，唱完歌就开饭。我就发现师长的夫人张天祥阿姨，也拿着一个碗，站在女兵队列里唱歌，也蹲在地上，八个人围着吃一大盆菜。可是，我们每天吃饭，都是师长和其他首长陪着，一桌子的菜。我想不通："师长对我们讲男女平等嘛，为什么对张阿姨就不讲平等呢？"于是我问查师长："张阿姨为什么不同我们一起吃饭？师长不和张阿姨讲平等。"一句话，逗得查师长哈哈大笑，父亲也笑了。查师长说："小姑娘，你问得好！我只能答复你说：她还不应该享受这些待遇哩。"我又问："那我们为什么能跟师长同桌吃饭呢？"师长说："你们是赴京观礼的代表，是党中央的客人哪！懂不懂？"

待方伯龙堂弟伤愈后，查师长和他的警卫人员又陪我们一行离开保山，把我们送到昆明。在昆明临别时，查师长握着父亲的手说："等方代办观礼归来，我再来接方代办回芒市去。"我父亲紧握着查师长的手，连声说"谢谢"。

在昆明期间，父亲经常和我讲："是从查师长身上看到了共产党的
高尚精神，打垮了我'脚踏两只船'的谋略。"当时我还小，不懂得
"脚踏两只船"是边疆历代土司用以对付封建皇帝、国民党政府的一种
谋略手段。

观　礼

父亲带领我们一行踏上赴京的坦途。从昆明乘飞机抵达重庆后，邓
小平宴请了我们。从重庆到武汉是乘轮船，我们饱览了壮丽的长江景
色，再从武汉乘火车到达北京。我们参加了中华人民共和国成立一周年
盛典，毛主席、朱总司令、刘少奇副主席、周恩来总理等中央领导在怀
仁堂接见了我们，父亲向他们敬献了礼品。我们还参加了盛大的国宴，记
得和我同桌的是周总理。他和蔼可亲地和大家交谈，饭后还在我的笔记本
上题了词。晚上，党和国家领导人和我们一起，观看了精彩的演出。

从中南海回到住处——西郊公园，已经快到午夜了。我按平时的习
惯，临睡前到父亲住房问安。我推门而入，见父亲正伏在桌子上，聚精会
神地写字。我近前小声说："这么晚了阿爹还在写什么？"父亲放下笔，毫
无倦意地对我说："今天太激动了，我要把它记下来！"父亲示意我坐下，
他却站起来，在房里踱着步。沉默了一阵，父亲激动地讲道："中华人民
共和国成立前我担任芒市土司代办八九年，我见过许许多多的汉官。大
官、小官，没有一个不贪财，没有一个不为私利，没有一个不欺压老百姓
的！县官到了土司地方就是要钱的，见面得送礼，走的时候还得送礼。要
不顺从，他们就翻下脸来，罚款。记得 1945 年抗日战争结束，驻芒市的
国民党第二军军长王凌云向我'借' 3 万块银圆，我没有给。他恶狠狠地
把我扣留在军部，不放我回家。过了几天，那个王军长又把我叫去，他
问：'日本鬼子侵占芒市，为什么你们土司不抵抗？'我忍无可忍，回答

他：'你们中央军有几十万几百万人马也阻挡不了日本兵，我这小小的土司地方，总共才有几十个兵，用什么去抵抗日本人？棍棍棒棒、弹弓泥丸能打败日本兵吗？'王军长拍拍桌子把我骂了一顿。他把我关在一间房里不准出来，里里外外派兵把守着。一面把我扣押在军部，一面派人到家里威胁限期交钱，不交就将人押送昆明。你母亲担心我的安危，哭哭啼啼，到处求情借钱。最后，不得不把祖先留下来的传家宝——一只金子做的槟榔盒，以及金首饰共100多两都拿去交给王军长。他们才把我放出来。我白天回到家，越想越担心、忧虑，一天也不能待了，连夜逃到缅甸定居下来。至于王凌云说的日本侵占芒市不抵抗的事情，是他敲诈的借口。我们还在梦中日本人就占领了芒市，我领着你们逃到乡下躲难，辗转于遮宴、轩岗、芒里、那目等寨子。后来终被日军强迫到弄么（即现在部队营房一带），其他土司也是同样，先到乡下躲藏起来，最后被迫出面的。1944年日军即将溃败时，把我们芒市、遮放、陇川土司和家属用枪和刺刀强行掳至缅甸木邦，关在芒转集中营，不给自由。后来，日军把看守集中营的士兵大都抽上前线，我们几家土司趁机约定时间，逃跑到缅甸南邓，找到中国军队。我们几家土司，男女老少步行了一个多月时间哪！驻南邓的是新一军，军长孙立人。我们几家给孙立人送了很多金子、宝石，他才派人把我们各自护送回家……"

我听着父亲的讲述，脸上挂着泪花。父亲给我讲这些的目的，尽管我当时还不明白，但这正是他从"脚踏两只船"转变成"脚踏一只船"的思想基础。

噩　耗

父亲从北京观礼回来，真是感慨万千。他到处讲祖国的伟大，共产党的民族政策好。阿爹夸查玉升师长的人品好，常说："我认识共产党好，就是从认识查玉升开始的。跟着共产党走没有错。"父亲言行一致，还把在缅甸勐浪的小妈方爱德和妹妹们接回芒市，让全家享受共产党的恩惠。父亲这个芒市土司代办，不仅积极参加祖国边疆的建设事业，还将我们两处较为宽敞、环境优美的住所，让给解放军和人民政府使用。

1953 年，我从云南省民族学院调去参加云南各族各界慰问团担任翻译，赴滇西进行慰问。潞西县政府打电话找我，告以父亲病重，要我速赶回芒市。慰问团派两位战士和一位女同志送我回家。

我见父亲瘦弱、憔悴的样子，心里很难过，强作笑容向父亲问安。父亲告诉我，他患的是肺结核，领导非常关怀他的健康状况，待他病情稍有好转，能够乘飞机的时候，准备送他去苏联治疗。我白天黑夜照顾父亲，直到慰问团准备返回昆明前夕，阿爹的病仍不见好转。正在左右为难，父亲把我叫到床前，吃力地伸手抚着我的胳膊，说："你参加了工作，阿爹一百个放心，你要永远跟着共产党走啊！明天和你们慰问团一起回昆明去吧。"

我到昆明才 20 多天，就接到父亲去世的噩耗。党和政府为父亲举行了隆重的葬礼，芒市的机关、学校、驻军都参加了葬礼，当时的云南省省长郭影秋写下挽联：

恰值祖国解放归来君具卓识
正当边疆需人孔急我有余哀

党和政府对父亲作出了公正的评价，为了照顾我母亲，还给她新建了一幢住房。

（云南德宏州政协文史办供稿）

中国最后一家土司和一个土司的后代

———

杨重野

　　在甘肃的甘南藏族自治州，我访问了著名的拉卜楞寺后，就决定去卓尼。卓尼在洮河上游，是中国封建制度特殊产物——土司的世袭领地。所谓土司，就是土皇帝，他虽然归封建皇帝的天朝所管，但却有自己的衙门和司法行政制度，自收钱粮，自立军队。土司的领地是封建时期的国中之国。而卓尼土司是中国的最后一家土司。

　　到了卓尼，已是黄昏。刚落脚到招待所，卓尼的藏族县长景丹珠就来访。景丹珠脸膛宽阔，带有高原肤色的特质，红黑而健壮。年龄40岁上下，说着不太纯正的汉语。他很热情地向我说，卓尼小县，地方偏僻，交通很不方便，"难得你从远方到这儿来"。

　　我们的谈话刚刚开始，这时一个中年人走进门来，他清秀、白净，加上一副度数不深的近视眼镜，显得很文雅。还没等我们打招呼，景丹珠县长就抢先介绍说："这位是杨复兴的大公子，现任我们县的副县长，杨正同志。"我惊喜地同他握手，他正是我要访问的卓尼杨家土司的后代。我半开玩笑地说："若不是解放了，你该是卓尼土司第21世了。"

说得大家都笑了。

杨正说一口流利的北京话，拿他和景丹珠相比，很难看出他们属于同一个民族。杨正说，他也有个藏名，叫"香却南杰"，是 1983 年班禅来甘南视察时，特地给他起的。

景丹珠因为县里有事，被人请回去了。随后县里又来几位干部，但同我谈话的主要对象还是杨正。杨正对我熟悉他的家世感到惊讶。他提到老一辈新闻工作者范长江，他读过范长江的《中国西北角》，书中曾写到他的祖父杨积庆，这是国内第一次有关他的家世的报道。他的父亲杨复兴是卓尼最后一任的土司，现任甘肃省人大常委会副主任。他也向我简单地介绍了自己的身世。

卓尼土司制度曾存在 500 多年，历经明、清和民国几个朝代。这期间，江山曾几度易手，可是卓尼土司的统治却延续下来。这里我想有必要对杨家土司历代情况作一简单介绍。根据藏文经典的记载，杨家土司的始祖是西藏王念知赞布派。元朝末年，藏王后裔中的一支曾在四川若尔盖地区落户。明朝初年，这支藏王的后裔由姜地率领经四川来到岷山北麓，征服和收降了这一带 18 个小部落。最后在甘肃洮河沿岸水草肥美、森林密茂的卓尼定居下来。"卓尼"是藏语"两棵松"的意思，因为卓尼最初建寺时，在现今禅定寺的寺址内有两棵奇异的油松，因此得名。

姜地为人智勇出众，好善乐施，得到当地群众的敬仰。卓尼大寺的"萨迦"派住持很器重他，把寺院也归他掌管。姜地从此成为当地群众的领袖。这是明永乐二年的事，卓尼土司的统治也就从这一年开始记入历史。

明永乐十六年，皇帝鉴于姜地征服边陲有功，诏令入京，授为世袭指挥佥事兼武德将军。姜地就正式成为卓尼土司的第一世。

卓尼今天只是甘肃省甘南藏族自治州的一个县，但在明清两朝，它的辖区介于川青康三省之间，面积达三万多平方公里。这里的藏族人民非常剽悍，一马两钢枪，骑马踏山，如履平地。历史上汉族人民带着偏见，叫他们"生番"。他们服从土司，土司有事或军事行动，召之即来，挥之能战。卓尼土司最盛时，拥有"番兵"四五千人，历代的土司就靠着这支轻骑兵，立下了战功。

姜地四传至旺秀，明正德三年，旺秀调京引见皇帝，皇帝赐姓杨，改名为洪。藏族本无姓，从此卓尼土司有了杨姓。至今卓尼的藏人以杨为姓的很多。

康熙年间，第十一任土司杨汝松征服了武坪（今甘南的舟曲县），平息了24个部落反对清朝的统治，划黑番四旗归卓尼管辖。康熙五十五年，他谒见皇帝，给皇帝表演赛马、射箭等武术，以骑术高超，博得皇帝的赞赏。卓尼大寺也由康熙命名为"禅定寺"，并亲自题名赐予。禅定寺由历代土司增筑佛殿，规模宏大，并请高僧说法，刻印佛经。传说最盛时，禅定寺有僧侣4000多人。

雍正年间，曾任云贵广西三省总督的鄂尔泰实行"改土归流"，对滇、黔、桂、湘、鄂、川六省二三十个少数民族的土司制度实行改革，取消了土司世袭，设置府厅州县，可是没有触动卓尼土司。清朝统治者靠他们平靖地方，巩固在这一地区的统治。雍正以后，在乾隆、道光直至同治历朝，卓尼土司都因军功受封，赏给三品顶戴、二品花翎，直至头品顶戴花翎，加封各种荣誉称号。

卓尼土司十九传至杨积庆。杨积庆是光绪二十八年袭职，在民国年间，先后被甘肃省政府委派为洮岷路游击司令、洮岷路保卫司令、洮岷路保安司令，官职名称虽然不同，实际上内部实行的仍然是土司制度。

杨积庆，在卓尼土司历史上是值得大书一笔的人物。1935年范长江西北之行，曾到卓尼访问过他。在长江的笔下，杨积庆是个很有趣的人物。他写道，杨氏衣汉式便服，衣料为舶来品之呢绒等货。待客之酒席，完全为内地大都市之材料，烟茶亦为近代都市上用品。"记者颇惊叹此边陲蛮荒之中，竟有此摩登之人物也。"他提到杨氏通晓汉文、汉语，喜摄影。他用的胶卷和货物通常由上海柯达公司和先施公司邮寄。长江还写道：杨土司足未曾出甘肃境，"但经常读报，对国内政局、中日关系事件，知之甚详"。当提到国民党官员的敲诈勒索时，辄摇头不已。据现在已看到的资料，早在长江以前，美国人 J．F．洛克率领一支探险队，在 1925 年至 1927 年曾在卓尼住过三年。他在 1929 年出版的美国国际地理杂志上发表过《生活在卓尼喇嘛寺》的文章。杨积庆在同长江谈话时，也曾谈到在过去 10 年中，英、美、法几国人士至卓尼调查的先后有二三十人。我们认为的"蛮荒"地区，外国人可早就感兴趣了。

杨积庆生于安乐，处于中国历史上大变动时代，他在政治上是倾向革命的。1928 年，马仲英从河州起兵造反，自称"尕司令"，写信给杨土司要他开仓投降。杨复信说："我乃世代忠良，岂有投降土匪之理，也决不能与你等土匪开放粮仓。"随后马仲英率部窜到卓尼，放火烧毁了禅定寺的大经堂和土司衙门，杀死僧侣数人，并将多人抛入洮河。以后又经过几次变乱，回藏汉三族互相仇杀、互相焚掠，洮河北岸已成一片焦土。杨积庆为了避祸，把土司衙门迁到洮河南岸的博峪，筑成碉堡以自卫，并在原址重新修建了禅定寺。

1936 年农历七月，红军第四方面军和二方面军一部十余万人，由四川连续走了十多天，来到甘肃杨土司辖地的迭部。杨积庆事前得到消息，就秘密指示所部："红军来了，不要堵击，开仓避之。"那里的粮仓有两个仓库，储存小麦四五十万斤。红军到后，粮仓已暗中开放。红军有了粮食，得到短期休整。红军走后，一个仓库内的粮食全部吃完，另一个仓库也用去多半仓。红军总政治部在仓板上写下了"此仓内粮是杨土司庄家粮，希望各单位节约用粮"等，还在仓内留下了苏维埃纸币两捆，支付粮款。杨积庆为了掩饰开仓接济过境红军的问题，将这两捆纸币和两挺水机关枪（从外地购得），作为堵截红军的战利品，交给了国民党甘肃省政府。

红军进入岷县，围攻甘肃军阀、国民党新编十四师鲁大昌。杨积庆命令邻近岷县的守卡队伍，统统逃避。马步芳在进攻占领临潭县新城的红军时，令杨积庆出兵协助，而杨又以种种借口，按兵未动。

事后，鲁大昌以"开仓供粮，私通红军"的罪名把杨积庆告到国民党绥靖公署主任朱绍良处，朱派人来查处。杨积庆以金条、洮砚、麝香、红花、狐皮等重金厚礼贿赠来人，此事才未被进一步追究。

鲁大昌原驻防在岷县，与杨土司的辖区有冲突，早有图谋卓尼的野心。此次见告不倒杨积庆，就利用杨与其部下的矛盾，策划了博峪事变，于1937年7月，杀害了杨积庆及其长子杨琨一家六口。杨积庆的次子，也就是杨正的父亲杨复兴，年仅八岁，继承了土司事业。土司的政务由其大母杨守贞"垂帘听政"，当地叫"护印"。1949年杨复兴在国民党陆军大学将官班毕业，被正式任命为洮岷路少将保安司令，年仅17岁。杨复兴通晓汉语，为人正直，思想进步。1949年8月，在西北解放战争中率部起义。先后历20世的卓尼土司制度，才从此结束。

1950年9月，中央派慰问团带了周总理的信来卓尼慰问，对杨土司开仓供粮、接济红军、解决困难表示感谢，并赠给杨复兴彩缎四板、毛主席丝织像一幅，对其部属和其他官员也分别赠送了礼物和纪念品。"文革"期间，中央还特地指示保护杨复兴一家。去年10月甘南藏族自治州30年大庆，杨复兴参加了庆祝典礼。会后杨复兴还特地到卓尼、舟曲、迭部三县当年的卓尼土司世袭领地去视察过。当地的藏族人民热情地欢迎他，向他献哈达，赠给他牛羊肉。50岁以上的老人对他还留有很深的印象。

杨正是解放后生人，今年33岁，他的历史已经是新的一页了。杨正的外祖父达理扎雅，中华人民共和国成立前是蒙古阿拉善旗的王爷，称达王。卓尼土司历史上就有与阿拉善旗王爷内部通婚的惯例。杨正的外祖母金允诚是溥仪的叔父载涛的女儿。达王在1949年起义，中华人民共和国成立后从1958年到1968年一直是内蒙古自治区人民政府的副主席，1968年在内蒙古被迫害致死。杨正从小生长在外祖母家，在北京读小学和中学。难怪他说得那样一口流利的北京话。"文革"期间，他从北京到延安插队。1972年到天水甘肃棉纺厂，当了六年工人，并成了一名车工。1977年考取了甘肃师大政治系，毕业后与一位医务工作者结了婚。1981年调到卓尼县一中，教英语和政治。1983年1月被选拔当了副县长。

杨正回到自己的家乡，回到他祖辈世袭的领地。作为新一代的年轻人，他在想什么呢？杨正并不羡慕他那显赫的家世的过去，他喜欢的不是父亲的钢枪，也不是祖父的照相机，他立志要为至今还很落后的家乡人民做点好事。洮河，历史上两岸各族人民相互仇杀的洮河，蕴藏着100万千瓦的水利资源，至今开发的只有几百千瓦。他说，不能让洮河水空空地流过，"只要开发10万千瓦，那么卓尼一万户农牧民就可以一步登天，实现电气化"。卓尼缺煤，原产地每吨煤30元，可是运到卓尼，运费每吨要76元，为煤价的两倍。县里每年需煤12000吨，分煤比分粮食还慎重。农民生火要烧柴，县里的机关灶上也烧柴。据1977年统计，全县烧柴用的木材达2亿2400万斤，合14万方。如果用上电，把省下的木材加工成木浆，以10万方计，可以生产木浆4万吨。现在甘肃全省生产的木浆只有 26000 吨，仅这一项就是很大一笔财富。杨正说："我们这里过去一向被认为是蛮荒地区，贫穷、落后。我们现在还是落后，但是我们并不穷。我们这里有金子，有世界稀有的矿藏，有大片原始森林，问题是我们怎样开发和利用。"

我们就这样谈到了深夜。送走了杨正，我在想，从杨积庆到杨正这100 年间，我们祖国变化有多大，而从这祖孙三代人的身上，我们不是也体会到时代飞跃的步伐吗？

开明绅士牛友兰

牛荫西　牛旭光

　　牛友兰是晋绥边区参议员，根据地颇有影响的爱国民主人士，也是位杰出的教育革新家。大革命时期，他在家乡毁庙创办新学，培育大批人才，为传播"五四"运动以来的新文化、新思想和开拓晋西北山区的文化教育事业，作出过历史性贡献。抗日战争和解放战争时期，他的家乡山西省兴县，是晋绥解放区的首府，八路军一二〇师司令部、政治部，中共晋绥分局、晋绥行署等领导机关，一直驻在这里。1948年3月，毛主席、周恩来副主席、任弼时同志在转战陕北后来到晋绥，就曾住在兴县蔡家崖牛家花园院。抗战开始后，牛先生积极响应中国共产党抗日救亡的伟大号召，毁家纾难，带头捐献大宗家资支援牺盟会、八路军抗战，并将自己筹款创办的纺织工厂，无偿交给抗日民主政府，大力支持新政权的各项工作，为根据地建设竭诚尽力，作出了重要贡献。

　　在敌后根据地处于最困难的1942年，为表达在中国共产党领导下团结抗战到底的决心与态度，由牛友兰倡议并得到当地党政机关支持，组成以他为团长的"晋西北士绅参观团"访问延安，受到毛主席等党中央领导同志和陕甘宁边区政府的高度重视和热情欢迎。牛友兰与共产党肝胆相照、荣辱与共的事迹，被人们广为传颂。

家遭瘟疫　亲子夭折　依然毁庙兴学

牛友兰，名照芝，1885 年（清光绪十一年）出生于一个大户地主家庭，幼时在本村私塾和城里峨山书院读书，21 岁考中秀才。牛友兰的二哥和三哥长期在外地做官，家产日益雄厚，土地最多时有两千多垧，五座院落和一所花园，并在县城合股开设商号两处，牛家是兴县的首富。牛友兰于 1906 年远离家乡，考入北京京师大学堂（北京大学前身）就读，开始接触康有为、梁启超的变法维新主张，后又阅读同盟会的进步书刊，眼界顿开，思想发生了急剧变化。他认识到中国的贫穷落后是帝国主义列强的侵略和清政府的腐败所致，遂立志拥护孙中山先生的民主主义革命，从事社会改革和发展新文化教育事业。

1909 年他因病辍学返里，同本县阎罗坪村康改桃结婚。康氏共生育四个儿子，1912 年生的第一个男孩就是曾任北平清华大学中共地下党支部书记、抗战初期在山西牺盟总会负责、中华人民共和国成立后担任过全国供销合作总社主任的牛荫冠。牛友兰从北京返乡后，就全力兴办新学。兴县地处山区，地瘠民贫、文化落后。面对这种情况，牛友兰认为必须大力发展教育，开办新式学校，提高国民素质，遂于辛亥革命后的第二年在兴县北坡村创办了第二高级小学，任校长。这是一所完全新式学校，废除了一切旧的教学内容，学生人数增加很快，深受群众欢迎。二高比起由峨山书院改成的第一高小，教育内容的革新更为彻底。牛友兰为扩大学校规模，随后又到兴县黑峪口镇开办分校，在这里他结识了从山西大学回乡的刘少白（后任过晋绥解放区临参会副议长），他俩志同道合，建立了深厚情谊，结拜为金兰兄弟。黑峪口分校是利用神庙办学的，为改建成学校，需要打掉庙里的泥塑神像。开始工友们怕冒犯神灵，谁也不敢动手，牛友兰就亲自上前把神像的头打了下来，这在当时是个勇敢的行动。

正当牛友兰在黑峪口办学的时候，蔡家崖牛家大院发生瘟疫，他的父母相继病故，接着前房温氏所生的 16 岁儿子吐血夭折。顿时流言四起，说他儿子的死和牛家遭瘟疫，是因为他打掉神像，得罪了神，是"神的惩罚"。家庭内部也对他施加压力，责怪他不该为办新学毁庙打神像。受到这次严重打击，面临着严峻的考验和选择，然而他毕竟是相信科学的，并没有被各种流言和责难所吓倒，相反更坚定了办学的决心。

1925 年，牛友兰在兴县城关创办了兴县中学，出任校长。兴县中学是选择县城东关最大的庙宇寿圣寺办学的，牛友兰不顾"神灵惩罚"之类的说法，再次带领师生们打掉庙里的所有泥塑神像，把两厢改建为教室和自习室，把正殿改建成大礼堂。当时在偏僻山区创办一所新型中学是很不容易的，缺乏师资是最大的困难，尤其是英语和数、理、化教师当地难以找到，牛友兰则想方设法到外地聘请。兴县中学的学生来自兴县、岚县、奇岚、保德、临县、方山县以及陕北的神木、府谷、葭县（今佳县）等地，由于当时附近各县都没有中学，更没有大学，故兴县中学则成为晋西北山区的最高学府。在创办兴县中学的同时，牛友兰还长期兼任兴县城关第一高小校长。他亲手培养了大批人才，不仅为发展晋西北地区科学文化事业作出了贡献，而且绝大部分学生后来均走上革命道路，参加了共产党，成为根据地建设的一支骨干力量。正因为这样，牛友兰在晋西北地区老一代知识分子中，有着广泛影响和颇高的社会声誉。

科学民主　进步爱国　新派代表人物

牛友兰是孙中山革命民主主义思想的热心传播者。"五四"运动时期，当破除封建礼教、打倒孔家店、提倡科学与民主、开展新文化思潮传到晋西北山区时，他和好友们积极响应，充分利用学校这个阵地，广泛进行宣传。1927年夏，在兴县中学举办了以宣讲三民主义为主要内容的训练所，在牛友兰具体主持下，县教育局利用放暑假之机，集中全县小学教员前来学习。随后，兴县中学正式增设了三民主义课程，系统宣传孙中山的三民主义和革命实践活动。在这个时期，牛友兰和国民党右派进行过长期斗争。1928年，兴县成立国民党党务筹备委员会，他被公推为主任委员。后国民党山西省党部支持右派分子制造分裂，反对孙中山联俄、联共、扶助农工的三大政策，叫嚣清党，排斥和打击进步势力，擅自召开代表大会，建立组织。1929年4月，牛友兰领导兴县中学师生揭露他们的阴谋，宣布国民党兴县县党部为非法，在学生贾维祯等带领下，兴县中学师生整队出发，砸了县党部的牌子，查封了国民党县党部。事后，兴县国民党中的右派分子不甘心失败，跑到太原告状，在山西省党部的支持下，他们又卷土重来，宣布解散兴县中学国民党区分部，以"暴乱"罪名开除牛友兰、贾维祯、孙启明等一批兴中进步师生的党籍，撤销了党证，牛友兰从此和国民党脱离了关系。1931年10月，太原学生举行抗日游行，国民党省党部下令开枪打死学生穆光政，激起太原各界群众的强烈愤慨，捣毁了国民党山西省党部。这时贾维祯正在省城上学，从太原跑回兴县，向牛友兰报告消息，经共同策划后，在牛友兰主持下，兴县中学全体师生和各界进步人士，在东关大戏台召开穆光政烈士追悼大会，接着游行队伍再次查封了兴县县党部，从此结束了国民党在当地的一切党务活动。

兴县中学是在大革命时期创办的，师生们爱国热情很高，牛友兰一贯支持学生的爱国民主运动。学校成立不久，学生们就利用节假日上街宣传抵制日货、查禁日货。北伐时叶挺将军的独立团在汀泗桥、贺胜桥击败吴佩孚后，师生们欣欣鼓舞，学校召开庆祝大会，组织游行，还演出《二七大罢工》《收回租界》等革命短剧，广泛进行宣传。"九一八"事变以后，南京政府奉行不抵抗政策。牛友兰义愤填膺，将兴县中学和高小全体师生集合到兴中礼堂，举行"九一八"国耻纪念大会，他和师生代表纷纷登台演讲，痛斥日本帝国主义的侵略罪行和国民党政府的不抵抗政策。1935年冬，北平爆发"一二·九"学生爱国运动，兴县中学学生首先起来响应，组织上街游行。县长李凯鹏百般刁难，提出张贴标语、传单必须加盖有校方公章，校长牛友兰当即提供油印机和纸张给学生使用，并批准在标语、传单上加盖了学校公章，打破了反动政府的限制，使这次游行得以顺利进行。兴县中学还进行过反贪官污吏的斗争。黑峪口禁烟委员王殿锦贪污巨款，旧政府包庇他，让其逍遥法外，兴中师生为此集合游行，要求惩办罪犯，官府慑于群众声威，不得不把王殿锦捉拿归案。牛友兰还利用兴县中学校长身份，想方设法保护进步师生，免遭反动当局迫害。阎锡山在山西实行白色恐怖时，有几个进步学生从太原跑到兴县躲避，兴县中学将他们收留编入班上学习，保护了他们。1935年冬，阎锡山大肆捕杀共产党人和革命群众，使古老的兴县城变成一座恐怖牢笼。这时兴县中学教师刘献珺（后任过山西省委统战部部长）遭反动当局追捕，刘逃出避难，后经牛友兰出面具保，才脱离险境。县长李凯鹏曾亲率军警到兴县中学进行搜查，由于牛友兰和师生们的抵制，使其阴谋没有得逞。由于以上种种原因，反动政府一直把兴县中学视为心腹之患，遂于1936年强行勒令停办。共产党在兴县地区建党较晚，所以在很长一个时期内，兴县中学在传播"五四"运动以来的新文化，宣传反帝反封建的进步思想，同国民党右派以及反动政府的斗争方面，发挥了主体和核心作用，牛友兰则是这个时期置身家乡的新派主要代表人物。

捐资献厂　毁家纾难　坚持团结抗战

抗日战争时期，牛友兰衷心拥护中国共产党抗日民族统一战线政策，全力支持并亲身参加抗日民主政权的工作。1937 年上半年，牛友兰的长子牛荫冠受党的指派由北平回到太原，协助薄一波同志从事上层统战工作，牛荫冠曾被委托主持山西牺盟总会工作。在其鼓励和影响下，牛友兰始终站在共产党和牺盟会一边，为抗日救亡，竭尽全力。

1936 年冬，牺盟会派遣"村政协助员"来到兴县开展救亡工作，牛友兰让他们在学生中排演抗日节目，进行救亡宣传。随后，余丕铎、米建书等人到兴县组建牺盟会，得到牛友兰的支持和合作。王力波等一批留省城学生受牺盟会派遣回兴县从事救亡工作，生活遇到困难，牛友兰热心为他们解决食宿问题，支持他们的抗日工作。以后当阎锡山停发兴县牺盟会的经费时，牛友兰毫不犹豫，决定每月赠送 100 银圆活动经费，解决了牺盟会面临的困难。抗战开始后，山西牺盟总会经过统战关系委派大同牺盟特派员张干丞到兴县任县长，开始组建抗日政府，同来的还有高芸生、董一飞，他们都是地下共产党人。不久八路军挺进敌后，一二〇师来到晋西北地区。牛友兰的好友刘少白在太原经王若飞、安子文介绍参加共产党后，也回到兴县开展救亡工作。从此牛友兰就依靠张干丞的抗日政府，积极支持八路军、决死队抗战。在张干丞、刘少白等的启发帮助下，牛友兰毅然一次捐出家资 23000 银圆和"复庆永"商号的大部存货，支援抗战；并将牛家大部分房舍提供给八路军使用。牛友兰为这次捐献，耐心说服了在世的两个哥哥和"复庆永"的其他股东，晓以利害，做了许多思想工作。他的这一爱国行动，产生了很大的社会反响，在其带动和影响下，当地其他富户也用实际行动纷纷捐献，共赴国难。"晋西事变"后，在"四大动员"时，牛先生再次捐出 8000 银圆和 125 石粮食，并动员本家妇女捐献金银首饰，支援抗战。

晋西北地区交通堵塞，物资匮缺，为打破敌人封锁，帮助抗日政府解决经济困难，牛友兰受县长张干丞委托，自筹资金 10000 元，于 1937 年冬在兴县城创办了"兴县民众产销合作社"，出任经理，孙良臣（后任晋绥解放区高等法院院长）任协理。下设营业部和生产部，营业部是负责物资交流与沟通的商店和货栈，生产部是以纺纱织布为主的工厂。后为躲避日机轰炸，生产部搬到距城 40 里的孔家沟山村办厂，更名为兴县纺织厂，牛友兰任厂长。1940 年日军夏季扫荡后，为保全工厂，经请示晋西北行署同意，将工厂搬迁到黄河以西的陕西神木县阎家堡村，工厂更名为晋西北纺织厂，牛友兰仍任厂长。为办好工厂，他曾派人到延安难民纺织厂取经，购回畜力弹花机，更新部分设备，扩大生产规模，使之成为晋西北根据地最大的纺织工厂。贺龙将军曾亲自到阎家堡村视察工厂，给职工以很大鼓励。1941 年，行署领导考虑牛友兰年事已高，遂派陈志远接任厂长一职，牛友兰被委以晋西北行署贸易总局顾问。他离开工厂时，没有要求退还建厂资金，也未索要工厂任何财物。牛友兰为抗日民主政府创办了一所纺织工厂，这是他对根据地建设作出的又一贡献。1942 年，牛友兰被选为晋绥边区参议员，亲身参加了共产党领导下的"三三制"政权的工作。

抗战时期，在山西那种错综复杂的政局下，牛友兰的政治态度是十分鲜明的。他虽是位党外的社会名人，但从不和阎锡山方面的人员接触往来，而把全部希望寄托在共产党、八路军身上。他热心鼓励和支持子女及家人参加革命。1938 年 1 月，他亲自送二子牛荫天（牛奇）和三子牛荫东（牛旭光）到临县决死队随营学校学习。以后牛荫天又入抗大二分校，转赴晋察冀边区工作；牛荫东到延安抗大毕业后，先后在八路军一一五师和安徽新四军工作。1942 年，他又把最小的儿子牛荫西送往延安。至此他的四个儿子全都走上了革命道路，均加入共产党，成长为终身职业革命战士。他的侄女牛荫英、牛荫蝉、牛兴中，侄儿牛荫德、牛荫树、牛荫越；侄孙牛联棠夫妇、牛联棣夫妇；侄孙女牛金枝、牛联桐、牛番秀等牛家大部分子女，先后离开地主家庭，参加救亡工作，走上革命道路，同样得到他的热心鼓励和大力支持。他们中有的在敌后残酷的斗争环境中，献出了年轻的生命；有的后来留苏学习，成为我国工业战线的重要骨干；有的在地方和军队担任领导工作。晋绥解放区领导同志和领导机关，长期住在蔡家崖牛家宅院，牛先生热心给提供各种方便。

1940 年春，晋西北行署建立，山西新军总指挥续范亭出任行署主任，牛荫冠任副主任兼党组书记。行署机关就设在蔡家崖，续范亭主任和牛夫人康改桃曾住在一个院子里，彼此亲如家人。牛夫人很关心续主任的生活，经常把自己做的可口家乡饭食送给续主任等领导同志品尝。续主任对牛友兰和其夫人的为人，很是赞许。以后牛夫人患病时行署派出医务人员为她精心治疗，1945 年牛夫人在陕西神木县盘塘村病故，行署还为她送了花圈，就地进行安葬。晋绥军区成立后，军区司令部就长期设在蔡家崖，贺龙等晋绥领导人一直住在牛家花园院。解放战争时期，毛主席、周恩来副主席、任弼时同志来到晋绥后，贺龙同志把自己住的花园院让给党中央首长住。毛主席在这里发表了著名的《在晋绥干部会议上的讲话》和《对晋绥日报编辑人员的谈话》。牛家宅院现在是"晋绥革命纪念馆"馆址。

学习陕甘宁　拜见毛主席　组成士绅参观团

为了学习陕甘宁边区的经验，更好地为根据地建设作出贡献，1942年5月组成了"晋西北士绅参观团"访问延安。参观团共由15人组成。团长牛友兰，副团长刘少白、武润生；团员为兴县的孙良臣、贾克明、王作相、任辑武、刘鉴，保德县的张映萱，临县的刘墨林、樊汦如，神池县的程进，离石县的刘菊初、陈顾三，陪同参观团的有晋绥分局机关报《抗战日报》记者师海云。他们临走前，贺龙司令员给每人发了一套军服，大家穿上都高兴地说："我们也当八路军啦！"参观团于5月4日从兴县起程，途经陕北绥德时，受到八路军三五九旅旅长兼警备区司令王震的热情接待。参观团5月20日到达延安，住在当时延安最高级的宾馆南门外交际处。党中央机关报《解放日报》对参观团团长牛友兰作了以下专门介绍："……二十四时，肄业于京师大学堂，辛亥革命期间，牛先生从校返里，兴办教育事业，培养弟子千人以上。'七七'事变后，交通不便，货物来源困难，牛先生下决心发展农村纺织业，筹款10000元，创办兴县产销合作社，两年来辛苦经营已扩大为晋西北纺织厂。牛先生担任厂长兼贸易局顾问。他的长子牛荫冠是晋西北行署副主任，今天兴县散布在各地的知识分子，大都受益于牛先生。""牛先生对边区的民主政治、经济建设仰慕已久，此次倡导来延安参观，立即得到当地党政机关及地方绅士的热烈赞同。"随后《解放日报》对参观团的活动做了连续报道。

参观团到达延安的当天晚上，陕甘宁边区政府主席林伯渠、副主席李鼎铭、边区参议会副议长谢觉哉亲自设宴为参观团全体成员洗尘。次日上午，晋绥分局书记林枫受党中央委托，来到交际处访晤他们，并挥毫题词"群策群力，为建设晋西北抗日根据地而努力"。党中央指派正在中央党校学习的张干丞住在交际处，协助金诚处长负责接待工作，安排参观日程。牛友兰等先后参观访问了机关、学校、工厂、医院等38个单位，尤其对难民工厂观看得特别仔细，询问了工厂的生产管理和工人的生活情况，做了详细笔记，决心把该厂的好经验带回晋西北去。参观"日本工农学校"时，他们亲眼看到昔日的法西斯官兵已被改造为反战同盟的战士，深深感到共产党政策的英明。参观团先生们异口同声地称赞说："陕甘宁边区这样地瘠民贫、人口稀少的地方，又处在被封锁的情况下，无论农业和工业能有今天这样的发展，实在是个奇迹。"牛友兰写下"事在人为，有志竟成"八个字赞颂延安。5月29日，贺龙、林枫、续范亭等晋绥解放区领导人，特意在延安枣园的续范亭住处，宴请牛友兰等参观团成员，这天前来欢迎他们的还有山西籍的徐向前将军。由于大家在晋西北时都认识，这次在延安聚会，倍感亲切。

6月29日下午3时，毛主席、朱总司令在中央机关设宴欢迎参观团全体。接见时，毛主席握住牛友兰的手亲切问道："你有两个孩子在延安学习吗？"（那时牛旭光、牛荫西正在延安学习。）牛友兰当时很受感动，心想毛主席日夜操劳国家大事，连这么件小事也都知道，非常敬佩。时隔十天以后，7月9日下午，毛主席又亲赴参观团住地的交际处看望各位先生。在兴奋愉快的氛围中大家围桌座谈，毛主席询问了诸先生的姓名、家庭情况后，深刻分析了国际国内形势，说明反对日本帝国主义的侵略战争，是世界历史上最为伟大的战争，指出了反法西斯战争的光明前途。接着毛主席就"三三制"政权问题、整风问题以及抗日根据地的各项方针、政策，进行了详细阐述。他谈古论今，开怀畅谈，从秦始皇焚书坑儒谈到抗日民族统一战线，侧重阐明中国共产党在抗战中团结抗战、在抗战胜利后团结建国的总方针，并即席回答了参观团诸先生提出的各种问题。毛主席谈笑风生，座谈气氛亲切热烈，进行了五个多小时，直至晚上毛主席才告别离去。这次座谈使参观团先生们夜不能寐，有的写诗作赋，有的用日记记下了这终生难忘的时刻。牛友兰等感到是他们参观以来最大的收获，非常荣幸。在参观期间，党中央王若飞、北方局杨尚昆、晋绥分局林枫，先后到交际处邀请他们座谈，王若飞还赠送他们每人一本联共党史，勉励大家回去后要好好学习，继续做好各方面的工作。

7 月 14 日，《解放日报》发表《送别晋西北士绅参观团》的社论，开头就说："牛友兰、武润生、刘少白先生们所组织的晋西北士绅参观团就要回去了，每当想到背负着民族的苦难，怀抱着对于陕甘宁边区的高度热望而仆仆西来的诸位先生，特别是想到以六十高龄而不辞跋涉之苦的几位老前辈，我们实在感奋万端。"7 月 20 日，《解放日报》刊登了牛友兰等《留别延安各界书》，再次表达了他们对党中央、毛主席、朱总司令以及陕甘宁边区政府和延安各界的衷心感谢。参观团回到晋绥以后，牛友兰到处宣传延安的好经验、好作风。他在《抗战日报》上发表了长篇观感文章说："最使人感动的是延安的新政治、新经济、新文化，这是共产党领导人民能够取得胜利的保证。我们一定要把这些宝贵的经验宣传发扬光大，让它在晋西北很快生根、发芽、开花、结果。"牛友兰还给晋西北纺织厂职工详细介绍了延安参观的情况和体会，使大家受到很大的鼓舞和教育。1946 年 2 月，他又在《解放日报》上发表"议会的新旧比较"一文，以解放区参议员身份，用新旧议会的对比来颂扬解放区的民主政治。

毛主席说：牛友兰是不该斗的

1947 年秋，晋绥解放区进行土地改革时，由于康生等在土改试点中大搞极"左"，致使晋绥分局在推广他们的经验时，出现了"左"的错误，在蔡家崖召开了所谓"斗牛大会"，对牛友兰进行残酷斗争，使其在精神和肉体上受到很大创伤。1947年9月27日牛友兰含冤去世，享年63岁。他在临终时对土改工作团负责人马林说："你们的事业是正义的。"表达了他对党和土地改革运动的真诚支持和拥护。他死后，埋葬在蔡家崖后山牛家祖坟外西南的地头上。

晋绥土改时，毛主席正在转战陕北，当党中央、毛主席发现晋绥土改中"左"的错误后，通知晋绥分局马上派人到陕北进行汇报。毛主席对前去汇报的同志说："晋绥土改犯了一个很大的错误，刘少白、牛友兰这些人是不该斗的。"并指示要很快纠正"左"的做法。随后，贺龙在晋绥分局召开的一次干部会议上说："土改时不应该那样斗争牛友兰，也不应该那样对待牛荫冠同志，这件事发生在司令部门前是很不应该的。"解放战争时期担任过中共华北局书记的薄一波，在1950年6月和贺龙的一次谈话中说，牛荫冠同志的父亲为我们做过好事的，土改时斗争他是不应该的。

在党的十一届三中全会路线的指引下，1989年7月18日，中共兴县县委正式作出为牛友兰先生平反昭雪的决定，否定了过去强加给他的一切不实之词，充分肯定了他的光辉业绩，为他彻底恢复了名誉。牛友兰一生追求真理、不断进取、热爱祖国、与中国共产党密切合作，他是党的忠诚同盟者，人民的好儿子，党和人民将永远怀念他。

郭南浦险走银川

——宁夏和平解放侧记

———————

林一生

1949 年 8 月 26 日，人民解放军解放兰州，西北地区敌军中战斗力最强的青马主力，被歼殆尽；宁马部队约 7 万多人，处于孤立无援的困境，蜷缩于宁夏地区黄河两岸，已成惊弓之鸟。这种形势，为我军用和平方式解放宁夏，造成有利条件。

人民解放军十九兵团进驻兰州后，兵团政治部联络部部长甄华，遵照杨得志司令员、李志民政委力争用和平方式解放宁夏的指示，很快便联络了一批（共计 11 人）对宁夏可以发生影响的上层社会力量和民主进步人士，准备开展宁夏的和平解放工作，其中为首的就是郭南浦先生。

一

郭南浦字均三，数代祖传名医，是甘肃、宁夏地区伊斯兰教界颇有声望的上层进步人士。8 月底，甄华部长首次登门拜访他。

郭住在兰州广武路一套宽大洁净的四合院里，正厅窗明几净，陈设简朴，墙上挂一条幅，上书宗教创始人的语录教诲，显出一种清新素雅、宁静肃穆的气氛。郭身材瘦削，面庞白皙，双眸明亮，颔有一绺银须；虽已82岁，但思路清晰，爽朗健谈，童颜鹤发，精力充沛。他早年参加过辛亥革命，常怀一颗忧国忧民之心，对马步芳在西北的黑暗统治颇为不满。

郭南浦老先生在正厅会见甄华。甄首先说明受兵团首长委托，特来看望，几句寒暄之后，便开门见山地对他说："兰州解放后，宁夏马鸿逵、马鸿宾部已完全孤立，宁夏部队的战斗力，远不及被我歼灭的马步芳部队，解放军用军事手段解放宁夏有绝对把握，但为了减少战争的破坏，避免人民生命财产遭受损失，我们打算通过政治方式解决宁夏问题。对此，郭老先生有什么看法？"郭当即对我党我军的和平诚意表示钦佩，拥护和平解决的方针，称赞解放军是仁义之师。他分析了宁夏二马的动态："宁夏部队由马鸿逵统率，他与共产党誓不两立，很难改变态度；马鸿宾则不同，他们虽为兄弟，但政见一向不和，马鸿宾父子较为开明，在大军压境之际，不一定追随马鸿逵顽抗到底，如果了解贵军政策，有可能接受和平解决。"甄华问："争取马鸿宾，孤立马鸿逵，有无可能？"郭明确回答："有可能。我与马鸿宾是至交，了解他有和平解决的愿望。"

甄华用探询的口吻说："本想请郭老先生宁夏一行，考虑你年事已高，远行不便，是否另行推荐别人？"郭老先生激动地说："我已是垂暮之年，有幸能为国为民做点好事，实属求之不得，我愿亲赴银川，面说马鸿宾认清形势，当机立断，接受和平解决。"甄华考虑到郭南浦先生已年逾八旬，不便奔波劳碌，而且进入宁夏，要冒风险，一时难下决心，说："时间紧迫需要立即动身，为了不引起怀疑，我们又不便用军车送你，路经马鸿逵驻地，要冒很大危险。"郭坚定地表示："为了宁夏百姓的解放，拼了我这条老命也值得。至于汽车问题我自己设法解决，只要闯过马鸿逵的防地，我可通知马鸿宾保护我。"

二

甄华返部后，向兵团首长作了汇报，并提出了尽快出发的建议和需要做好的工作。杨得志司令员和李志民政委同意并转报彭总，彭总同意郭南浦等即赴银川，对宁马部队开展政治争取工作。当时确定与郭同行的还有兰州的回族知名人士、原国民党退休军政官员以及宁马高级军官的亲属吴鸿业、马锡武、王廷翰、白连升、马宏道、马凤图、马元凤、马忠汉、马季康、马守礼等十人。

行前，杨得志、李志民等兵团首长曾两次到郭的住所看望郭南浦先生，郭老先生十分感动。他表示："我与宁夏马家虽不同姓，却系同族同教，我愿将解放大军对回族之情谊和为国为民的宗旨，转告他们。"杨司令员对他说："郭老先生年事已高，千里迢迢去银川，要穿过马家部队的防地，担惊历险，若有闪失就不好了。"郭南浦先生爽朗地答道："丈夫为志，穷当益坚，老当益壮。老马之志可用也。"

为了保障郭南浦一行的安全和便于进行工作，杨司令员指示甄华要派几名有经验的干部，与郭老先生结伴同行，并研究入宁后如何开展工作以及可能遇到的问题等等。与此同时，杨、李首长将郭南浦一行的情况和意愿，告知驻在固原、黑城一线的六十四军军长曾思玉和副政委傅崇碧。

9月5日，十九兵团首长在兵团机关会见郭南浦赴宁一行。对他们长途跋涉，不畏艰辛，开展和平解放宁夏工作，表示赞赏，给予鼓励。

指出他们进入宁马防区的具体方法、时机，可同驻在固原、黑城地区的六十四军领导，依据实际情况，研究决定。

兵团首长会见之后，甄华对他们说："你们此去，如果宁夏方面愿意和谈，我们欢迎；如果现在不愿和平解决，但经过解放军攻打后，表示和意，我们也接受。"

9月6日，郭南浦一行乘一辆带篷民用卡车，从兰州出发。甄华派兵团联络部干部林一生、李天伟、阳光及五名警卫战士，护送他们去宁夏。兵团首长亲自为他们送行。杨司令员向随行的兵团联络部干事林一生叮嘱：一定千方百计搞好他们的旅途生活，切实保障他们的安全，并批给200枚银圆，作为旅途的生活费。

三

篷车载着郭南浦一行和护送他们的解放军干部、战士共计19人，沿西兰公路经六盘山进入固原县境。从此地到银川，沿途多为回民聚居地区。路上，郭老先生谈笑风生、兴致极高，从普洱茶的消食利便，谈到国民党的总统选举。太阳依山，一行人到达六盘山下的瓦亭，决定在这里过夜。

没有料到，这一车军民混杂的"不速之客"，竟给这个一二百户人家回民聚居的小镇，带来惊恐和不安，群众大都躲了起来，几名儿童面带疑惧在路旁观望。后来找到一位头戴白帽的回族老人，向他介绍了郭南浦先生，他十分惊讶！不一会儿，他找来了几名回民老者，其中还有一名阿訇。他们口称"赛两木"，纷纷向郭南浦问安道好，显然，对郭南浦先生十分景仰和尊敬。

随行的解放军干部，向他们宣传了党的民族政策和解放军的约法八章，告诉他们郭老先生此行去宁夏，是执行和平解放的任务。此时，村民越聚越多，对这位景慕已久的回民领袖人物，都想一睹为快！郭老先生也向他们宣讲了共产党对回民的政策，他真诚地说："在中国历史上只有共产党才把我们伊斯兰教民，看成一个民族，尊重我们的民族习惯，今后只要跟着共产党，一定会过上安居乐业的日子。"许多老者，听后频频颔首。

这时天色已经黑了下来，阿訇亲自宰羊，连夜做好了丰盛的晚餐，用鲜嫩的羊羔肉，热情地款待了郭南浦及其随行人员。

9月10日，郭南浦一行从固原到达三营。原驻守在这里钳制宁马的六十四军，已北进同心、中宁。三营、黑城一带的居民，几乎全部是回族，当他们听说郭南浦先生到达后，纷纷涌向街头，和在瓦亭一样，争先恐后地看望这位在回民中久负声望的长者。这里的居民大都久闻其名，未见其人，今天见到郭老先生，感到十分荣幸。

12日，郭老先生等驱车随着解放大军，一同前进。黄昏时分，在阴雨中抵达当天早上解放的同心县城。兵团联络部的干部当即到六十四军指挥所，向曾思玉军长、傅崇碧副政委作了汇报。军首长热情地接待了郭南浦一行，询问了有关情况，决定次日郭老先生等随军一起前进，伺机进入宁马内部。

13日，雨停，天气晴朗。风餐露宿的解放军战士，整装待发。郭南浦及其随行人员，看到我们的战士喝苦水，吃炒面，雨夜中用被面、布单，张幕露营，都深受感动。郭老先生情不自禁地感叹着："这样的部队怎么会不打胜仗啊！"

四

解放宁夏大军像一条钢铁巨龙，在广漠无垠、杳无人迹的荒原上，沿着去银川的公路，逶迤前进。约近中午，随军前进的郭南浦一行，在距马家河湾十多里处，突然遇到原宁马交通处长、后为马鸿逵驻西安办事处少将主任孟宝山先生。西安解放后，甄华曾几次访问为人正直、富有爱国心的孟宝山先生。孟愿同我们合作，以逃跑者身份，返回银川，为宁夏和平解放秘密进行工作。现在孟从银川返回，同郭一行人邂逅于百里荒原。随行的兵团联络部干事林一生，将孟宝山先生介绍给六十四军首长。

曾军长、傅副政委同孟宝山、郭南浦等在公路旁的沙丘上，席地而坐，听取孟宝山介绍宁夏情况，计议下一步行动。

孟宝山说："马鸿逵已于 9 月 1 日逃往重庆，宁夏的军政大权交给了其子马敦静。马敦静冥顽不化，拒绝和平解决，只有马鸿宾表示了和平解决的意愿。老汉（指马鸿宾）对我们未把他列入战犯名单，甚为欣快，但他对宁夏部队无领导实权，只能左右八十一军（其子马惇靖、马敦信分任正、副军长）。"

孟宝山还将马敦静策划的阴谋，向傅崇碧副政委作了个别汇报：马要同解放军订立互不侵犯协定，如不同意，强行攻打，即将各渠口打开，放黄河水抵抗；抵抗不住，则将银川烧成焦土，然后分散进行所谓"游击战"。

在商讨中，郭南浦先生对马鸿宾的和平动向很感兴趣，从而对全宁夏的和平解决颇为乐观。他说："宁夏完全可能和平解放，是否请解放军停止前进，我即赴银川，给我几天时间，保证和平解决。"曾军长解释说："彭总原先命令我们争取 15 日打到银川，为了争取宁夏方面和平解决，我们已推迟了行动。现在没有上级的命令怎能停止前进？况且，战争的经验表明，没有强大的军事压力，敌人是不会接受和平谈判的。"郭老先生对曾军长的一席话，深感言之在理，连连称是。随后，大家议定：孟宝山随郭南浦等人，立即乘车回中宁（我军先头部队已占据马家河湾，距中宁不足百里）转赴银川，向宁夏当局晓以大义，申明利害，让他们速派代表商议和平解决；如八十一军愿率先单独和平解决，可即派人前来联系，先行和平谈判。

五

郭南浦、孟宝山等于13日中午离开六十四军先头部队马家河湾驻地，行至长山头，遇到仓促北逃立脚未稳的宁马骑兵二十团。这群败兵，不问青红皂白，竟向他们乘坐的毫无武装的民用汽车连打十几枪。后经孟宝山、白连升等冒险趋前喊话，几经交涉，下午5时，经受一场虚惊后，郭、孟一行到达中宁。

慑于我解放大军的声威，中宁城内的宁马军政机关，已作鸟兽散。所幸电话尚未破坏，孟宝山同马敦静通了电话。这位国民党宁夏兵团的司令官，竟对当时的中宁情况，毫无所知。孟向马敦静谈了中宁的情况和郭南浦的来意，马避不正面表态，拖延搪塞。他说："希望解放军暂住大红沟、马家河湾一带，如没有吃的，可以送粮过去，否则，留驻的两团骑兵，坚决抵抗。"通话后，孟宝山颇觉好笑：刚从同心败退下来的两团骑兵，怎能挡住解放军？

由于银川方面在电话中拒不表示派代表前来和谈，郭、孟研究后决定：他俩同马季康、白连升、马守礼等五人，即去银川，其余人员暂留中宁，相机进行八十一军的工作。

9月14日，中宁解放。回汉人民在城南新堡子张贴欢迎标语，置备水果、点心，列队迎接六十四军入城。

同日，郭南浦、孟宝山等五人，到达银川。但马敦静拒不会面，甚至连马的高级幕僚也避而不见，电话也打不通。他们住在招待处，发现一些可疑的人偷听他们的谈话，甚至监视他们的行动，实际上他们已被软禁起来。

9 月 15 日午后，他们在招待处会见了马鸿宾。郭南浦向马鸿宾说明来宁目的，希望他认清形势，以宁夏全省人民利益为重，派出代表，同解放军进行和平谈判。

没有料到，马鸿宾竟面带愠色，生气地说："解放军打下兰州后，我们始终摆出和平姿态，你们是和平代表还未曾到来，就把我们打成这个样子……不平咋能和哩？"显然，他对我六十三军在靖远、中卫之间，消灭了八十一军两个团，耿耿于怀，表示不满。马守礼、白连升随即向他解释："我们来宁夏前，解放军首长说得明白，只要宁夏方面有和平诚意，由郭老先生一面给兰州彭副总司令去电，一面到前线联系。我们在路上因雨耽误了时间，双方已经开战，解放军没有接到停战命令，当然要发动攻击。现在可不可由郭老先生给兰州去电，我们到前线去接洽？"经过一段交流意见，马鸿宾渐渐平定下来，表示可以和平谈判。他说："马敦静虽是我的侄儿，但我们多年不往来，我不便去找他。只有八十一军我可以负责，我即去电话，着马惇靖在石空和你们见面，其余另作商量。"

马鸿宾走后，郭南浦、孟宝山等商定：马敦静已关闭和谈之门，宁夏的全面和平解决，目前时机还不成熟，但刻不容缓，立即策动八十一军起义。郭老先生年纪大，暂留银川，根据银川动静，相机行事；孟宝山、白连升、马守礼、马季康四人，由马鸿宾派车，连夜冒雨出发，去石空堡与马惇靖会面。

17 日清晨，孟宝山等人在石空堡与八十一军军长马惇靖相见。马在大军压境、两个团被歼，马鸿宾又向他通报和谈意愿的情况下，表示愿意接受和平解决，并且说："我们军人的职责是保国卫民，毛主席比蒋介石好，我们就跟随毛主席。"

经过孟宝山等人的奔走斡旋，9 月 19 日，我六十四军军长曾思玉代表十九兵团，马惇靖代表国民党八十一军，在中宁签订了《和平解决协定》。至此，国民党八十一军宣布起义。

六

9 月 15 日夜，当孟宝山等人前往石空堡策动八十一军起义离开银川后，马敦静竟严令郭南浦等，必须在三小时内离开银川，否则，军法从事。郭南浦先生对此无礼决定，不屑一顾，拒不离开银川。在处境更加险恶的情况下，郭老先生对宁夏的和平解放，仍然矢志不渝，设法秘密联系银川上层人士和开明士绅，继续进行和平争取工作。

在解放大军从东、南两路节节逼近银川，黄河以东地区金积、灵武，吴忠的宁马部队已陷于孤立，在八十一军即将起义的情况下，马敦静看到大势已去，于 9 月 19 日晨，乘飞机逃往重庆。马刚刚逃走，贺兰军军长马全良即同一二八军军长卢忠良等秘密商定，由马全良领衔向解放军通电求和。

与此同时，我六十四军所属部队，发动了金灵之战，仅两天时间，就先后解放了金积、吴忠和灵武县城，宁夏兵团主力一二八军，几被全歼。

在解放军军事进攻和政治争取两股力量冲击下，宁马内部军心涣散，兵无斗志。9 月 22 日和 23 日，国民党宁夏兵团约 5 万人，竟在两天之内，不战自溃，土崩瓦解。23 日深夜，我六十四军先头部队进入银川。

9 月 26 日，十九兵团在银川举行了入城式。杨司令员、李政委将一面由李志民同志亲自题写的，绣有"和平老人"四个大字、长达两米的锦旗，赠给了郭南浦先生，以表彰他为宁夏和平解放所作的突出贡献。

律师应仗人间义

——施洋在最后的日子里

———

周慧芳

施洋（1889—1923），字伯高，号万里，出生于湖北竹山西乡的一个书香人家。早年接受孙中山"三民主义"思想，曾在家乡创办国民学校。1914 年入湖北警察学校；1915 年继入湖北私立法政专门学校，1917 年以甲等第一名的成绩毕业。1918 年开始执行律师事务，并以其过人的机智、雄辩的口才、崇高的声望当选为武汉律师公会副会长。1921 年参加中国劳动组合书记部武汉分部及武汉共产主义小组领导的马克思研究会。1922 年初，被京汉铁路工人俱乐部聘为法律顾问；夏，加入中国共产党，此时，他担任了武汉地区所有工会的法律顾问。由于他时时处处为工人利益着想，为工人说话，被工人们亲切地称为"劳工律师"。

在党的领导下，京汉铁路工潮高涨。1922 年上半年，京汉铁路的长辛店、保定、正定、郑州、信阳、江岸等 16 个主要地区先后成立了工人俱乐部（后改为分工会）。为了加强领导，进一步开展对帝国主义、封建军阀的斗争，党决定把全路近 3 万名工人统一组织起来，成立京汉铁路总工会。施洋积极参加了京汉铁路总工会的筹备工作，并被聘为京汉铁路总工会的法律顾问。

京汉铁路总工会经过三次筹备会议，决定于1923年2月1日在郑州召开总工会成立大会。施洋以湖北工团联合会、京汉铁路总工会法律顾问身份，参加了成立大会的领导工作。

1月30日晚，施洋在欢送会上作了激动人心的演说，然后同代表们一起乘车北上。

军阀吴佩孚禁止总工会成立的消息传来，施洋在信阳车站站台上大声疾呼："工友们！人民有集会、结社的自由，民国的约法上明白规定。我们工人创造甚大，在人民中占主要地位，为什么不能享受约法上之自由？"他号召工友们："当此大敌之前，当然有进无退，善自防卫。"施洋在驻马店等地也作了充满激情的演说，动员广大铁路工人为争取成立总工会的自由而斗争。

2月1日，施洋和各地代表、来宾不顾军警的阻挠破坏，冲破军警的防线，直奔开会地点——普乐园。在京汉铁路总工会成立大会上，施洋发表演说，愤怒声讨和揭露了军阀吴佩孚摧残工会的野蛮暴行，高呼"京汉铁路总工会万岁！""劳动阶级革命万岁！"等口号。当晚总工会召开了秘密会议，决定自2月4日起，举行京汉全路总同盟罢工，以反抗反动派的武力干涉；并决定总工会由郑州迁到汉口江岸办公。会议还决定施洋和林祥谦等武汉方面代表连夜乘车返汉。途中，施洋利用停车时间，向欢迎的人群进行宣传，号召工人们团结起来，为自由而战，为人权而战！

2月4日上午，按照京汉铁路总工会的命令，开始了京汉全路总同盟大罢工。当天，施洋以法律顾问身份出席了湖北全省工团联合会代表会议。根据会议决定，施洋顾问负责联系各报馆编辑出版罢工的"号外"，争取各界同情，壮大罢工声势；还和同志们分头动员各工会、学校和社会团体到江岸慰问罢工工人，声援罢工斗争。

2月6日上午，在江岸工会门前，举行了万人慰问大会，施洋发表了慷慨激昂的讲话。他指出，这次京汉铁路工人的罢工斗争，是为了打倒工人阶级和劳动人民的共同敌人，解除共同的压迫，求得共同的幸福。他号召工人："一定要坚持斗争，不胜利决不上工！"会后，他与林祥谦等率领工人举行了声势浩大的游行示威。这支万人游行队伍，由江岸福建街出发，高呼"打倒封建主义！""打倒帝国主义！""京汉铁路总工会万岁！""全世界的劳动者联合起来！""劳动专政万岁！"等口号，英勇无畏地经过日、德、法、英等帝国主义在汉口的租界。

罢工期间，正值寒冬时节，施洋经常顾不上吃饭、休息，冒着刺骨的北风，夜以继日地四处奔走，又是演讲，又是募捐，又是发表紧急宣言，鼓励工友们去夺取罢工斗争的胜利。

就在此时，麇集在英国驻汉领事馆内的帝国主义国家的领事们，与他们的爪牙吴佩孚、萧耀南正进行密谋策划，要对罢工工人进行血腥大屠杀，要对施洋等人下毒手。风声传来，有人劝施洋躲避一下，他坚定地表示：要和工人们在一起坚持斗争，绝不后退。在施洋被捕的前一天晚上，他回到家中，吃完饭，问他的夫人："怕不怕？"夫人说："不怕。"施洋高兴地说："对！斗争总是要流血的，这没有什么可怕。"

2月7日下午5时，反动派开始对罢工工人进行血腥镇压了。32名工人惨死在敌人的屠刀下，江岸分工会委员长林祥谦等同志壮烈牺牲。当晚，施洋回到家中，正在一楼卧室里烧毁一些重要文件时，突然有十几个便衣警察，像一群恶狼一样，闯了进来。一个肥头大耳的家伙，用手枪对着施洋说："敝厅长请先生去有几句话说。"施洋冷笑道："贵厅长是谁？倒请起我来了，怪事！"那家伙把眼一瞪，恶狠狠地说："敝厅长就是汉口警察厅长，奉督军命令请你的，你还不明白吗？不要多说，赶快跟我一路走！"施洋早已明白这是怎么一回事，便毫不畏怯地站起来，把手中的报纸一丢，大声喝道："要走就走！不用侍候！"这时，施洋的夫人赶上前说："往哪里去？我也去！"施洋对夫人说："你去干什么？我没有犯法，无论到哪里，都不怕！"说罢，便昂首阔步地同那伙警察一道走了。

施洋被捕时，住宅大门外站满了警察，不许任何人跟着出去。施洋的夫人见此情景，就把藏在梳妆盒里的秘密文件拿出来，用包头藏在头上，装扮成四川保姆的样子，从凉台爬到隔壁大同旅社的凉台上，从旅社走出来，到湖北全省工团联合会创办的《真报》馆，把文件交给组织，报告了施洋被捕的消息。武汉党组织、各工团、学联等团体多方营救施洋未果。

施洋被押进汉口警察厅的一间小房后，便大声质问："我没有犯法，为什么把我带到这里？"看守回答说："可能是为工人罢工的事，请你来商量一个解决的办法。"施洋说："那是太看得起我了！罢工潮流，传遍了全世界，我是什么人，就能解决？"施洋在这里停留了大约一个半小时，就由两名便衣警官、六名武装警察押过江到湖北陆军审判处。在小火轮上，施洋对警察说："中国全体人民，无论是谁，均在国际帝国主义压迫之下，我们要联合起来，打倒帝国主义，万万不能自相残杀，让洋人坐收渔人之利。"一位警察感动得流泪。在狱中，施洋被戴上沉重的镣铐，行动艰难，却感到这是"蓄精养锐之机会，钻研锻炼之良辰，所以觉其乐，而不觉其苦也……为得执行法律而被坐牢或杀害，就是求仁得仁"。他以惊人的毅力写下了数千字的《伯高狱中七日记》，详细记载了被捕的经过、狱中生活和反动派的残暴。

2月8日下午4时，施洋律师在审讯室大义凛然地驳斥敌人说："救国运动为合法行为，农工商学各界，既然能先后参加运动，律师又为什么不可以参加呢？对于贫苦工人或工会与人有诉讼事件来委托我，不过在法律范围之内，本律师应有之职权。代拟诉讼或书状，有何犯罪之言！你们秘密地逮捕我，侵犯我的自由，这是非法的行为，你们才是犯了法！"驳得敌人张口结舌。施洋又抗议说："第一，施洋没有犯法，就算犯了法，但不是军人，不是江洋大盗，应当由地方审判厅来处理，陆军审判处没有权力过问，这是你们首先乱了法，在法律上要负相当责任。第二，施洋是一个文弱书生，这样沉重的脚镣手铐，在世界文明国家早已废弃不用，况且在这里，外有石墙铁网，内有军队林立，绝无逃脱之可能；把一个文弱书生关在这样的牢狱里，已够威风了，又钉上这样重的镣铐，是不是合乎天理、国法、人情？"敌人理屈词穷，只好把施洋的脚镣手铐去掉。

2月9日7时，施洋起床后草拟了一个约2000字的"供状"，声明自己无罪。他还为同狱的难友们申请筹划农历年关福利，组织难友反抗黑暗的监狱制度。

13日，施洋写了一首"监狱乐"的诗："人人都说监狱苦，我坐监狱反觉乐，不要钱的衣给我穿个鼓堆堆，不要钱的饭给我饱个肚儿圆。"来发抒他的革命乐观主义精神。

14日，吴佩孚电令湖北督军萧耀南："不杀施洋，京汉路不能通车。"要萧耀南将施洋秘密处死。

15日7时，北风呼啸，乌云密布。施洋被押到武昌洪山脚下。临刑前，执法官假惺惺地问："要不要写家信？有没有遗嘱？"施洋声色俱厉地讲："中国就是我的家，我有什么信可写！只希望中国的劳动者早点起来，把军阀、官僚、资本家和你们这般替他们做走狗的人，一起都食肉寝皮！"接着又慷慨激昂地说："我不怕事，不怕死，堂堂做人，反对强暴，你们杀了一个施洋，还有千万个施洋！"执法官被弄得狼狈不堪，连忙气急败坏地狂叫："开枪！开枪！"施洋面对刽子手振臂高呼："劳工万岁！"刽子手惊慌失措，连忙开枪，施洋傲然屹立，继续高呼："劳工万岁！"壮烈牺牲。施洋牺牲时年仅 34 岁。

噩耗传来，广大民众无不义愤填膺，悲痛万分。群众冒着危险将施洋律师的遗体收殓，停放在武昌城外江神庙里。后来，江岸铁路分工会和武汉人力车工会将施洋的灵柩安葬在武昌洪山北麓，并立碑纪念，碑上刻着"施洋先生之墓"。

为了纪念"二七"烈士施洋同志，发扬革命传统，教育子孙后代，1953 年武汉市总工会将施洋烈士墓迁到了秀丽的洪山上面，重建了施洋烈士纪念碑。碑前立有施洋烈士的半身塑像。1957 年董必武为施洋烈士墓题词，文曰："二七工仇血史留，吴萧遗臭万千秋；律师应仗人间义，身殉名存烈士俦。"

"火镖律师"

——爱国律师吴迈逸事

万荣茂　吴威亚①

　　吴迈，字良翰，江西余江县平定乡石背吴家村人，1885 年出生于一个穷塾师的家庭。16 岁中秀才后绝迹考场，致力于研究各国律法；29 岁弃家外出，在宁沪等地操律师业务；1928 年当选为全国律师协会宣传部长。

　　吴迈平生敬仰文文山、陆象山、杨淑山和宗泽的高尚情操与献身精神，曾治印一方，上镌"三山一泽是我师"七字以自勉。他一生抱定"不怕死、不怕苦、不做官、不荐官"的四不宗旨，献身于反帝、反蒋以及抗日救亡事业；曾两次当面痛斥蒋介石，三次入狱，被中外报界誉为"吴大炮""火镖律师"。

　　吴迈生性快人快语，疾恶如仇，凡遇不平之事，必挺身而出、匡扶正义，留下了许多鲜为人知的史话。

———————————

　　① 吴威亚，吴迈之子。

1936 年 12 月，吴迈从新加坡绕道中国香港，代表李济深先生前往西安帮助张学良、杨虎城二位将军处理"西安事变"，不幸被国民党特务杀害，时年 51 岁。

痛斥蒋介石

1928 年，蒋介石在英、美帝国主义支持下，北上攻打奉系军阀张作霖。日本帝国主义为阻止英、美势力向北发展，借口保护侨民，出兵侵占济南。5 月 1 日，国民党军队开进济南，日军即寻衅开枪，打死中国军民多人。3 日，日军又大举进攻，蒋介石下令不准抵抗，并撤出济南。于是，日军在济南奸淫掳掠，屠杀中国军民 5000 多人。为此，国民党政府驻山东特派员蔡公时前往交涉，被日军残酷地割下耳、鼻，最后与 17 名外交人员同遭杀害，造成了震惊中外的"济南惨案"。吴迈目击时艰，痛心疾首。

次年，蒋介石在南京政府召开国民党中常会扩大会议，旨在谋求妥协。吴迈获悉后，立即从上海赶赴南京，利用"国民政府来宾出入证"进入了会场，并猝然向主席台上顾盼自雄的蒋介石要求发言。不待许可，吴迈便高声痛斥道："号称国民革命的政府，为什么不革命？今天所谓的'三民主义'，已经徒有虚名。拿民族主义来说，日寇陷我济南，肆意滥杀无辜，政府仅在日历上加印'国耻''惨案'了事，中国简直快灭族了！讲民权主义吧，实则人民毫无其权，倒是今天在座的诸公尽夺了民权。若说民生主义，更叫人心悸鼻酸！目前河南人民正在啃树皮吃草根度日，真是民不聊生。你们如此高喊实行'三民主义'，岂不是挂羊头卖狗肉吗……"

吴迈的话还没说完，蒋介石已怒不可遏，愤然将礼帽摔于案头。整个会场喧哗骚动起来，责问吴迈凭什么资格在此发言？吴迈早将个人安危置之度外，神色自若，含笑大声答道："难道爱国还要具备什么资格吗？好，那我就摆摆资格吧！第一，我是国民党一个党员，党员不可以指出同志间的严重错误吗？第二，我是国家一个公民，公民不可以监督政府吗？第三，我是国家主人翁之一，主人翁难道不能训诫公仆吗？你们不要以为大权在握就可以为所欲为，须知民不可欺，众怒难犯！"

吴迈这番刚刀利刃般的话语，气得蒋介石脸色铁青、双手颤抖，慌忙命令"首都卫戍司令"谷正伦将吴迈扣押在司令部拘留所。

第二天晚上，吴迈声称有信向蒋介石致歉，传至侍从室交蒋亲启。蒋介石满以为吴迈会俯首请罪，待拆开一看，却见信中写道："……查国府颁布之法律，明文规定在押候讯人犯，须在 24 小时内移送法院审讯。今迈在羁早已逾限，留案不转，实属违法行为。在堂堂首都重地，尚有如此非法事件发生，然则基层区乡又将如何？以主席之尊，尚且率先践踏国法，然则下级官吏直可任所欲为了。在'法律之师'的吴迈面前，竟敢如此无所顾忌，那么斗升小民哪里还有人身安全？所谓《六法全书》，除供塞酱油瓶口之外，还有何用……"

吴迈被捕的消息传出之后，南京、上海各界群众列队游行抗议，强烈要求释放吴迈。蒋介石慑于群众威力与社会舆论，只好将吴迈释放出来。

次日，南京各界包租"招商局"专轮一艘，鸣放鞭炮欢送吴迈返回上海。

从此，宁沪报界送给吴迈"吴大炮"之美称；外国人则称他为"火镖律师"。

"吴迈非卖品"

吴迈在南京痛斥蒋介石之后，蒋虽然对他耿耿于怀，但左思右想，又觉得此人确实胆识过人，能言善辩，且刚直不阿、威武不屈，是个不可多得的人才。倘若能将他感化，加以利用，倒也不枉那一顿痛骂。于是，蒋介石施展所谓怀柔手段，一个电话把外交部欧美司司长刘师舜叫来，如此这般地密谋了一番。

刘师舜与吴迈同属江西人，蒋欲利用这层关系来拉拢吴迈。

没过几天，吴迈在上海寓所正与家人共进早餐，忽收到刘师舜的来信，当即将信拆开，铺在饭桌上。只见信中写道："……奉化（指蒋介石，这是旧社会官场上的习惯称谓）甚爱雄才，久有借重之意；并知乡兄性喜山水，有尽览天下名胜之雅致。若吾兄今后能少敛行止，斟酌谈吐，则瑞士公使一职，虚位待贤已久。弟不知吾兄还肯留意否……"

吴迈还没看完全文，不禁捧腹大笑，把在一旁的妻儿弄得莫名其妙。

其妻邹绮年女士问道："良翰，你笑什么？谁来的信啊？"

吴迈轻蔑地说："哼！老蒋妄想收买于我，当他的走卒。我岂肯与他同流合污！"

说完，吴迈放下筷子，取笔疾书"吴迈非卖品"五个大字作复。

从此，吴迈为献身于反帝、反蒋以及抗日救亡事业，立下"不做官、不荐官、不怕死、不怕苦"的四不宗旨，直至以身殉国。

智斗何应钦

1929 年，何应钦主持"南昌行营"军务，驻跸东湖，所属副官处部分校尉军官就近占用"甲才医院"二楼。自此，该院女护士备受这些武夫的调戏和凌辱。院长李甲才敢怒而不敢言。

一日，吴迈为收回"治外法权"来到南昌。因偶患感冒，前往"甲才医院"求诊，正碰见一个校级军官口中含水，朝女护士脸上喷去，嬉笑取乐。

一贯爱打抱不平的吴迈，哪里咽得下这口气？他正欲上前干涉，不由眉头一皱，计上心来。

吴迈病也不看，急忙离开"甲才医院"，径往东湖"南昌行营"去见何应钦。

何应钦听说是吴迈到来，料知没有好事，便传话不见。

吴迈也不计较，掏出笔来在名片反面写了十个字，再次叫卫兵传递进去。

何应钦见名片反面写着："公民见公仆，告知机密事。"他也不知是真是假，暗自思忖：吴迈向来性情刚直、唾恶扬善，怎会一反常态向我告密？其中恐怕有诈！但是转念又一想，假如真有什么机密事，拒而不见，日后传扬出去，多有不便。何应钦只好将吴迈请了进来。

吴迈来到何应钦内室，故作神秘地低声说道："共军化装成国军模样混进南昌，现在'甲才医院'，请速擒来！"

何应钦料定是胡言乱语，于是一字一句地对吴迈说："吴先生，你是聪明人，当知军中无戏言哪！"

吴迈拍胸担保："倘若戏言，甘当军法！"

何应钦见吴迈言重色正，不像是玩笑之言，便急派近侍数十人，命令将"甲才医院"所有军官拘捕押至行营。

近侍押着校尉军官们来至行营院内。何应钦一看，哪有什么共军？都是他部下的军官！气得高声对吴迈斥道："此均我属下，无一外人，哪有共军！"

吴迈心中暗自发笑，却神色坦然地说："我多读国内报刊，均谓共军奸淫共妻、大灭人伦。适才我于'甲才医院'就诊，亲见此人（拉那个校级军官出列）竟在光天化日之下，众目睽睽之中，对有正当职业之知识妇女进行狎辱，院长及众人均可做证。将军治军素严，属下焉敢以身试法？此人非共军还有谁何？"

吴迈这番辛辣嘲讽的话语，使何应钦十分窘迫，满脸通红，只好假意怒斥那个军官，却无深究之意。

吴迈岂肯就此罢休，继续说道："看来此僚乃将军亲信无疑！吾闻将军大号'敬之'，今如此徇私废法，民众对将军'恨之'犹恐不及，何'敬'之有？若有洁身自爱者，见执法不严，对将军必'轻之'。为此无耻之徒，而坏将军声誉，权衡得失，吾深为将军惋惜！"

此时的何应钦既恨且怒。恨的是吴迈舌不饶人，怒的是部下不争气，真是丢尽了脸面！结果，何应钦为了搬梯下台，不得不下令将那军官交军法处议处，暂且做个样子给吴迈看看。然后，气鼓鼓地拂袖而去。

书信拯贫民

1927 年 4 月，以蒋介石为首的国民政府定都南京。

1929 年秋，南京当局计划兴建机场，地址选在近郊上新河。

当时，上新河是一片贫民窟。3000 多名衣不遮体、食不果腹的平民百姓栖身在破烂不堪的茅草棚里。

10 月下旬，交通部部长王伯群贴出布告，严令上新河棚户限期拆迁，不得违抗！

这噩耗如同晴天霹雳般炸在贫民们心头，一个个咬牙切齿、怨声载道，大骂国民政府是"坑民政府"。可想而知，一旦拆迁，将有多少人无家可归，到处流浪？这灾难性的打击，不是使他们雪上加霜、没法活命吗？

眼看限期一天天地逼近，贫民们无不心急火燎、度日如年。这期间，大家每天晚上都自动地聚集在一起，商讨对策。你一言，我一语，却始终没有想出一个好办法来。

有位年轻气盛的小伙子鼓动大家抱成一团，死不拆迁，与其让他们赶尽，还不如让他们杀绝！

然而，这无疑是行不通的。以卵击石，焉有不破！

正当上天无梯、入地无门的危难之时，有人突然想起了近在上海的吴迈先生。

于是，大家抱着唯一的希望，推举出两位代表星夜奔赴上海，向吴迈求救。

当时，吴迈居住在上海英租界同孚路大中里 76 号，热情接待了两位代表。

听完他们声泪俱下的控诉，吴迈禁不住怒火中烧，拍案而起，疾书一函寄给交通部部长王伯群。信中写道："……政府如不另择新址，此三千贫民将流离失所。强者铤而走险，弱者被逼行窃，其中，少女沦落，老妇乞讨，都为意料中事。此诚为倒行逆施、官逼民反！然则首都今后治安，殆不堪设想！倘绳之以法，良心何安？若抚恤安置，不唯耗资巨大，亦且中饱舞弊之事更多。愿熟思之，则国家、人民幸甚……"

王伯群收阅此信，认为吴迈所言中肯、句句在理，遂改变了初衷。

不久，机场改在荒郊明孝陵卫兴建，解了上新河 3000 多名贫民的倒悬之危。

为感谢吴迈的拯救之恩，上新河贫民们每人各凑一元，集银三千以表酬谢。但银圆送至上海，吴迈百般谢绝，坚意不收。后改赠银盾一座，上镌"急公好义"四个大字。吴迈只好收下来留作纪念。

请愿赴南京

1932 年 1 月 28 日，日本侵略军进攻上海。当时，驻防上海一带的国民党第十九路军（蔡廷锴部）在全国人民抗日高潮的推动下奋起反击。

其间，吴迈与黄炎培、沈钧儒、王造时诸先生一道，组织"上海市三百团体抗日救国会"，发行《血钟》周刊积极投入后援工作；并亲赴前线慰问蔡廷锴、蒋光鼐、翁照垣等将军为首的十九路军将士。上海明星影片公司，随同前往拍摄《战地简报》。

此片巡回上映后，各地民心振奋，强烈要求国民党政府对日宣战。为此，吴迈率领上海学生 3000 多人赴南京请愿请战。

2 月 12 日，学生队伍在吴迈的率领下，浩浩荡荡地来到上海北站，准备乘火车前往南京。不料路局拒绝拨车。

吴迈找到值勤站长进行交涉，责问他为何不拨车？

值勤站长面有难色地指着墙上的布告说："京沪铁路警备司令部邓祖禹有令在此，请吴先生过目！"

吴迈见布告上面写着：转奉中央军政部命令，凡聚众滋事、无票乘车，一律禁止。

"我眼睛有些不便，你取下来让我看看清楚。"吴迈故意说道。

值勤站长见吴迈戴着近视眼镜，以为他真的看不清，便将那张布告取下来递给吴迈。

谁知吴迈接过布告瞧也不瞧一眼，随手搁在办公桌上，掏出钢笔"刷刷刷"地写道：

主席可以坐专车，委员可以坐花车，爱国学生却不能坐四等车，天下何有是理？头可断，车不可不发！如要追究责任，唯我吴迈一人承担！

四万万炎黄子孙一分子吴迈亲笔。

家住上海英租界同孚路大中里76号。

值勤站长深知吴迈厉害，无可奈何地说："吴先生，不是我不肯发车，实乃上司有令，难以违抗啊！俗话说'捧人家碗，服人家管'嘛！"

"左一个'上司有令，难以违抗'，右一个'捧人家碗，服人家管'，难道你就没有一点做人的骨气吗？"吴迈忍不住高声斥道："如今日本人都已经打到我们家门口来了，你是不是中国人？还有没有中国人的良心？"

"请吴先生息怒。"值勤站长哀求道："唉，我也是中国人，我也爱国，我也不愿做亡国奴！实在是爱莫能助，没有办法啊！还请吴先生给我一个面子，帮我渡过这个难关吧！"

吴迈不想再浪费口舌，转身来到北站广场，登高呼喊："同学们！你们怕不怕死？"

"不怕！"3000多名学生齐声回答。

"好！既然大家都不怕死，我们去卧轨！"

"走啊，卧轨去啰！"学生们潮水般涌进车站。

刹那间，站内所有轨道上挤满了人。学生们有的躺着，有的坐着，有的站着，黑压压一片，好不壮烈！

吴迈这一招，顿时使上海北站变成了"死站"。站内的车发不出去，站外的车开不进来，完全陷入了瘫痪。值勤站长急得像热锅上的蚂蚁，慌忙电告铁道部部长孙科。

孙科无可奈何，只好下令发车，但须购半票乘车。

学生们身无分文。吴迈便垫付 3000 多元车费，使学生们胜利地登上了进京的货车。

吴迈率领学生们在下关车站下车，与南京各界联合行动，直奔外交部和军政部，要求面见蒋介石、何应钦。

蒋介石、何应钦闻讯，假说离京公出，避而不见，只派军政部常务次长曹浩森出面。

曹浩森与吴迈是江西同乡，有过交往，希图以此来缓和气氛，便于周旋。

然而，吴迈毫不徇私，高声指责军政部失职误国，并当众表达民意，提出三条要求：

一、立即停止内战，颁布全国总动员令，对日宣战；

二、速派大军援沪，接应十九路军；

三、付还他在上海北站垫付来京请愿学生半价车费及在冲击中被警卫撕毁、打碎的衣帽、眼镜等物。

曹浩森答称："一、二两项，非职权所及，不能肯定表态，但负责向委座传报。至于第三项，本人负责照办！"

事后，除有张治中将军率第五军援沪外，不但没有对日本正式宣战，蒋介石反而密令上海市市长吴铁城，将"淞沪抗战"作地方军事冲突事件处理，与日本签订了丧权辱国的《淞沪停战协定》。

消息传出，吴迈怒发冲冠，这才引出了一段"怒打吴铁城"的史话。

怒打吴铁城

淞沪战起，蒋介石坚持不抵抗政策，密令上海市市长吴铁城与日方和谈。日本外务省和军部见南京求和心切，认为有机可乘，施展卑劣的

"外交二元化"手段，轮番对吴铁城进行恫吓、勒索，逼迫他签订丧权辱国的《淞沪停战协定》。

为此，吴迈曾亲晤吴铁城，义正词严地告诫他："民意不可辱，请市长严词拒绝日方无厌讹夺；上海300万市民愿做市府后盾，有罪我吴迈愿去南京领罪。阁下如不顾民意，与日本签订丧权辱国协定，到时，杀市长头者就是我吴迈！"

吴铁城见吴迈如此激愤，便假惺惺地说："吴先生爱国热忱令人敬佩！我也是炎黄子孙，何忍获罪国人？"

吴迈闻言，即行鞠躬礼致歉，谢方才言语唐突之过。

孰知5月5日，《淞沪停战协定》居然幕后签字，规定双方自签订之日起停战，并划上海为非武装区；中国不得在上海至苏州、昆山一带地区驻军，而日本则可以驻扎军队。

消息传出，吴迈悲愤交加，率爱国学生、群众500多人直赴上海市府声讨吴铁城。

吴铁城闻讯，慌忙从后门逃到英租界私邸躲藏起来。

吴迈率众跟踪冲至租界，与门卫进行交涉，要求吴铁城出来答话。

吴铁城见势不妙，急忙打电话向租界工部局求救。片刻，一批印度巡警策马奔来，横刀怒目地要动武。

吴迈见此情景，立即登上高台阶，对印度巡警高声说道："我是'火镖律师'吴迈，深明法律。日本帝国主义妄图灭亡中国，正如当年英国灭亡印度同其可恶。今日，上海市民众为了抗日救亡，向吴铁城市长表达民意，和当年贵国'圣雄'甘地先生反英复国的行动完全一致。现在，诸君为英国效劳，替吴铁城保镖，干涉我国人民抗日救国的正义行动，日后你们退役回国，有何面目见甘地先生？"

听完吴迈这番话语，谙通中国话的印度巡警无不低首默然；其警长深有感触，收刀回鞘，拨马徐徐而去；余众亦跟随四散了。

吴铁城见请来的救兵失灵，便传出话来："明日上午9时，市长在市府接见吴迈先生。"

翌日，吴迈准时赴约。一见吴铁城，他不作任何寒暄，正色怒斥道："日前，市长向市民保证不与日军签订城下盟约；今食言自肥，密签四项丧权辱国协定，阁下有何理说？"

此时，吴铁城窘得面红耳赤，无地自容。他故作镇静地解释："这都是中央的命令，我是实难违抗呀！先生何不进京向行政院表达民意，吁请收回成命？那么，不仅协定条款可以从长斟酌，连我也当谢解厄之情，对得起民众了！"

吴铁城这些推卸责任的话，使吴迈怒火中烧，禁不住脱口问道："倘若中央命你施美人计，派夫人、令爱前去慰问白川大将，我断言阁下必将犯颜抗争，以全家声。然而，近年来东北诸姑姐妹，被兽军凌辱蹂躏者何可计数？阁下却知而无动于衷。两相对比，岂不是重家耻、轻国耻的汉奸惯常行为吗？汉奸人人皆曰可杀，今天我与你同死报国！"说着，操起席前痰盂，猛然朝吴铁城砸去，击中吴铁城左肩，吓得吴连声呼救。

这时，预先埋伏在室外的上海市警察局局长吴芷贤率领便衣探警破门而入。吴迈再欲追打时，无奈寡不敌众，被吴芷贤抓进了看守所。等到上海市各界联合行动，援救他出狱时，已是遍体鳞伤。

吴迈出狱后，上海律师协会组成律师团，依法具状控告吴铁城、吴芷贤利用职权侵犯人身等罪；上海"王开照相馆"替吴迈拍照作为证据。结果，吴芷贤被撤职查办，做了吴铁城的替罪羊。

当时，此事成为上海特大新闻，各大小报纸多用《三吴大闹上海滩》为题，连日在头版进行报道。

访谒冯将军

《淞沪停战协定》签订之后，蔡廷锴将军的十九路军被蒋介石调往闽南"围剿"红军。

吴迈目睹蒋介石这一倒行逆施，悲愤不已，遂离开上海去各地演说，揭露协定签订内幕，猛烈抨击蒋介石的卖国行径和所谓"攘外必先安内"的政策，大呼"石敬瑭、秦桧又当道矣"。

为联络各派反蒋抗日势力，1932 年夏初，吴迈来至山东，登泰山访谒著名爱国将领冯玉祥。

途中，吴迈经过东岳泰山中天门，眼见游人如梭、摩肩接踵，沉湎于山水情趣之中而不问国事。此情此景，吴迈叹息不已，即赋五言绝句一首，以唤醒民众，共赴国难。诗曰：

接踵过中天，高山群仰止。

为问熙攘人，曾否忆国耻？

民国二十一年六月　余江吴迈

（此诗后被刻在泰山中天门壁石之上，现修葺一新。）

冯玉祥先生闻听吴迈前来，备觉欣然，大启中门，降阶相迎。当晚，冯将军设宴为吴迈接风洗尘，甚是热情。

次日，二位反蒋抗日志士在内室长谈，相语天下大事，共商反蒋抗日大计，十分快意默契（双方谈话内容，虽未公诸报端，但据笔者所知，乃欲与吉鸿昌、方振武诸将军联合组织抗日同盟军）。

其间，冯玉祥先生一时兴至，亲笔在手中拂暑折扇上绘一推车人状，并附歌一首相赠与吴迈：

推小车，推小车，牛马生活，劳苦至极，已难活命。委员薪金，一月八百，已经不少，还要加多；你说革命为谁革？你不敢说，他不敢说，只盼为国为民的吴迈先生。冯玉祥，民国二十一年六月。

吴迈甚感将军旌勉之诚，旋即席赋七绝一首明志回赠：

> 心如此石复如铁，不怕千挫与百折。
>
> 为谁辛苦为谁忙？要把强权一扫灭！

这首诗，充分表达了他坚定不屈的宏图大志（此诗亦被刻石于泰山，至今犹存）。

讽劝吴佩孚

离开泰山，吴迈专程前往山海关拜会王以哲将军；彼此一见如故，相见恨晚。两人谈及吴三桂旧事，皆愤慨哀戚。为表达敬慕之忱，吴迈立撰一联赠给王以哲将军：满腹填浩气；一旅镇雄关。——民国二十一年夏、余江吴迈。

王将军爱国热忱同样溢于言表，特在半身戎装相片上恭书"国破如何不尽忠"以作回赠。

是时，军阀吴佩孚突然出川回北平，在东城什锦花园一所大宅定居，并公然挂起了"孚威上将军府"的衔牌。同时，搁置多年的铁甲火车也升火待发，大有卷土重来之势。

吴迈从幕后获悉，蒋介石有聘吴为高级军事顾问之意；沆瀣一气，必有所谋。于是，吴迈立即从山海关赶往北平，投刺求见。

吴佩孚听说吴迈求见，亦是大开中门，降阶迎接，礼甚拘谨。

　　吴迈早知他与冯玉祥将军久有芥蒂，遂进辞说道："你我都是延陵吴氏后裔，谊属同宗；又同为秀才出身，不知能同仇敌忾成为三同否？今东北沦落敌手，华北必将多事；溥仪居心叵测，日军显然有染指燕赵野心。不知吾兄从巴蜀来，处此险恶古城，有何良谋折冲樽俎敌我之间？我昨自泰山而来，得见焕章将军，相语终日，受益不浅。此公虽居禅院，而心在民族兴亡，因此深受国人敬仰。承其谬爱，惠赠折扇拂暑，并书溢美之词激勉。我以为，人生年寿有时而尽，富贵止乎其身，未若声誉留传久远，难求后人不会褒贬。尚希宗兄教我立身处世之道。"

　　吴迈这番话语，不得不使吴佩孚有所感触。

　　吴佩孚笑而答道："向闻宗兄抱'四不'宗旨，我也有'三不'主张：一不出洋考察；二不住洋房；三不藏身洋租界，已行之有年了……"

　　此时，吴迈忙插言笑道："何不再添其一：'四不与东洋鬼子共戴一天。'如此你我都有'四不'，岂不妙哉？"说罢抚掌大笑。

　　吴佩孚亦开颜附和，并取纸扇书七律二首，语借夏荷出泥不染自喻，署名"宗末蓬莱子玉吴佩孚持赠"。

　　此事吴迈在日颇感快意，经常与友好谈及。他曾自信评论道："子玉（吴佩孚）毕生未干好事，此次燕京晤谈，料其决不至叛国投敌。"

　　后来，溥仪粉墨登场，吴佩孚曾通电声讨；伪华北维持会开张，吴亦拒不参加。这个大军阀晚年尚能保其晚节，吴迈当年一会，或许有讽人为善之微劳吧？

百折壮士心

　　1933年，华北告急，蒋介石派熊斌秘密与日本关东军代表冈村宁次签订了《塘沽协定》。

同年夏，冯玉祥、吉鸿昌及方振武等将军，在张家口成立"抗日同盟军"。首战告捷，举国欢腾。而蒋介石却暗恨在心，竟施加压力，迫使冯将军返回泰山，方将军出国避难，吉将军居然惨遭杀害。

蒋介石的倒行逆施，越发激起吴迈切齿之恨，更坚其反蒋决心。为了摆脱家室之累，同年秋，他毅然毁家纾难，与夫人邹绮年女士和平解除婚约，遣长子威亚北上从军抗日。为此，吴迈曾作歌自勉：

> 妻离子散，国破家亡。
>
> 挫折愈多，素志愈强。
>
> 按剑四瞩，意薄八荒。

（这首歌的手迹连同他的照片，一并登在上海《时事新报》《申报》及《时报》上）

从此，吴迈四海为家，全力为抗日反蒋而奔走，没有再回上海。

吴迈先赴广西拜访李宗仁先生，劝他与李济深、蔡廷锴等一道武装反蒋。

李宗仁热情接待了吴迈，在白崇禧陪同下，并辔检阅了桂系劲旅夏威所部（摄影图片收在《吴迈环游世界记之一》中）。

然而，由于李宗仁此时对反蒋尚无积极意图，吴迈此行所得甚微。

1933年冬，吴迈随李济深、蔡廷锴、蒋光鼐等将军，以十九路军为主力，在福建闽侯公开武装反蒋，宣布退出国民党，另组成"中华共和国人民革命政府"。

孰料闽南义旗高举后，各方疑虑观望，未作及时响应，使蒋介石得以全力南压。可惜双方实力相差悬殊，更蹈"元嘉草草"之覆辙，卒致大事败于瞬息。

2月1日，吴迈于撤退之前，特将两年前勒石泰山的反蒋誓诗，改易二字，重镌于厦门南普陀：

心如此石复如铁，备受千挫与百折。

为谁辛苦为谁忙？要把强权一扫灭！

这里，吴迈将泰山诗颔联"不怕"改作"备受"，表示他已履行了反蒋誓言，更借此重申其再接再厉、扫灭强权的坚定信念。

还治其人之身

闽侯起义失败后，吴迈得以乔装脱难，赴广西戎墟李济深先生私邸避祸。

断羽归来，吴迈心中积闷难遣，且又不惯闲居。一日，他偶游镇南关（今友谊关），见法国人在关外悬挂一杆中国老式大秤于道旁，凡中国人出关，须一一自动前往过秤，方可后行，以此取乐，侮辱国人人格。每遇我同胞忍辱负耻，径赴秤前，攀钩曲腿，旁观法人，前俯后仰，放声嘲笑。

吴迈见同胞受此大辱，勃然大怒，立刻折返关内，来到店铺，出资购一杆同式大秤，挂在关内道旁。适有三位法国传教士自关外姗姗而来，吴迈如法炮制，令其先过秤而后行；同时，对往来行人宣传呼助，富有爱国传统的广西各族同胞无不响应。

三传教士莫名其妙，倨傲不从。吴迈岂肯示弱，怒目呵斥。此时，我同胞已集近千，无不呐喊助威。三传教士方气馁胆怯，乞求吴迈替他们解围。

吴迈正色言道："若欲受人尊重，必先尊重于人。尔等居心不良，立此恶规捉弄于我，今乃自食其果！"三传教士理屈词穷，无言以对。

后经协商，双方同时取下大秤。洋人这种污辱我同胞的恶习，首尾不到两小时即告废止。我同胞欢欣雀跃，对吴迈深表感谢。

事后，吴迈曾将此事始末电告南京外交部，告诫彼等稍有国家民族自尊心，勿一见洋人即龟缩不前。

"火镖律师"吴迈之死

王剑龙

我与吴迈律师相处时间不多，但却是一见如故。我第一次与他相会，是在 1932 年夏，在汉口第一特区（即收回的英租界）某弄堂，他在那里设有诉讼事务接洽处。我的一位中学同学叫曹振铎，在汉口办《世界知识》杂志，倾向革命，与我至好。我是 1930 年去马来西亚槟城钟灵中学教书的。1932 年淞沪之战爆发后，我急于回国了解国情，同时回家探望老母。路过汉口时，我往访曹君，即寄宿他处。我与曹君言谈之间，无非是痛斥蒋介石只知反共，不去抗日，干了许多丧权辱国的丑事。一次谈话中，曹振铎忽然问我愿否认识大名鼎鼎的吴迈律师。他说："吴迈爱憎分明，富有正义感，在上海当律师时，曾用砚台击破作出不公正判决的法官的额头。我有什么牢骚，多向他倾吐。"我慕贤如渴，欣然同意前往拜访。到了吴家，经介绍寒暄之后，我对吴表示了景仰之意。曹振铎亦说明我是大革命失败后，政治避难，亡命南洋，教书度日，俟有机会，仍然回国参加革命，吴听后笑逐颜开。他衣服朴素，言语爽直，即留我吃晚饭。我见他家壁上挂有一联："万事有办法，一生不悲观。"是吴迈自己书写的斗方行书大字。我对此联印象较深，多年来时时想起，认为为人处世，应当如此。

过了几天，曹君邀吴迈与我同去看梅花歌舞团演出。我们三人坐在前排。正当歌舞演到高潮时，全场屏息静听、观看。适有一高大军人肩挎武装带，双手撑腰，强站台前，正挡住我们三人视线。曹君自认为是主人请客，客人因此无法享受娱乐，颇感内疚，于是让出位置，请军人就座，自己另行购票去后排找位置，算是仁至义尽。岂料，那军人甚是蛮横，置之不理。我试探地问吴迈："你的'万事有办法'，今天拿出来看看？"吴答："这很容易。你敢同我一起干吗？"我说："我们打不赢那军人，怎么干法？"吴说："谁要你去打架？只要你用最大气力，跟我同喊，办法就有了。"我点头同意。他于是大喊："那位军人站开！"我亦随之同样大喊。一时间，全场观众一齐高喊，声震大厅，歌舞表演也停了下来。众怒难犯，那位军人只得灰溜溜地走开了。

事后，我对吴迈说："你真有办法，实在佩服。"吴说："那位军人站在台前，不单是妨碍我们观看，就是全场观众亦感到其可厌，只是没有人敢带头提出。只要有人首先大喊，群众就会自动响应。军人只有一走，才能释众怒。革命也是这个道理。清朝腐败，割地求和，有识之士，谁不痛恨，但没有人敢首先呐喊推翻它。只有孙中山敢于首先举义，驱逐鞑虏，振兴中华，逐渐地仁人志士越聚越多，清朝不是推翻了吗？工人受尽资本家剥削，但谁也不敢首先仗义执言。独有马克思破天荒第一次阐发阶级斗争学说，喊出全世界无产者联合起来，终于出现社会主义的苏联，工人当家做主，世界起了翻天覆地的变化。蒋介石现在倒行逆施，不去抗日，就是没有人敢于首先向他发难。只要有人不怕风险，首先向他来个实力打击，抗日局面定有转机。"后来西安事变，张杨兵谏，竟应了吴氏预言。

我向吴迈作别时说："听君一席话，胜读十年书。后会有期，再见。"吴说："你是远客，特来看我，愧不敢当。我应当请你小宴，聊表敬意。明天中午11时，请你同曹君一道来蜀渝餐馆便酌。"次日，我与曹君12时15分到了餐馆。吴迈竟独自在那里大饮大嚼。他正言厉色地责备我俩不准时赴约，进而又批评许多中国人最大的毛病是不遵守时间。我俩当即表示惭愧，并再三道歉。吴氏豪爽，不讲情面，确实令人尊敬。

1934年，吴迈忽然去南洋游历演讲，各报当时均登载了消息。不久，他到槟城钟灵中学对学生演讲。当时我亦在槟城，旧友重逢，无限欢乐。他住在槟城阅书报社，是孙中山当年掩护革命的一个组织。我每天都去与吴迈交谈。他告诉我，他参加了十九路军在福建组织的政府，反对蒋介石；福建事变失败后，曾在桂林躲避。他又告诉我，他已离婚，其子（忘其名）在邹韬奋办的《生活》周刊上常发表文章。我问他离婚的原因时，他说："无家室之累，正好从事革命。"最后他又说，他去暹罗（即泰国）向华侨演讲时，当地一名警察质问他得到了谁的允许，敢在华侨中胡说八道，煽动人心。他毫不畏惧，直言不讳："我是中国人，有向华侨宣传之权利，激起华侨抗日情绪，热爱祖国。你们暹罗如果压迫华侨，不许爱国，将来统兵来暹罗惩罚你们者，就是我吴迈。"

他在槟城并没有进行群众大会演讲，只在几家华侨子弟学校讲过几次。每讲除骂蒋介石外，还批评了中国人的一些劣根性。有一次开讲，头一句话就是："中国人尽是乌龟，遇有风险，即将头颈收缩。"这种话过于偏激。槟城华侨每家门外都竖有一块"天官赐福"的红牌。吴认为这里迷信太重，于是便雇了一部汽车，深夜将一条街上的"天官赐福"红牌尽行摘掉，并弃之沟内。这样做未免过火。我好言劝他，言辞不要过激，行动不要过火，少露锋芒，以免遭不测。他感谢我的善意关怀，但却认为我胆小怕事。临走时，他写了一副对联赠我："读书增智识，磨剑出精神。"意指我不必谨小慎微，应有磨剑冲杀之精神。

他离开槟城，经新加坡去中国香港，即与我断了联系。1938年，我由槟城回国参加抗日战争，路过香港，见到香港大学教授许地山（笔名落花生）。他告诉我，他见到过吴迈，在香港仍是四处演讲。许氏也曾听过他的演讲。演讲中，吴迈痛骂汪蒋同流合污，丧尽国格，这当然引起蒋手下的特务们的注意。先一天他为友人写了副楹联："国破家何在，巢倾卵亦随。"不久他被特务们暗杀，并残忍地将其生殖器割掉。我听了非常惋惜，假如他看到新中国成立，一定能为国家作出许多贡献。我随即写了一副挽联以表哀思：

豪情奔放，勇于革命，继承遗志有子在
特务横行，惨遭暗杀，可怜尸骨无人收

"万事有办法，一生不悲观。"这是吴迈一句极有意义的名言。

"特立独行"的警界怪才黄光斗

———

周丹亚

20 世纪 30 年代初至 40 年代中期，在旧中国警察界，提起黄光斗这个名字，可谓声名赫赫。这不仅因为他主持江西省警政长达 15 年之久，更因为其在为人处世乃至脾气个性方面都很见"特立独行"的风采，留下不少有趣的口碑逸事。

笔者 30 年前在某劳改单位工作时，一度与黄光斗的"爱将"周某过从甚密，每闻他竟夜历述黄光斗逸事，如数家珍。待到"十年浩劫"过去，本为起义人员，却被错以"历史反革命"判刑十年的周老先生冤案平反，劫后重逢，已然是"享受正县级待遇"的"离休干部"。他看了我追记的当年闻录，又亲笔作了一些订正与补遗，因而使我这个"隔代人"能向今日读者转述一段"前朝旧事"。

黄光斗，原名周凤书，江西金溪县浒湾镇人，生于 1889 年。早年从保定军校以优异成绩毕业后，被官费保送日本陆军士官学校深造，因在校加入"同盟会"，被清朝政府照会日本政府"缉拿引渡"；幸得逃逸，旋而易名"黄光斗"（从母姓），考取东京帝国大学官费生。学成归国后，曾在北伐战争中任国民革命军第四军少将副官长，与其时任该军党代表、后任国民党江西省政府主席的熊式辉既为袍泽，又是江西同乡。1931 年初，黄光斗受熊式辉之请，出任江西省会警察局局长兼全省警察总队长。

上任伊始　约法七章

20 世纪 20 年代后期至 30 年代中期，江西始终是蒋介石推行"剿共"政策的心腹要地，连年战火，民不聊生，省内财政状况窘不可言。当时，国民党江西省政府的"公教人员"都只能八折发薪，而且发的还是省内"流通券"。南昌市警察形象，更见凄惶：制服上遍布补丁，形同乞丐。于是，蒋介石下决心整顿南昌警政，找来兼任"南昌行营"办公厅主任的江西省政府主席熊式辉商议：一、从南京"首都警察厅"选编一个警察大队，作为过渡，先期来南昌执勤；二、现任江西省会警察局局长张鸿藻终日沉湎声色，不堪重任，应立即撤换。熊式辉首先想到的优选继任者就是黄光斗。在获得蒋介石首肯后，三次赴上海，亲自登门说项，驱动当时在沪闲居当"寓公"的黄光斗"出山"。

黄光斗感念老同学俯就诚邀，尤其听说蒋委员长对他"万般倚重，寄望甚殷"，终于应允出任江西省会警察局局长兼全省警察总队总队长，时在 1931 年（民国 20 年）初。

黄光斗上任之初，就与熊式辉"约法七章"。言明，"七章"若有一章不依他，即可"另请高明"。

这"约法七章"，今天看来，还是很有意思——

一、我头顶上，只认蒋委员长和你两个长官，但你们亦应尊重我的指挥权，不得动辄干预。其他人，不管是京官"部堂"还是"封疆督抚"，我都不买账。否则，纵横掣肘，我纵有回天之力，也改变不了现状。

二、"衣食足而后知廉耻。"要大力提高官（巡官）、警（警长、警士）、夫役待遇，薪俸一律以现洋十足支付。我编造的经费预算，只送你审批，毋庸省财政厅、审计处插手。倘警务经费要这里批那里审，将来便堵不住说客之门；一旦托情未遂，便可恃权索卡于我。那一来，整顿警政无从谈起。

三、省会警察局人事权唯我一人掌办，不假他手，谁也不要想安插私人。

四、任何人不得过问干预率制警察独立办案，只认法律不认人。

五、开办"学生警察"，面向社会公开罗致初中以上文化、品学兼优的莘莘学子，不接受任何单位或个人推荐，一律凭真才实学报考。

六、改善警察服装，以壮观瞻。

七、今后无论谁发现我贪赃枉法，以权谋私，长官应毫不留情地将我杀头示众，以谢国人。

对黄光斗这个"约法七章"，不但他的顶头上司熊式辉一诺无辞，连蒋介石也深以为许，索性再赋黄光斗以重权：加委其为"南昌行营"少将高参，并颁赐出入"委员长行营"畅行无阻的特别胸章，尤其是针对警察属"民政"，不能对现役军人执法的规制，格外亲笔"御赐"了一帧手令：

查南昌为本委员长驻节之地，往往有不肖官兵，于宪兵纠察不及之处，违犯军纪甚至作案犯科。本委员长兹特赋予南昌警察以宪兵同等之特权。今后无论为官为兵，均应接受南昌警察指导纠察。不服者，准予查拿法办。情节特别严重者，按军法就地正法后报委员长行营备查。
此令。

蒋中正

民国×年×月×日

又令，希行营办公厅会同国防部通令全国各军事机关及陆、海、空
三军并转令所属各部队，一体遵照执行，切切毋违。

这一柄"上方宝剑"，黄光斗如获至宝，临摹放大，装裱于省会警
察局进二门的照壁上，赫然醒目。不久，又令各分局乃至派出所也照此
办理，把蒋介石的手令当作镇邪的"门神"，并要求全体员警熟读于心，
不可稍忘。以致几十年过去，当年的南昌警察几乎都还能将此手令一字
不漏地脱口成诵。

奇招惩治不法之徒

黄光斗上任之前，南昌警察曾一度被那些"大法不犯、小法不断"
的地痞、流氓、扒手、骗子伤透了脑筋。这些人一旦犯在警察手里，照
例要送地方法院依法处置。但法院依典量刑，每以"情节轻微，按律不
够科刑"为由，当庭开释，至多判羁押数日。这样处理的案例一多，无
异于纵虎归山，一任彼等继续危害社会治安，而且渐渐不把警察放在
眼里。

黄光斗上任后咽不下这口气，针锋相对，创立了"江西游民教养
所"。经常派便衣警察守候在法院审判厅或看守所门外，但有获释的前
述不法之徒，统统截回警察局司法科。无业的，按"无业游民"；有业
的，以"不务正业的游民"名义，一律解送游民教养所，强制教养习
艺，矫正恶习。教养期一般都在五年上下，少数屡教不改者也有宣布教

养 10 年、20 年的，反正由警察局说了算。此举属行政手段，法院管不着，而且一经宣布便强制执行，被教养者无从申诉。这一招，堪称法外之"法"，把一帮毛贼惯犯整得叫天不应，叫地不灵。称法院为"放生池"，游民教养所是"鬼门关"。而市民百姓对此举则无不拍手称快。

黄光斗对付不法之徒的另一奇招是"冬防戒严"。

每年农历十一月中下旬，黄光斗即以省会警察局局长名义布告周知"冬防戒严"，直至来年农历二月底、春暖花开之际方予解禁。之所以如此，皆因这段时间，是惯偷惯窃者或作案犯科或滋生是非的高峰季节，故而采取集中防范，集中打击的强硬措施。

"冬防戒严"即将开始前，黄光斗照例发表广播讲话，著文登报，呼吁慈善团体和殷商富户，大力赈济冻馁之民，以防饥寒起盗心，减少犯罪生成因素。

与"防"互动的另一手是"打"。"冬防戒严"令发布前夕，必于某夜，以"户口总清查"的名义，来一次全城大搜捕。根据事先掌握情况后拟就的抓捕名单，军警宪通力配合，依照名单，按图索骥，一夜之间，尽收网中。对这些惯偷惯窃、流氓赌博、诈骗讹索、欺男霸女乃至打架斗殴、酗酒滋事之徒，一经捕获，全部以"无业游民"身份径送游民教养所。纵有天大的情面，"冬防戒严"这几个月也休想出来。由于年年如是，一到此季，市面上的不法之徒，跑的跑，躲的躲。躲避不及，也不敢在市井露面，警察一见就抓。

"杀猴子给鸡看"

30 年代中期，蒋介石倡导"新生活运动"，赌博列在禁戒之首。南昌市由于黄光斗厉行坚决，对聚众赌博者抓得多，罚得重，一度盛炽的赌风确有收敛。但黄光斗不满足，以为专抓平头百姓，人家说他专打苍蝇，不敢捋虎须；要抓几起官场大赌案，一记锣鼓天下响，方能服众。

一日，有警官黎某探得江西省政府委员兼建设厅长杨竹庵的夫人在自己公馆与七八个省政府厅处长的太太用扑克赌"梭蟹"，赌注甚大，请示能不能抓？黄一听就表态："王子犯法与庶民同罪，认法不认人！"黎警官得到黄光斗撑腰，率人以迅雷不及掩耳之势包抄赌场，将一干参赌的太太抓进了省会警察局。黄光斗的处理很别致：罚每人"义捐"2万元，直接进航空委员会账户，用于"购置对日作战的飞机"。否则，各罚15天劳役，穿上白色号衣，上书"赌犯某某某"，前面警乐队开道，让太太们扛着扫把去清扫全市公厕。扫不动，在大马路上走也要走满15天。闻讯后，这些落网太太的"老爷"们叫苦不迭，公推省府委员兼省银行董事长李德钊去找黄光斗说项。岂知黄早料到有人会来说情，抽身上了庐山，关照部下，就说他"向'委座'（蒋介石）述职去了"。李德钊不死心，旋即追上庐山，终于找到了黄光斗。黄一见面就先发制人，故作惋叹：老兄来迟一步。此案之处置各节，为求慎重，刚刚已向"委座"禀报并获同意。老兄如欲变通，唯请径向"委座"请示如何？李德钊被当头闷棍打得哑口无言。临了，一干涉案的官太太只有老老实实认罚了事。有趣的是，航空委员会突然收到十多万元进账，不明就里，还向每位受罚的官太太颁赠"爱国义捐"的锦旗一面，弄得她们啼笑皆非。

黄光斗执法不阿，敢于"杀猴子给鸡看"，为他后来的黯然易位埋下了伏笔。此是后话。

恩威并重　驭下有方

黄光斗在警界，治公不讲情面是出了名的，部属都畏之如虎，甚至在背后骂他"武士道"。办公时间，任何级别的下属向他禀报公事，他从不让座，只让你以立正姿势大声简洁明了地报告。公事谈毕，即行退出，从无一句寒暄。但是，如若哪位部属"斗胆"业余时间去拜访他，哪怕来者只是一位"三等警士"，他也会与你执手言欢。他的日籍太太秀子，不假卫士、仆人之手，亲自奉敬烟茶，执礼甚恭。其时，黄光斗与工作时判若两人，与来客谈笑风生，上到《红楼梦》，下到《金瓶梅》，及至社会上流传的桃色新闻，海阔天空乱扯一气。遇上饭时，坚留共餐，令来客如坐春风。黄光斗对自己"两面人"的做派解释说：公私分明如文武之道，有张有弛。否则，不唯部属，就连我自己的"弦"都会绷断。

黄光斗主持江西警政15年，驭下恩威并重，确实很有一套用人之道。

严办宽处 旧时江西省会警察局"督察处"数十名督察长、督察员的任务，除督办大案外，主要职责是考察员警执行公务的优劣与守法与否，被称为"警察的警察"。平时，他们或着警服或便衣四下逡巡，明观暗察，发现警察值勤中着装整齐者；答复市民询问态度温和、指点周详者；夜间值勤口令洪亮者；指挥交通准确者；电话铃响不及三遍即接听并应答礼貌者；执勤路遇出丧，能尊"死者为大"，自觉立正致礼者等，都详细记录在案，一周汇总，由黄光斗在每周一早晨的"总理纪念周"上口头嘉许并颁发几元不等的"周奖"。反之，对违纪者，一经督察核实，当场收缴一切警察证件、制服、枪械，即送游民教养所禁闭反省，期限由黄光斗脱口而出，或1年或5年，最高曾达12年。

但是，没有几个蹲满禁闭期才出来的。黄光斗常去游民教养所视察，每每找被禁闭的员警谈话。如发现你在禁闭期间认真读书，并表示"哪里跌倒哪里爬起"的决心，他便深以为然。不几天，就可开释，并恢复原职，补发禁闭期间扣发的工薪。

操办部属红白事　每逢部属婚宴，若请黄光斗证婚，他无不乐从。婚典之日，主动提出将自己的小车供给新人用于酬酢，并派警察乐队前往襄礼，不但全免费，而且不准给车夫、乐手发赏钱，纯尽义务。吉时届临，黄光斗夫妇衣冠整肃地按时到场，先向新人的长辈鞠躬如仪，奉上一份不薄的"贺仪"，再向新人亲属逐一致贺，不厌其烦，令办喜事的部属全家脸上十二分光彩。

1934 年，有位饶姓警察分队长在救火时不幸殉职，黄光斗闻讯赶赴火场，在饶警官的遗体前默哀良久，珠泪滚落。当即表示要大张旗鼓地追悼祭奠，让世人都知道饶是"烈士"。否则，"死了就死了，今后还有谁卖命奉公？"结果，公祭时省属各单位送的挽联祭幛灵堂里都挂不下，参加悼念的人山人海；省政府主席熊式辉亲自主祭，省府各厅、处长陪祭，极尽哀荣。不少亲临其盛的员警和市民都说：跟着"黄老总"干，死也值得。丧事过后，黄光斗除从优颁发抚恤金外，还请省、市商会出面，向各殷实商铺募集了一笔可观的款项，赠给遗属以作日后生活资助。

任人唯公　对于人事任免升迁，黄光斗一面大权独揽，一面也不徇私情。1938 年，南昌沦陷于日寇之手，"战时省会"迁至江西吉安地区的泰和县，一时，小小泰和城冠盖云集。由谁来出任这个"要冲"的警察局局长？黄光斗心中有两个人选，一时委决不下，便向省警察总队副总队长夏承荃透了透风，请他帮助定夺。夏承荃很世故，暗下将消息透给了两位候选人。候选人之一的张某自恃姑父系"党国要员"范竞波（国民党中央委员），且范与黄光斗又有旧谊，遂请姑父大人为自己晋升之事给黄光斗写了一封推荐说情的"八行"。岂料黄光斗收阅后，旋即在"纪念周"上宣布：本拟派张某充此重任要职，是拟用其才干。但他谋官心切，托姑父修书说情。试问在座诸位警官，有几个身后具备这种靠山？如若没有，岂不都要干到白头也不得升迁？张某聪明反被聪明误，在我黄光斗面前玩这一套，永远吃不开。

官场抬忌　黯然离任

黄光斗主持江西警政 15 年，政绩昭著，世人侧目，堪称当时难得的"干员"。本来，蒋介石因为难以平衡军统戴笠与中央警官学校教育长李士珍之间的警政大权之争，早已属意让"第三者"黄光斗来执掌全国警政。以其资历、才具，定可"胜任愉快"。但是，最终留给黄光斗的下场，却是黯然易位，屈就"江西省田赋管理处处长"。这也是国民党官场黑暗的必然结果。

其中重要的原因，是蒋介石出于"反共"的需要，一直宠信军统、中统两大特务系统。特别是抗战胜利后，羽翼已丰的军统四处伸手，抢夺各省的警察领导权，以掩护其血腥的特务活动。其间，戴笠就数度向黄光斗"输诚"说项："希望黄老前辈提携关照，与军统联袂合作。"黄光斗十分看不起戴笠，曾对亲信部下周某说："戴雨农（戴笠字）算个什么东西？所经营者，皆蝇营狗苟的下作勾当。我黄光斗永远不与之为伍！"但是，军统这种"以警察掩护特工"的行径深获蒋介石的心许。最终，为了一生最重要的"反共大业"，蒋介石的取舍还是倾向了军统，致使江西警政落入军统江西站站长、少将特务龚建勋之手。

黄光斗的新职位"省田赋管理处处长"，在贪污盛行的旧时官场，是个有名的肥缺。蒋介石让黄光斗转任此职，确有"安慰"的意思，但黄光斗素来为政清廉，已经"习惯成自然"。在八年抗战和三年人民解放战争中，目睹蒋家王朝不断加速溃败步伐，黄光斗对效忠几十年的"党国"也心灰意懒，一反过去励精图治的形象，"做一天和尚撞一天钟"，"倦勤"之态，溢于言表。直至 1949 年凄惶渡海赴台，于 1962 年病殁，享年七十有三。

东京法庭上的中国检察官向哲浚

———
王俊彦

在纪念反法西斯战争和中国人民抗日战争 60 周年的日子里，我们不能忘记在远东国际军事法庭上为审判日本战犯做出巨大贡献、为祖国争得荣誉的中国配席检察官向哲浚。

最早来到东京的中国检察官

1945 年 10 月 18 日上午，上海高等法院首席检察官向哲浚乘坐 DC47 型 242 号专机，从南京飞往日本。

参加东京湾受降典礼的中国军令部部长徐永昌、军委办公厅主任商震与苏联等国代表等，经过与企图垄断东京审判的美国方面多次交涉，迫使麦克阿瑟同意吸收中国、苏联、英国、法国等十国参加远东国际军事法庭，同意中国、苏联等六国各派三名法律专家，参加审判日本战犯国际法庭章程的制定。

徐永昌和商震回国向蒋介石汇报后，蒋介石任命商震作为中国军事

一

代表团团长，返回日本时，带领被选中的中国法律专家向哲浚、方福枢和易明德到东京开始工作，给中国再派法官、检察官赴日做准备。梅汝璈后来在所著《远东国际军事审判法庭》一书中，对配席检察官的派遣有如下说明：

"虽然宪章上规定的配席检察官的地位并不高，权力并不大，但是由于检举日本法西斯的元凶巨魁是举世瞩目的一件大事，尤其是深受日本侵略之苦的亚洲人民所特别关切的一件大事，因此同盟各国对于派遣的人选还是很郑重的，他们派遣的大都是富有检察经验和法律学识的人，平均年龄在50岁左右。"

向哲浚与同行的中国法律专家方福枢、易明德反复交谈，都深感作为中国第一批派往东京准备参加审判日本战犯的法律工作者，跟随中国军事代表团团长商震将军一起赴日，责任重大。

到达日本后，向哲浚三人立即投入到起草审判日本战犯章程的繁忙工作之中。

当向哲浚在参与起草法庭章程遇到重重困难深感势孤力单的时候，终于盼来中国法律代表团团长、首席检察官兼首席法官梅汝璈带领15名法律专家和20多名工作人员，于1946年1月14日到达东京。

当晚9时，向哲浚引导梅汝璈拜访商震及参谋长喻哲行和代表团工作人员。

商震讲起面临的复杂形势，只能与美日人员暗斗、巧斗加智斗，他指着最早到达东京法庭、最了解情况的向哲浚说：

"麦克阿瑟这个人过于居功自傲，也过于专横。这一点，向哲浚先生一定深有体会了。"

向哲浚气愤地说麦克阿瑟简直是飞扬跋扈，好在有商震和喻哲行掌舵，现在梅汝璈先生又带领主力军参战，定能不辜负中国人民的深切嘱托。

喻哲行向梅汝璈介绍向哲浚的工作情况，称赞向哲浚有在上海从事法律工作近 20 年的经验，是国内著名的法律专家。在众人的热烈掌声中，梅汝璈和向哲浚开始了紧张合作的东京法庭生涯。

竭尽全力定战犯

向哲浚全力协助国际检察处处长基南进行远东国际军事法庭宪章的起草工作，在 1946 年 1 月 19 日予以公布，接着开始对战犯的起诉工作。

第一项工作是参与侦讯犯人。审判日本战犯牵涉的地域范围极广，犯罪时间长，罪行种类繁多，特别是在押的重要犯人达 118 个，他们每个人在日本近 20 年政治舞台上的活动都错综复杂，这就决定侦讯工作绝非轻而易举。

第二项工作是搜寻罪证。向哲浚知难而进，下力气摸熟日本近 20 年来政治、经济、军事、外交各方面的发展脉络，搞清犯人担任过什么重要职务，有过什么罪恶活动，然后在堆积如山、卷帙浩繁的日本政府公文档案里，夜以继日地寻找与被告有关的材料。他们伏案摘抄，分门别类归纳整理，沙里淘金决定取舍，终于搞到不少"过硬的炮弹"。接着运用自己的智慧，掌握侦讯技术和犯人心理，运用"过硬的炮弹"果断出击，提出关键性和能够击中要害的问题，步步逼近，毫不放松，跟踪到底，取得了许多有利于检方的有力证据。

第三项工作是到各地对战犯们的罪迹进行现场采访和调查。向哲浚陪同总检察长基南和六名得力助手到南京、上海、北平做了两个星期的取证工作，收集到南京大屠杀的一些数字和罪证，预约了英国证人皮特·罗伦斯、美国传教士史密斯、美籍金陵大学教授贝司蒂和中国证人伍长德、徐传音、溥仪、秦德纯、王冷斋等届时出庭作证。梅汝璈称赞向哲浚等人对南京大屠杀和卢沟桥启衅事件的提证工作有声有色，是富有意义的工作。

到 1946 年开春，国际检察处对战犯们的罪行有了初步轮廓，基南便召开检察局会议，讲明选定被告的方针，宣布成立八个小组分头行动，从 2 月 6 日开始研究被告名单。

美国最早提出 30 个战犯名单，向哲浚代表中国广大受害者，提出 11 人，其中东条英机、板垣征四郎、土肥原贤二、桥本欣五郎、畑俊六五人后来被定为甲级战犯；谷寿夫、酒井隆、矶谷廉介、和知鹰二、喜多诚一被引渡到中国审判。英国检察官考明提出增加珍珠港事件罪魁东乡茂德、铃木贞一，向哲浚代表中国表示赞成，后来形成 25 人的被告名单。

向哲浚看那天的会议主席、英国检察官考明就要宣布散会，急忙站起身发言认为，还遗漏了三名大战犯，必须补充。

这三大战犯是：曾任关东军司令官大肆屠杀我东北和华北同胞的南次郎；南京大屠杀的指挥者、日本华中方面军司令官松井石根；参与策划九一八事变和制造伪满洲国的关东军副参谋长石原莞尔。

各国检察官认为向哲浚的意见很有道理，一致同意把南次郎、松井石根列为被告，英美检察官认为石原莞尔 1941 年转入预备役后经常攻击东条英机，以石原莞尔曾图谋发动反对东条的政变为由持否定态度。

向哲浚据理力争，向各国检察官陈述了石原的罪行：石原莞尔以法西斯理论家自居，大肆鼓吹"世界战争最终论"，企图以中国东北为据点，玩弄"五族共和"阴谋，建立"王道乐土"，再扩大为"东亚联盟"以至"亚洲大同"，因此他被日本法西斯青年将校奉为经典，掀起"东亚联盟运动"，影响极其恶劣。

各国检察官听了向哲浚的说明，都同意把石原莞尔作为被告送交法庭审判。

向哲浚与伙伴王师尧、李子贤、喻明德和张淑玲等人同各国检察官日夜奋战，晕倒在工作台前，受到盟军最高总司令部 2 月 20 日召开的战犯罪证调查集体汇报会的表扬。盟军总参谋长萨塞兰称赞向哲浚等人肩负着维护正义与和平的重任，为了掌握战犯的确凿证据，使审判经得起历史的检验所付出的辛劳。四天之内，就有向哲浚等因劳累过度而晕倒在地，而喻明德是第二次晕倒，王师尧已是第三次累倒了！

出席大会的盟军最高统帅麦克阿瑟要求基本康复的人员休息几天，但他们马上投入紧张的工作。

尚未康复的王师尧、新西兰首席检察官奎西安等人提前出院来到会场，麦克阿瑟亲自把他们扶上座位，称赞他们是正直的、坚定的、有良知的法律专家。向哲浚深受鼓舞，挑起远东国际军事法庭第一部副部长的重担，又投入紧张的战斗之中。

反对美国包庇细菌战战犯石井四郎

向哲浚依据中国军政部防毒处提供的记载日本在中国使用毒气弹杀死 2086 人证据的材料，以及中国驻国联代表顾维钧在国联的控诉，同美国企图包庇日本在中国进行细菌战的阴谋进行了坚决的斗争。

向哲浚联合苏联、美国、荷兰检察官格伦斯基、莫罗、雷宁克掌握了日本在中国进行细菌战的部分罪行，四个人于 1946 年 3 月 16 日去找总检察长基南，提出要求预审石井四郎。

向哲浚说万事俱备，只欠东风，我们已经商量好了，决定今天下午就开始预审罪大恶极的石井四郎，请你批准。获得基南批准后，当日下午便把石井四郎提来，在向哲浚主持下进行预审。

向哲浚警告石井四郎必须抱老实态度，如实交代在日军 731 部队犯下的罪行。石井四郎向向哲浚深鞠一躬，口称已经做了如实交代、以死谢罪的打算，说着掏出一页纸递了上来。

向哲浚接过一看，竟是石井四郎用汉字书写的一首《报应》诗：

> 卅年研制无人性，丧尽天良是结论。
>
> 细菌杀人实残酷，毒气杀人罪孽深。
>
> 老实认罪非求生，只求无人步后尘。
>
> 一弹毙我是照顾，零刀碎剐是报应。

向哲浚把《报应》诗交给其他检察官传阅，然后要求石井四郎言行一致，老实交代自己的罪行。

石井四郎交代他除管辖第 731 部队本部外，还在中国各地管辖着牡丹江的第 643 部队、林口的第 162 部队、孙吴的第 637 部队、海拉尔的第 543 部队、北平的第 1855 部队、南京的第 1644 部队、广州的第 8604 部队，共 9858 人，他们用 3850 个活人做试验，制造出几十种细菌武器，致使两万多中国人死于非命。

根据石井四郎的交代，向哲浚带人到石井四郎家里搜出 8000 张日军在中国进行细菌试验的幻灯片，但老奸巨猾的石井四郎秘密隐藏了另外两大皮箱在中国进行细菌战的资料，作为投靠美国之用。

为彻底搞清日本在中国进行细菌战的罪行，向哲浚陪同苏联、美国、荷兰检察官格伦斯基、莫罗、雷宁克到南京、上海、北平、重庆等地取证。

麦克阿瑟获悉向哲浚陪同美国检察官莫罗和苏联检察官格伦斯基到中国取证的消息，担心暴露美国包庇日本细菌战犯的罪行，就大发雷霆，将国际检察局局长兼东京法庭总检察长基南叫来训斥一通，命令基南乘飞机赶到上海，软硬兼施地把向哲浚、格伦斯基、莫罗、雷宁克弄回东京。

莫罗怀着强烈愤怒和正义感，把在中国的调查结果写成《中国旅行报告》《在中国进行毒气战的一般说明 1937—1945 年》，揭露日本违反国际法，在中国共进行细菌战 1312 次，激起各国人民的强烈愤怒。

麦克阿瑟和基南大为惊恐，急忙把美国检察官莫罗赶回美国。莫罗在回家途中即被秘密逮捕。美国担心向哲浚、格伦斯基等人把他们掌握的石井四郎在中国进行细菌武器试验的罪证提交东京法庭，会带来异乎寻常的冲击，影响美国独吞日本细菌战成果用于冷战的图谋，因此决定免究石井四郎战犯责任的方针，亦不将细菌战问题提交东京法庭审判。

以智慧降服板垣和土肥原

审判板垣征四郎是东京法庭的一场硬仗，向哲浚立下了汗马功劳。

向哲浚要求最高检察官基南请石原莞尔出庭揭发板垣征四郎挑起九一八事变的罪行，但遭到拒绝。向哲浚又要求溥仪出庭作证。

两人一见面，溥仪就紧紧地握着向哲浚的手痛哭失声。向哲浚称赞溥仪有悔罪和眷恋祖国之意，动员他出庭揭发板垣征四郎的罪行，溥仪点头答应。

向哲浚精心设计溥仪出庭作证的作战方案，让溥仪穿一套浅蓝色西装，佩一条浓茶色领带，一出庭就引起全场注意。溥仪以亲身经历揭露板垣征四郎是日军侵占中国东北，强使其成立伪满洲国的主要策划者和执行者，一下击中了板垣的要害。日本辩护律师山田半藏立即出庭，要求追究溥仪的战争责任。

溥仪神色顿时黯淡下来，向哲浚就以合法的检察官身份提醒溥仪揭露日本帝国主义对他的迫害，控诉板垣的侵华罪行。

溥仪感激地望向哲浚一眼，激动地控诉板垣等人迫使他"创建"伪满洲国和毒死爱妃谭玉玲的罪行，打掉了板垣的嚣张气焰。

向哲浚又与中国法官首席顾问倪征燠巧妙配合，摆出一系列证据，对判处板垣绞刑起了关键作用。

土肥原贤二多年在中国搞特务活动，号称"东方的劳伦斯"，又隐藏得很深，曾口出狂言叫嚣：

"我土肥原要让中国人、美国人瞪大眼睛看看，真正的日本武士在失败的时候，在严峻考验面前，是个什么样子！"

向哲浚为制服"东方的劳伦斯"，颇下了一番功夫。

向哲浚与梅汝璈等人设法找到关键证人中国国防部次长秦德纯和宛平县县长王冷斋。

一开庭，向哲浚就胸有成竹走上控诉台，愤怒控诉土肥原在中国、苏联和东南亚犯下的滔天罪行：

"土肥原贤二原是日本陆军大佐，1941 年 4 月升为将官。在九一八事变前的 18 年间居住中国，被视为日本陆军部内的'中国通'。他对于在满洲所进行的对华侵略战争的发动和进展，对于其后受日本支配的伪满洲国之设立，都具有密切关系。日本军部亦派他对中国其他地区采取侵略政策。土肥原借着政治的谋略、武力的威胁、暴力的行使，在促进事态的进展上担任了显著的任务。"

土肥原老奸巨猾，不动声色，按照他与美国律师瓦伦中校、日本律师太田金次郎的周密谋划，首先让九一八事变前后任奉天（沈阳）特务机关机关长时的老部下爱泽城充当第一证人。

爱泽城百般吹捧土肥原，说他"忠厚善良，广交贤士，可谓中国人的好朋友"。日本辩护律师塚崎直义拿着中国著名画家王石谷的一幅字画走上法庭，炫耀说这是中国第二十九军军长宋哲元将军赠送给土肥原的珍贵礼物，特别炫耀上面有这样的题词：

"土肥原将军几年来奔走中日和平，备极辛劳，此次另有重寄他调，赠此以做纪念。"

塚崎直义说宋哲元是中国抗日名将，王石谷为中国著名画家，宋哲元把此画赠送土肥原，可见土肥原在中国有许多朋友。这一下顿使法庭哗然。

向哲浚和梅汝璈并不惊慌，他们把秦德纯请上法庭。

秦德纯仔细辨认这幅字画，然后说这可能是宋哲元将军赠给土肥原的礼物。这更使日本辩护律师趾高气扬，法庭所有人员的心情都高度紧张起来，觉得事情相当复杂了，都仔细倾听秦德纯的证言：

"审判长，我愿讲明，这幅画上的字是宋哲元将军的秘书长杨镇南所写，我认识杨镇南的笔迹。但是，审判长，我更愿讲明，这幅画只是私人交际往还赠送的一种小小纪念物品，不能用以证明国家与国家间的外交关系。"

向哲浚暗暗为秦德纯叫好，只听审判长韦勃以极富鼓动性的言辞询问原因，秦德纯微微一笑说：

"这是因为北平是中国的旧都，各国外交使节和武官留在北平的很多。当他们奉令返国时，与北平地方当局互相馈赠纪念物品，这是常有的事情，也是极普通的事情。这纯粹是一种礼貌行为，既不能反映真正感情，也不能代表外交的好坏，稍有外交常识的人都会明白这一层道理。"

接着，向哲浚揭露爱泽城是土肥原的疯狂崇拜者，曾忠实地执行土肥原的指示，把张作霖离开北京时所乘蓝色列车的车厢号码，用电报报告给了日本特务机关，使张作霖被炸身亡；爱泽城又奉土肥原之命参加爆炸柳条湖铁路路轨的阴谋活动，促使九一八事变爆发，因此，爱泽城也是沾满中国人民鲜血的战犯，根本没有资格出庭辩护。

向哲浚乘胜追击，起诉揭露土肥原在中国贩卖鸦片的罪行，指出土肥原吹嘘日本用刺刀、鸦片、特务三件"法宝"定能灭亡中国，他愤怒地控诉说：

"土肥原走到哪里，就把哪里变成以鸦片通往军事侵占的途径。他从满洲建立伪政权开始，后来在华北、华中和华南，都命令伪政府废除中国鸦片和麻醉品法令，建立日本的鸦片专卖机构而大发横财。"

向哲浚用充足的证据证明，土肥原等日本侵略者拨款进行鸦片和其他麻醉品贸易有两个目的：一是破坏中国人民的坚韧精神和抵抗意志；二是获取大笔收入供日本进行军事与经济侵略使用，用心何其恶毒！

最终土肥原贤二被推上了绞刑架。

由于向哲浚在东京法庭表现突出，为祖国赢得了荣誉。蒋介石任命他为最高检察长，企图用向哲浚的声誉挽救自己身败名裂的命运。向哲浚识破蒋介石的诡计未就任而回到上海，中华人民共和国成立后任上海财经学院教授，努力为新中国法制建设服务。

我曾参与审判日本战犯

张国霖口述　南宝通　傅新春整理

幸运入选公审日本战犯的检察官

我 1949 年考取中国人民大学，并成为人大第一批法律专业的大学生。五年后，被分配到河北省高级人民检察院工作。由于工作努力、成绩突出，很快由一名书记员提升为助理检察官，参与了很多大案、要案的审理。

1956 年 4 月，由毛泽东签署的《关于处理在押日本侵略中国战争中战争犯罪分子的决定》公布了。主要内容有：现在在我国关押的日本战争犯罪分子，在日本帝国主义侵略中国的战争期间，公然违背国际法准则和人道原则，对中国人民犯下了各种罪行，使中国人民遭受了极其严重的损害。按照他们所犯的罪行本应该予以严惩，但是，鉴于日本投降后十年来情况的变化和现在的处境，鉴于近年来中日两国人民友好关系的发展，鉴于这些战争犯罪分子在关押期间绝大多数已有不同程度的悔罪表现，因此，决定对于这些战争犯罪分子按照宽大政策分别予以处理。

我国决定分别在沈阳和太原两地设立特别军事法庭，开庭审判 45 名日本乙、丙级战犯。沈阳是这次审判的主审地。

审判人员由国家最高检察院指定。我凭借自己较高的学历、突出的工作成绩，幸运地成为河北省参与审判的两名审判人员中的一员。当时年仅 31 岁的我与另外一名女检察官一起，踏上了开往沈阳皇姑屯的列车。

来到皇姑屯以后，我发现，来自全国各地的法律精英都聚集到了这里。国家最高公、检、法机关成立了一个特别军事法庭。组成人员中既有军人，又有地方的检察官。这样的人员安排是针对当时战犯中既有将校军官，又有细菌战等技术人员而设立的。由各省抽调人员组成的协助审判队伍将近 20 人，包括检察官五六名，我是其中之一。我们的主要任务就是对审理进行监督，看量刑是否适度，对依据当时的法律存在疑问的地方及时提出建议。审判开始以后，我们就坐在台下第一排，台上的主审人员由国家最高法院审判庭庭长、最高军事法庭庭长等人员组成。由于审判不是完全公开化，座无虚席的旁听席上大部分是司法机关的内部人员。

1956 年 6 月 9 日，骄阳似火。设在沈阳市皇姑区省政府礼堂的审判庭威严、肃穆。审判厅入口处挂着"中华人民共和国最高人民法院特别军事法庭"的白底黑字的长方形醒目牌匾，门口有威严的中国人民解放军战士守卫。礼堂内摆满了大大小小的木箱，箱子里盛满了从冷冻厂不断拉来的冰块。冰块的降温并没有太大作用。座无虚席的礼堂里十分闷热，我与同事们任凭汗水从眉宇间流下，滴在正记录的笔记本上。

法庭内，正中央高高悬挂着中华人民共和国国徽，国徽下面正中前排坐着三位审判长，审判员、书记员、证人、辩护律师、翻译等人位列两旁，正对审判长的是被审判的日本战犯的位置，在其后则是来自各界的代表和群众。整个审判庭的布置威严有序。

亲眼目睹日本战犯长跪不起

这是一场具有特殊意义的审判。这场审判与在这之后的太原审判都是中华人民共和国成立后为了彻底清算日军侵华罪行而进行的审判。

我清晰记得，在审判时，面对中国人民的庄严起诉和证人的血泪控诉，被告席上的日本战犯捶胸顿足，痛哭流涕，或深深鞠躬，或跪倒在地，对自己在中国所犯下的滔天罪行供认不讳，深感死有余辜，一再要求中国人民严厉惩处。而宽宏大量的判决结果（均判处有期徒刑，而无无期徒刑和死刑），更让日本战犯们泣不成声，深感中国政府及中国人民的伟大和恩典。

审理过程共进行了42天，其间一共审理了36名日本战犯。在这场漫长的审判中，我记忆最深的当属一个个证人对日本帝国主义所犯滔天罪行的血泪控诉。出庭作证的人很多，他们中大部分是受害深重且与日军有着血海深仇的老百姓，所以看到被审判的日本战犯，总是抑制不住自己异常激愤的情绪，对日本帝国主义的侵略罪行进行着激烈控诉。当时有一个从山西过来的证人，他的头抬不起来了，只能始终低着，但他依然怒目圆睁指着被告席上的一名日本战犯说："就是他组织制造了惨无人道的'唐山惨案'！他带领的日本鬼子进村后，见到人就杀，连小孩也不放过；见到东西就抢，拿不走的就放火烧掉；看见年轻女人就侮辱，有一个畜生强奸了一个怀孕8个月的妇女后，又用刺刀挑开她的肚子，把孩子取出来拿在手里玩。我当时被两个日本鬼子追杀，一个跑在前面的鬼子一刀砍中了我的脖子，我一下子就倒在了血泊中，因为脖子没有完全断开，第二天被人发现后救活，可是我的头再也抬不起来了……"还有一位从南方过来作证的妇女，她的丈夫被日军怀疑是共产党员。残暴的日军用烧红的烙铁在她丈夫的脸和身子上烙，像魔鬼一样用酷刑折磨他，逼他承认。她亲眼看见烧红的烙铁烙在丈夫身上"吱吱"地冒着白烟，最后她的丈夫被日本兵活活地烙死。

日本一一七师团中将师团长铃木启久曾制造了河北滦县潘家戴庄惨案、遵化鲁家峪惨案，其中潘家戴庄惨案就杀死手无寸铁的中国百姓1200多人，并在遵化、迁安沿长城一带制造了"无人区"。负责细菌战的日本战犯藤田茂1939年曾下令将八名中国百姓当活靶子杀死，1945年又在山东海阳县索家庄做"活人实验"，一次就杀死了80多人。看到中国百姓当场揭露自己的万恶罪行，这些日本战犯当即跪下。他们长跪不起，泪流满面，嘴里念叨着："那么多的中国人都死了，可我这个罪人还活着。我对不起你们，我该死……"在众多的证人面前，在铁一般的事实面前，日本战犯不得不承认自己侵略中国的残暴罪行。战犯岛村三郎在让其领罪时，他就地扑通一声双膝跪倒在法庭上，声泪俱下地说："在这块洁净的地毯上，留下了我真诚悔罪的眼泪和手掌的痕迹。"在法庭宣布判决后，审判庭长向原日本中将师团长滕田茂问道："对判决有什么话要说？"滕田茂说："我在胜利了的中国人民的法庭面前低头认罪。凶恶的日本帝国主义把我变成了吃人的野兽，使我的前半生犯下了滔天罪行，中国政府教育我认识了真理，给了我新的生命。我在庄严的中国人民正义法庭上宣誓，坚决把我的余生，贡献给反战和平事业。"

真正体会到毛主席的话是正确的

审判结果出来了，罪行最重的战犯判处刑期只有20年（铃木启久），最轻的12年。这个结果让参与审判的所有协助审判员都大吃一惊。按照我们的想法，这些战犯在中国烧杀抢掠、无恶不作，他们残害百姓，罪行累累，都应该判处死刑。于是，我们向主审人员提出了自己的疑问和建议。不久，从中央传来了毛主席的回答：我们对日本战犯宽大处理，是为了让他们当我们的义务宣传员，让他们回到日本以后说实话，告诉日本人民，中国共产党是宽宏大量的。

当法官最终宣布审判结果时，这些日本战犯都齐刷刷地跪在了中国人面前，很多人感动得长跪不起。众多战犯声泪俱下地说：中国人民宽大的胸怀和教导，使我"从鬼回到了人"，我们这些罪人"将在中国人民的法庭上，无条件地接受正义的审判"。经过对战犯的深入教育，有28名战犯写了请罪书，有的还写了血书，他们要求中国人民根据其罪行处以死刑。在请罪书中，他们表示："如果刚来中国时被处死刑，我们会喊'天皇陛下万岁'，'大日本帝国万岁'。今天被处死刑，我们要喊'中国共产党万岁'，'毛泽东主席万岁'。"

其实，这样的审判结果我们开始也不理解，包括我们在参观战俘营的时候，发现战犯们穿戴整齐、伙食很好，而且半天劳动、半天学习，大家感觉我们的政府对这些战犯太好了。刑满释放的战犯回到日本后，组成了一个叫"中国归还者联合会"的组织，定期进行宣传活动，用自己的亲身经历教育日本国民不要忘记那段侵略他国的罪恶历史。我们这时才体会到毛主席的话是非常正确的。

亲历沈阳审判，我体会到，日本侵华期间留下的大量反映其侵略罪行的人证、物证，只能从一个方面证明日本的侵略罪行，能够在法律上真正证明其犯有战争罪、反人类罪等罪行并按照法律程序判处其有罪的，当属新中国对日本战犯的审判。这些战争罪犯在审判台上获罪，就是以法律的形式将其侵略中国的罪行钉在历史的耻辱柱上，这是任何人都无法改变和抹掉的法理证据。

　　司法界的专家一致认为，沈阳审判是包括东京审判在内的历次审判中效果最好、也是最成功的一次。包括东京、伯力、南京、上海、马尼拉等地的审判都有一定的局限性，实际效果也不尽如人意。以东京审判为例，当时受审的 28 名甲级战犯中没有一个人低头认罪，前日本首相、发动并策划侵华战争的主要罪魁东条英机在被处绞刑前，还大言不惭地表白："我的责任是战败的责任，这场战争'为了自存自卫，是不得已的'，作为首相来说，我没干错事，而是正确的。"从某种意义上说，东京审判没有发挥应有的作用，也是不太彻底的一次审判。而新中国的沈阳、太原审判，45 名受审战犯全部认罪。沈阳审判后，日本及国际上一些权威人士评论说："新中国审判日本战犯创造了国际审判战犯史上的一个成功的奇迹。"

（中共沧州市委党史研究室供稿）

冲破大学女禁的邓春兰

———
孟国芳

　　"五四"时期，甘肃女青年邓春兰大胆上书北京大学校长蔡元培，带头冲破大学女禁，成为我国首批男女同校的女大学生之一。邓春兰能有这样的胆识和勇气，是与她的家庭特别是她丈夫蔡晓舟的影响和协助分不开的。

　　邓春兰生于戊戌变法的 1898 年，青年时代恰逢中国历史风云巨变的年代。追求科学、民主、自由的时代精神及开明的家庭教育，使年轻的邓春兰看清了旧中国妇女备受压迫的原因，渴求砸开几千年来束缚妇女的种种枷锁，萌发出为中国妇女翻身解放，做国家社会"得力分子"的强烈愿望。在"五四"新文化运动的推动下，她勇敢地站在争取男女教育平等的最前列，上书北京大学校长蔡元培，请求北大首先开放女禁。她的计划得到丈夫蔡晓舟和两个弟弟的热烈支持。

　　蔡晓舟 1886 年 12 月 18 日生，合肥东乡人，早年丧父母，由祖父蔡业儒行医抚养成人，少年怀救国之志，投笔从戎，自安徽高等警察学校毕业后，在熊成基部下当兵。辛亥革命时期，在陈独秀创办的"岳王会"里从事反清灭洋活动，参加过"岳王会"发动的马炮营起义。失败后，回合肥，力倡办学，以开民智。他为办学，与当地豪绅争地而不能取胜，便当众断其左手无名指，血书"誓死争取筹建安徽大学"几个字，以示决心，故有"九指病僧"之称。蔡晓舟的才华在合肥不能施展，遂赴京去投靠和他有戚谊关系的龚庆霖。龚庆霖是抵抗八国联军时战死于天津的爱国将领聂士成的女婿，前清举人，曾任保定武备学堂（保定军校前身）教习，教过吴佩孚，吴很尊敬龚。1914 年，原聂士成的部下、龚庆霖的拜把兄弟张广建任甘肃都督，龚庆霖任甘肃政务厅长、渭川道尹等职，蔡晓舟亦追随他的安徽老乡来到甘肃兰州，曾任甘肃法政专门学校的历史教员，时名蔡辅。

蔡晓舟到兰州时，邓春兰的父亲邓宗正着力创办女学，实行他早已萌生的男女平权主张。邓宗，字绍元，1907 年在京师大学堂（北京大学前身）师范科就读期间秘密加入同盟会，1912 年 3 月，甘肃宣布共和，邓宗被选为临时议会议员，后又被宋教仁聘为国民党特派员，组建甘肃支部。辛亥革命后，邓宗先后担任甘肃省立师范学校校长、甘肃省巡按使署教育科长、甘肃省立兰州女子师范学校校长、甘肃省教育会会长、兰州中山大学评议会评议员等职，为甘肃教育事业的发展与进步做出了重要贡献。

邓宗反对清廷腐败政治，奔走革命，倡办教育，主张男女平等的民主进步思想与蔡晓舟一拍即合。经人介绍，蔡晓舟成了邓家的座上嘉宾，与邓春兰结成了好朋友。邓春兰自幼受邓宗开明思想的教育，不缠足，不戴耳环、戒指，喜好琴棋书画，渴望上大学，热心社会服务，争取妇女解放，遇到蔡晓舟自然情投意合，于是一对具有共同革命理想，孜孜追求光明与进步的男女青年倾心相爱了。蔡晓舟更加频繁地往来于邓家，一星期要看望几次邓春兰。蔡晓舟卧病在后五泉嘛呢寺时，邓春兰亦前去探视，完全摆脱了旧时闺中千金"大门不出，二门不迈"清规戒律的束缚。邓家曾一度不同意他们的婚事，主要因为蔡晓舟是安徽人，两家相距太远。蔡得知后，写信征询邓春兰的意见。邓春兰回信说："非君是谁?"明确表示了对蔡晓舟忠贞不渝的爱情，她深深地景慕才华横溢的蔡晓舟。邓宗见女儿态度坚决，也支持女儿的婚事，并说服家人："只要她愿意就行了。婚姻要自主。"

1916 年暮春，邓春兰与蔡晓舟喜结伉俪。婚后三个月，邓春兰怀孕（后生一子），蔡晓舟即离别新婚的妻子赴京，从事革命活动，奔走于北京、安徽、南京、上海等地。邓春兰时任女子小学教员，该女小由其父邓宗创办，其堂姐邓春藻为女小校长。

1919 年 5 月 19 日，邓春兰在兰州写好给蔡元培的信，全文如下：

子民先生钧鉴：

敬启者，春兰早岁读书，即慕男女平等之义，盖职业、政权，一切平等。不惟提高吾女界人格合乎人道主义，且国家社会，多一半得力分子，岂非自强之道？欧美往事，可殷鉴矣。我国数千年皆沿防隔内外之陋习，欲一旦冲决藩篱，实行男女接席共事，阻力必多。且女子无能力，何堪任事。是故万事平等，俱应以教育平等为基础。昔者孔子作而泗滨皆儒冠；朱家兴而当代多侠客。自来社会风习之转移，未有不赖先之俦为之倡导者。倘因循锢陋，不加改正，势必至天然淘汰，亡国灭种而后已。我国提倡男女平等者，民国二年，先生任教育总长，宣布政见，于参议院曾一及之，乃如昙花一现，遂无人过问矣。今阅贵校日刊，知先生在贫儿院演说，仍主张男女平等。然则我辈欲要求于国立大学增女生席，不于此时更待何时？复查贵校评议会议决议，附设中学有取单级教授之规定，每班人数不拘多少。春兰拟代吾女界要求先生，于此中学添设女生班，俟升至大学预科，即实行男女同班，春兰并愿亲入此中学，以为全国女子开一先例。如蒙允准，春兰即负笈来京，联络同志，正式呈请。肃此只颂教祺、万福。

邓春兰鞠躬　五月十九日

（标点符号系笔者所加）

　　此信寄往北京，拟由蔡晓舟转蔡元培先生，适因"五四"运动进入高潮，反动军阀政府疯狂镇压学生运动，逮捕爱国学生。蔡元培身为校长，奔走营救学生，不果，故愤而辞职。5 月 10 日离京出走，前往杭州。邓春兰的上书未起作用，但她并未气馁，于 1919 年 7 月又拟《告全国女子中小学毕业生同志书》，后附致蔡元培的信，交蔡晓舟转报界，继续为男女教育平等，争取女子进国立大学而大声疾呼。呼吁书全文如下：

　　报界诸先生转全国女子中学毕业暨高等小学毕业诸位同志大鉴：启者，欧战告终，西半球之女子，多因助战功勋，实行获得参政权利，出席国会，为议员者已有多人，将见其女总统出现矣。反观我国教育，尚未平等，遑论职业，更遑论参政。相形之下惭愤何如？妹不敏，已代我诸姊要求北京大学校长蔡子民先生，于大学添我女生席。不意妹函至京，适遭变故，蔡校长辞职，归隐至今尚无结果。然兹事体大，鄙意以为与其依赖他人之提倡，何如出于自身之奋斗！天下安有不耕耘之收获哉！顷拟组织大学解除女禁请愿团于北京，凡我团姊妹，进行约有二途，其因个人学力不充，未及大学入学资格者，则在大学附近组织私塾，延聘大学教师授课，努力补习；其因教育当局受其他方面之压制，而不肯解除女禁者，则联合同志用种种方法，以牺牲万有之精神，至百折不回之运动，务达我目的而后已。诸姊乎，如不慊于东洋式之良妻贤母之教育乎，则盍速而自图乎。妹非不知不慊于东洋教育者，则往西洋，然力能及此者几何人，其如我多数之失学姊妹何？一管之见如此，尚希高明有以教我。再妹家居陇右，去京四千余里，且大半未修铁轨，故顷虽起程来京，而抵京之期则难预定。目前如蒙同志赐函，请暂交舍弟国立北京大学法预科学生邓春膏，或北京清华学校中等科学生邓春霖转交均可。肃此敬向学绥。妹邓春兰鞠躬。

（标点符号系笔者所加）

这份呼吁书及致蔡校长的信，北京《晨报》以《邓春兰女士来书请大学解除女禁》为题，刊于 1919 年 8 月 3 日第六版。上海《民国日报》以《邓春兰女士男女同校书》为题刊于 8 月 8 日第八版。邓春兰要求大学开放女禁的呐喊，与新文化运动共鸣，轰动了社会，随之也引起一场激烈的争论。

"女子问题"本来就是新文化运动的一个组成部分。1919 年 4 月 15 日《新青年》第六卷第四号，专门发表了记者启事，展开妇女问题讨论。李大钊撰写《战后之妇人问题》一文，赞成"合妇人全体的力量去打破那男子专断的社会制度"。还有陈独秀、胡适等著名人物，都纷纷为报刊投稿，支持妇女解放，支持男女同校。《少年中国》《少年世界》等杂志出版了"妇女号"，专门讨论男女教育平等、职业平等及婚姻家庭等有关妇女的问题。妇女问题成了当时舆论界的一个重要课题，有力地推动了男女同校的进程。

约在 1919 年 6 月间，北京女子师范从各省招生，在邓宗（时任甘肃巡按使署教育科长）多方努力下，甘肃首次选送六名女学生赴京求学。她们是：韩玉贞、孟自芬、田维岚、吴瑞霞、邓春兰和她的堂姐邓春岑。通过考试，按成绩录取。邓春兰因嫁皖人，按规定不能享受官费待遇，邓宗为避职务上的嫌谤，自费送女儿一同晋京求学，其余五人皆为官费生。行前，兰州女师为她们举行了隆重的欢送大会，轿车迎送，披红挂花。田维岚代表赴京女生讲了话，教育厅勉励她们为甘肃争光，并派员护送六名女生取道水路进京。

邓春兰等于 8 月 27 日到京时，"五四"运动已近尾声，但由于蔡晓舟和邓春兰的两个弟弟邓春膏、邓春霖参加了"五四"运动，大弟邓春膏及北大的王自治、田昆山、张明道和清华的王和生、张心一、冯聘三等七名甘肃籍学生因参加"五四"运动被逮捕刚刚获释，邓春兰一到北京即随蔡晓舟探望他们，使邓春兰耳闻目染，仍然受到反帝反封建及爱国主义的教育，"要科学、要民主"的口号更加强烈地震撼着青年邓春兰的心灵。她为自己"来迟了"，未能参加"五四"运动而深感遗憾！

邓春兰到京后，就读于北京女子师范学校补习班。因已婚学生不能入正式班，她又不愿上幼稚班，故进了补习班。同时，她仍为进北大，实行男女同校而不懈努力。

1919 年 9 月 19 日，蔡元培回北大，复校长职。年底，就男女同校问题答记者，演讲说："即如北京大学明年招生时，倘有程度相合之女学生，尽可报考。如程度及格，亦可录取也。"1920 年 2 月，北京大学率先打破了女禁，第一次招收了王兰、邓春兰等九名女学生入文科旁听，全国高等学校纷之仿效，男女同校逐渐蔚然成风，人称"中国教育史上一个大纪元"。当时正在北京讲学的美国哲学家、教育家杜威先生和夫人，特在王府井大街 135 号楼上举行茶会，宴请北京大学女学生，并合影留念。

邓春兰进入北大哲学系旁听后，同时积极参加学生会组织的音乐研究会，义务为平民夜校授课等社会活动。她一向热心妇女解放事业，积极撰写有关妇女问题的文章，探索妇女解放的道路，为争取男女平等权利而努力奋斗。她在 1919 年 10 月《少年中国》第四期妇女号上发表了《我的妇女解放之计划同我个人进行之方法》和 1921 年《新陇》杂志第一卷第四期上发表的《妇女解放声中之阻碍及补救方法》两篇文章，提出妇女解放的主要课题及解决的办法。文章中的有些观点，诸如男女教育平等、职业平等、儿童公育、家务劳动社会化等，至今仍是妇女工作的课题。

1919 年 8 月，邓春兰进京与丈夫团聚，度过了一段幸福美好的日子。然而时间不长，蔡晓舟即奉命回安徽从事革命活动。1920 年 8 月，他们的女儿在桂花飘香的季节诞生在北京，取名燕桂。蔡晓舟仍然为革命奔波于京、沪、皖之间。他们只能通过大量的书信互通信息，讨论时政，倾注关切之情。1921 年初，邓春兰给蔡晓舟的信中有这样一段话："我俩自成婚以来，已经五载，计算欢聚时间，不过五月！你为社会群众奋勇打前敌，我是极端赞成的。但你身体太弱，劳苦须有限度，千万不要过于勉强，戕贼你的身体，陷我与儿女于悲境……"蔡晓舟回复邓春兰道："我没有别的苦衷，就是'食少事繁、精神不济'八个大字。我这月余以来，无日不在带病奔走之。"从以上来往书信中，我们看到，蔡晓舟一心一意投身革命，完全无暇顾及妻子儿女和自己的身体，以至于还未曾见过自己亲生的一双儿女！

1922 年初，邓春兰因第三次怀孕，临产辍学，被蔡晓舟接回安徽合肥家乡，安排在姐姐家，他自己又到安庆从事革命活动。邓春兰母女二人因不适南方气候，一直生病不愈，新生儿夭折，使本来就遭受离京和失学痛苦的邓春兰更是雪上加霜。于是，邓宗在 1922 年秋派人接邓春兰母女离皖返兰。蔡晓舟舍不得邓春兰母女离去，又因革命工作关系在南方，不能西上兰州，只好挥泪告别，以致夫妻长期分居两地。1933 年

6月30日，蔡晓舟因积劳成疾，病逝于北京德国医院，享年47岁。邓春兰强忍悲痛安葬了蔡晓舟，同时担负起养育儿女的义务。

邓春兰回兰后，从1923年起在兰州女师任教，并继续在《妇女之声》上撰文为妇女解放事业呼号呐喊。1927年初国共合作时期，经共产党人韩玉贞介绍，邓春兰加入国民党，在宣侠父等共产党人领导下，与国民党右派田昆山等人进行过激烈的斗争，1928年被国民党右派清除出党。1938年因她与共产党人有来往，思想"左"倾，被反动的学校当局借故辞退。邓春兰光明磊落，刚直不阿，不向邪恶势力低头屈膝，一直寡居在娘家，终未再婚。中华人民共和国成立后，邓春兰孜孜追求的男女平等在中国共产党的领导下迅速实现，她感到无限欣慰，衷心地拥护党、拥护社会主义。1957年，她以花甲之年被聘为甘肃文史馆馆员，1980年成为省政协委员，1982年6月9日病逝，享年84岁。

"以笔为剑"的反法西斯女战士黄薇

涂光群

　　黄薇，出生于福建龙岩龙门镇一个山清水秀的山村。她家是往昔的大户人家，门前立着三根石质旗杆，这是翰林人家的象征。黄薇的父亲去世得早，在开明的母亲支持下，她成为第一批进入乡村新制小学校受教育的女孩，小学毕业后又很顺利地考进陈嘉庚先生办的著名集美学校师范科学习。新的教育使黄薇成为封建陋习的叛逆者，她在 15 岁时顶住压力和威胁，毅然拒绝了"门当户对"的包办婚姻。集美小学留她这个师范刚毕业的高才生任教，却遭一个封建遗老校董的反对，说她是这个社会的叛逆，"没资格"为人师表。黄薇没有屈服，而是勇敢地再次向封建势力宣战。她给《厦门日报》投书，揭露那个校董剥夺她任教的权利，她说："正是这类逆历史潮流的封建卫道士，才真正没有资格担任这种培养人才的神圣职责。"她向社会呼吁，支持妇女要求解放的斗争，维护妇女做一个自由人的权利。报纸登出了这篇反封建的檄文，一石激起千层浪。读者写文章对她表示支持；编辑鼓励她继续为报纸写稿；学校里有的老师悄悄表达赞赏。时在 1929 年，那年她不过 17 岁，却显示了对腐朽封建势力的强大冲击力。或许就是这时候，她认识到报纸作为舆论工具的巨大作用，也萌生了当一名有所作为的新闻记者的念头。

其后数年，她去南洋探亲，接触了更多进步人士（大革命失败后，不少进步分子流落南洋群岛，他们时刻关心祖国命运、前途）。黄薇受他们影响，开始读马列主义书籍和苏俄小说，更加坚定了做一名反帝反封建革命者的决心。1934 年，在哥哥的鼓励支持下，她决定去日本留学，以便有机会读更多马列的书。她进入明治大学，读的是经济学，因为对新闻专业感兴趣，还听新闻方面的课，同时积极参加学校里进步社团的活动，很快她成为中共东京支部领导下学生左翼团体领导人之一。1937 年，她本科毕业，发生了"七七事变"，她和大批留日学生立即回国。她先去南洋一带，宣传中国抗战。1938 年春天，她作为《星洲日报》特派记者返回祖国。在当时的抗战中心武汉，新闻界正组织人马准备北上采访徐州会战实况，黄薇立即报名参加。她将一头浓密长发剪成短发，脱下衫裙，换上戎装。赴徐州战地采访的记者中，她是唯一的女性。徐州撤退时，黄薇冒着生命危险，跟着一支中国部队，从敌人缝隙中突围，走了许多地方，目击了日本军队的暴行，也亲身感受到中国军民同仇敌忾抗日的决心。她终于成功脱险，回到武汉。这些从前线返回的记者，很快撰写出版《徐州突围》一书，黄薇写的"从火线到后方"一篇，也收入其中。5 月 27 日，新华日报社举行盛大招待会，欢迎这些归来的记者。

不甘心留在国统区的黄薇，曾到八路军办事处要求去延安。她如愿以偿。办事处安排她与一个世界学联的代表团同行。一个多月里，她四次见到毛主席，毛主席与她作了深入交谈。最后一次，她明确要求留在延安学习、工作。但毛主席说工作也是学习，记者的工作很重要。你是华侨记者，把自己所见所闻，向海外报道，让侨胞了解中国抗战，不是很有意义吗？毛主席告诉她，陕甘宁边区各界组织了参观团，要到晋察冀边区去，你可以和他们同去，看看我们在敌后的斗争情况。她觉得机会难得，欣然同意。

到华北敌后去，这对黄薇的记者生涯，对她后来的人生选择，是极具意义的一件大事。一个在南方优越条件下生长的年轻女子跑到西北贫瘠的、物质条件甚差的黄土高原去，而且过的是战争环境下行军作战式的紧张生活，自然的、人为的风险常常难以预料。但黄薇无所畏惧，迅速适应了环境。她争分夺秒，履行自己战地记者的职责，一边行军、跑路，采访了解抗日军民各方面人物、业绩和他们遇见的困难（如缺医少药，缺乏必要的医疗器械、设备，等等），一边利用宿营休息时间，抓紧整理自己的采访笔记。一个多月后，到晋察冀边区的延安参观慰问团完成任务，黄薇仍然请求留在敌后战地，继续她对八路军军民的采访。她这次在华北敌后，历时三个多月，行程数千里，走了 3 个地区，40 多个县，光是山西就画了个大的弧形，从晋西北、晋东北到晋东南。对贺龙、聂荣臻、萧克、左权、周士第、甘泗淇、唐延杰、舒同、孙志远、倪志亮、李达、陈锡联乃至日军战俘作了大量采访。在旅程最后一站的八路军总部，她仍要求去延安学习，而左权将军告诉她：你的要求，延安已有回复，要你到重庆去。因为你这次在华北敌后，时间长，收获大，收集了许多材料，看到的东西很多，要写东西寄到海外去，在重庆比较方便。黄薇愉快地领受了组织的建议，于 12 月初到了重庆。

在重庆，黄薇又经历了另一番考验，她原想到新华日报社工作，然而组织上要她在重庆仍以华侨记者身份出现，这样更有利于工作，于是她服从了。宋美龄在她自己主持的重庆各界妇女领袖参加的座谈会上，亲自点名要"最近刚从华北敌人后方回来的华侨记者黄薇小姐，请她给大家报告一下华北敌后的情况"。黄薇的发言讲了华北军民在物质条件极其困难的情况下，坚持抗日的种种动人情景，还举了白求恩大夫在无麻药情况下做手术的例子，到会的人深受感动。国民党中央监察委员张继的夫人，请她到家里去详细询问了有关情况，表示马上要组织大家捐献医药用品，送到八路军前线去。宋美龄很欣赏黄薇的宣传才能，表示要聘请她当教官，给妇女干部训练班的年轻学员们讲课。她请示了刘清扬后，接受了这一聘任。她的讲课受到妇女训练班年轻学员们的欢迎。只是后来蒋介石批评宋美龄："你怎么把这个人请到训练班来宣传共产党？"刘清扬告诉了黄薇，她遂从那儿撤出。国民党上层如林森、冯玉祥，很欣赏黄薇的才气。林森希望她参加国民党，说可以安排她当国民参政员，并送她去美国留学，被她婉言拒绝。她说，她是新闻记者，不便参加什么党派，现在也不想到美国去。冯将军则在皖南事变后，黄薇受到国民党特务盯梢时，表示愿为她提供保护，并劝她赶快离开重庆。

黄薇在重庆很快将自己在敌后的见闻、感受，连续写成通讯，寄到海外去。起初只在新加坡《星洲日报》刊登，引起了广大读者关注，影响很快扩大，不久就改在发行量较大的《星洲晚报》连载。从1939年2月至8月的半年多时间，报纸共登出她的百多篇通讯稿。这些文章或报道共产党八路军在广袤的敌后组织民众进行艰苦卓绝的抗战，或揭露日寇在中国土地上犯下的罄竹难书的罪行，或呼吁给敌后的八路军以药品等急需物资的援助。她的这些及时、真实，可以说是用自己生命换来的文稿，对当时海内外读者了解中国抗战真相起了不可估量的作用。不少爱国华侨正是读了她的通讯才回国参加抗战的，有的则直奔光明的中国解放区。她这"以笔为剑，当得三千毛瑟枪"（萧克将军在她的这些文稿于1987年重新面世时，为她题的词）的文字威力，也被时在香港的进步新闻工作者、《星岛日报》总编辑金仲华看好，她被聘为该报驻重庆特派记者。

此时，黄薇的进步倾向已经受到蒋介石注意。皖南事变后，形势日紧，国民党特务已经放了风，要对她下毒手。黄薇仍想在重庆坚守岗位，对反动派制造的白色恐怖表示蔑视。这个时候，是周恩来为首的"红岩村"（中共中央南方局）向她伸出援助的手。邓颖超大姐告诉她，已为她作了安排，要她做好最快离渝的准备，调她回香港去。临行前邓大姐紧紧同她握手说，周恩来同志要我代表他同你握手，祝你一路平安！黄薇激动不已，眼泪流了出来。

到达香港，黄薇受八路军驻香港办事处廖承志派遣，去菲律宾华侨社会，开展抗日工作。

黄薇于 1941 年 9 月到达菲律宾，她以《星岛日报》记者身份，同华侨的中上层人士进行了广泛接触。1941 年 12 月，黄薇加入中国共产党，实现了多年的夙愿，从此在党的直接领导下工作、奋斗。1942 年初，日本侵略军占领菲律宾后，华侨革命组织创办了抗日地下报纸《华侨导报》，黄薇任该报编辑，在艰险的环境中同敌人展开了三年之久的地下斗争。1945 年 2 月，马尼拉光复后，《华侨导报》从秘密转为公开，由小报改为大型日报，黄薇先后担任编辑主任、总编辑，直至 1947 年 10 月由于政治形势恶化，《华侨导报》被迫停刊，黄薇转移到香港，受命担任新华社香港分社第一任总编辑。

从 1937 年"七七事变"开始到 1947 年接任香港新华社职务，这 10 年，黄薇的确将自己生命的全部热量、学识和多方面的才能，奉献给祖国和世界反法西斯战争。她以笔当箭当炮弹，服务于人民争取自由、独立和解放的事业，同时锻炼和铸造了自己一个坚强不屈的革命者的性格；一个以自己敏捷的思维，娴熟的笔，擅长多种外语和地方语言的才能，驰骋于舆论战线上的出色工作者。

1949 年 3 月，黄薇奉调进京到党中央机关工作长达半个世纪，中间经历了"文革"十年动乱，复出后她再工作四年，也就离休了。

1982 年，她离休以后，新闻界一些老朋友来找她，希望她重新拿起笔来写点东西，将过去岁月珍贵的往事重凝笔端，以示后来者，于是她开始了新的征程。一面应约撰写回忆录，一面重新收集整理过去发表的战地通讯，以供出版社出书之需。因年代久远，从海外寻回的当年稿件，是从微型胶卷上影印下来的，字迹小而模糊不清。这是一件费时费力的工程，她既要反复辨认并誊清文字，又要找仍健在的老同志和有关的文字资料来核对史实。1987 年，富有史料价值的《回到抗战中的祖国》一书得以面世。而她的丈夫龚陶怡先生新近编成的两人回忆录的合集和有关黄薇同志的纪念文稿，将更加丰富我们对一个伟大时代和她造就的一代俊杰革命风采的了解和认识。

第一个报道日本正式签字投降的中国记者

王作化　王晋阳

　　1945年8月15日，日本接受《波茨坦公告》，宣布无条件投降，同年9月2日，在美国"密苏里号"战舰上正式举行了日本投降签字仪式，中国记者曾安波荣幸地成为全世界第一个报道日本正式签字投降消息的人。

　　上午9时，停泊在日本东京湾的美国战舰"密苏里号"上，美国代表尼米兹海军上将、中国代表徐永昌上将、英国代表弗莱塞海军上将、苏联代表捷列维亚克中将以及澳、加、法、荷、新西兰等国的代表依次端坐在甲板上两张桌子周围，日本投降书将由日本全权代表外务大臣重光葵和参谋总长梅津美治郎在这里正式签署。

　　为报道这一具有历史意义的伟大时刻，有关各国和著名的国际通讯社都派出了阵容强大的记者队伍。其中，美联社、合众社、国际新闻社、中央通讯社、路透社五家通讯社的代表获准在第一现场参加正式签字仪式，代表中国中央通讯社的是年轻的香港记者曾安波。记者们被分别集中在舰首和炮塔上，等候记录这一重要历史性场面。

签字仪式开始后，盟军最高司令麦克阿瑟首先发表演说："我们各主要交战国的代表们，为恢复和平、缔结严肃的协定聚集于此。以此严肃仪式为转折点，必须从流血和残杀的过程中重新建立依赖和理解的世界，以期完成人类之尊严和所渴望的自由、宽恕以及正义，这是我发自内心的希望。"麦克阿瑟演说完毕，当即指示日本代表在投降书上签字。"投降文书"宣布："在日本帝国大本营及其他任何位置之一切日本国军队，以及在日本支配下之一切军队，向联合国无条件投降。"麦克阿瑟随即以盟军最高司令的身份在投降书受降一栏签下自己的名字，紧接着，按照美、中、英、苏、澳、加、法、荷、新等国的顺序，各受降国的代表分别进行了副署。签字仪式结束后，原本阴沉的天空突然放晴，400架B-29轰炸机和1500架战斗机成大编队掠过受降现场上空，以纪念这一具有历史意义的伟大时刻，庆祝世界恢复和平。中国受降代表、国民政府军令部部长徐永昌将军在接受日本侵略者投降的这一历史时刻讲了一番掷地有声的话："今天每一个代表的国家，也可同样回想过去，假如他的良心告诉他有过错误，他就应当勇敢地承认过错而忏悔。"

为争先将这一振奋人心的消息报道出去，签字仪式刚一结束，各大通讯社的代表和记者立刻蜂拥到"密苏里号"战舰上的电报室，竞相争取在第一时间将日本正式签字投降的消息向全世界发布。由于军舰上仅留有一架作为新闻通讯用的无线电台，谁有权第一个使用这架电台发出这个激动人心的消息立刻成为记者们激烈争论的问题。最后在美国军事新闻官员的调解下，记者和新闻官共同拿出了一个最为公平的抽签解决办法：把一顶军帽倒置在桌上，将写有1—5号的纸团卷紧放在帽中，每位记者随机抽出一张，谁获得了第一号，谁就有权在第一时间内向自己本国的通讯社发出日本签字投降消息的电码。于是，五大通讯社的记者们——按规定抽取了自己的纸团。结果，中国记者曾安波在摊开自己的纸团时，惊喜地看到一个醒目的"1"字。他立刻发狂似的拿着消息电文冲进电报室，在第一时间将日本正式签字投降这一轰动世界的消息发向设在重庆的中国中央通讯社总部，成为向全世界报道日本正式签字投降消息的第一人。

"第二次世界大战，历史上最惨烈的死亡与毁灭的汇集，今天随着日本的正式无条件投降而告终。"这是美联社记者继中国记者第二个发回本国通讯社消息的导语。虽然抢消息是媒体记者的职业本能，但没有获得第一报道权的其他各国记者并没有深感沮丧。一位合众社记者说道："平心而论，以中国在这场战争的牺牲和发挥的作用，他们获得第一报道权也是当之无愧和理所当然的。"这是一句实实在在的公道话。

台宗大德　南海高僧

——觉光法师事迹纪实

朱　哲

　　觉光法师是我国当代有名的高僧。俗姓谷，名成海。1919 年出生于辽宁省海城县（今营口县）虎庄村。历代务农，母亲是一位虔诚的佛教徒。

逅遇青一

　　法师天资聪颖，从小就不茹荤酒，四五岁时常常跟随母亲到寺庙里烧香拜佛。1929 年，江苏扬州高旻寺青一老和尚到东北募化，就住在虎庄村关帝庙内。那时觉光法师刚刚十岁，常去庙内，青一见这个孩子聪明伶俐，非常喜欢。而这个孩子，对跋山涉水远道前来的苦修老和尚也非常仰慕，渐渐地，他们之间有了感情。半年之后，青一离开虎庄村时，这个小孩却悄悄地跟在他的后面。走了很长一段路，青一才发觉有人跟在后面，很是诧异，就问他为什么要跟来？不料这个孩子竟然说：

"我要出家。"青一见他年纪太小，就再三劝他回去，免得家里挂念。可是这个孩子无论如何不肯回去，一心出家。青一无法，只好带着他走了。这个小孩，就是日后遍参各教，博通诸经的觉光法师。

天童受戒

不久，青一带着这个小沙弥到了上海，在海会寺"挂单"。原曾打算回高旻寺，因为高旻寺是全国有名的修行道场，这样一个还没有受戒的小沙弥，怎能去坐"禅堂"呢？为了造就法器，青一法师毅然改变主意，带着他到了浙江宁波天童寺。由于他身材长得高大，住在丛林，并不显眼。不久，天童寺放戒了，各地的小和尚纷纷前来，要求受戒。在受戒前，每个小和尚都要填履历，进行登记，这时才发现他还不足12岁。按照戒律规定，不满12岁是不能受戒的，可是，送他来的青一老和尚突然不知去向。这件事传到了得戒和尚圆瑛法师那里，圆瑛就命侍者把这个小沙弥领来，圆瑛见他应对如流，小小年纪不远千里，从东北来到江南，可见道心坚苦，求法心切，就打破传统惯例，准他登记受戒，赐他法名为觉光。

受戒后，觉光就住在天童寺，得以日夕亲近圆瑛法师，得其教诲不浅。过了没有多久，圆瑛因为要到外地去讲经，就对觉光说："我马上要出去讲经，你勤奋好学，日后大有希望，可去观宗寺参学，那里有佛学院可以进修。"

观宗学法

就这样，圆瑛法师把觉光介绍给观宗寺的方丈宝静法师。四明（即宁波）观宗寺，是江南著名的僧伽学府，是近代高僧谛闲老法师为继智者慧命，中兴台教而开山创建的。设有戒律学院、研究院、弘法院等等，既宗既教，亦律亦净，规模严整，措置有方。当时在各院执教的高僧，有兴慈法师、摩尘法师、静权法师、逸山法师、白光法师等等。

觉光法师在观宗寺弘法学院住了数年，夙兴夜寐，淬厉奋发，系统地研读了经、律、论三藏典籍，深为宝静法师赏识。

海岛深造

1939 年间，宝静法师为了昌明佛法，造就一批德才兼备的弘法人才，苦心孤诣，特在香港荃湾创建弘法精舍。写信给观宗寺，嘱遴选勤奋好学、有志弘法的僧青年送港学习，信中特别指明要觉光法师，这时觉光才 19 岁。

弘法精舍，不仅要求每一个学僧都能精通佛法，而且要掌握一般的世俗学，并为了适应海外环境和国际交往的需要，还要懂得外国语言、文字。

宝静法师，时人誉为"台宗忠臣，法门健将"，受过高等教育，是个大学生，向以度生为己任，弘法为家务，培育僧才，是他的夙愿。在香港法缘殊胜，皈依的弟子很多，除兴办僧伽教育事业外，还另建香港正觉莲社，许多在家男女信众，每星期一次，在这里聚会念佛，研讨净土法门。

弘法精舍开学后，深受当地佛教界人士推重，不料后来发生了意外事故，学院只得停办，一些学僧仍被遣回观宗寺，宝静法师单单留下了觉光法师一人，把他安置在九龙粉岭静庐。宝静法师经常向觉光讲解天台教义，关心他的学业，关心他的生活，把他作为自己后继的接班人选。在宝静法师的谆谆教导、精心培育下，觉光法师进步很快，学业大进。宝静法师离港外出弘法时，寺内一切大小事务就全由觉光法师权衡处理。

避寇龙华

1941 年 12 月 7 日，日军偷袭珍珠港，8 日，日本对英、美宣战，太平洋战争爆发，菲律宾、马来半岛、缅甸、印度尼西亚等，相继被侵凌，香港亦不幸失守，惨遭浩劫。觉光法师既痛梓里久为日寇侵踞，复悲客舍又遭日寇攻陷，翘首云天，新仇旧恨，无限愤慨。翌年初，觉光法师就满怀爱国热忱，几经风险，辗转来到国内，曾在广东韶关南华寺亲近虚云老和尚。随后又经广西桂林，到达桂平西山龙华寺。这时巨赞法师在龙华寺任住持。

觉光和巨赞两位法师都是誉望攸隆、器度宽恕、心术仁厚的长者；都是殚心竭力、弘扬正法的大德。虽然他俩各有不同的风格，在宗派上是不协调的，在理论上是对立的，可是他俩爱国爱教的高尚品德是完全相似的、一致的。他们意气相投，肝胆相照，在患难中建立了深厚的感情，他们合作得非常融洽，经常切磋学问，共同协商解决庙里的事务，终成莫逆之交。

"一日不作，一日不食"，觉光法师随时随地均能保持佛教的这一优良传统。他常常带领寺里的僧众，植树造林，绿化环境，参加劳动。在山上还种了不少茶树，摘茶叶、炒茶叶等工序，觉光法师无一不亲临督导。西山茶叶，味美可口，商人竞相购买，销路很好，龙华寺里的各种开销和众僧的生活费用，均以此维持。对此，巨赞法师常常夸赞觉光。

那时我正在桂平工作，距离西山很近。因为萍漂浮泊，频年流浪，饱经忧患，心多哀思，每念神州残破，寇焰嚣张，就忧思如堵。我的祖父母和父母亲都是佛教信徒，对我有一定程度的影响。因此，浪迹所至，凡有寺庙的地方，我总要去朝拜，恭敬三宝。巨赞法师是我的同乡，在梧州就已相识，觉光法师则是来西山后认识的。我每周总要抽一两天时间上山，去亲近两位法师。巨赞法师常常跟我谈法相、唯识，有时还谈些禅宗的参话头；觉光法师与我谈的主要是天台止观，其次谈些净土法门等等。两位法师对我殷殷教诲，使我获益很大。尤其是觉光法师，他律己严，诲人勤，平易近人，和蔼可亲，和我更投机，给我印象最深。

隐迹南山

1944 年，日军在海上的补给线几乎全被盟军切断。为了挽救其覆灭的命运，日军疯狂挣扎，连陷长沙、衡阳、桂林、柳州等地，妄想开辟一条纵贯我国东北到西南，直通缅甸、越南的陆上运输线。此时由于国民党军队连连败北，桂平风声鹤唳，一夕数警。沦陷前夕，巨赞法师和觉光法师，不得不含悲忍泪分手离开。巨赞法师经容县等地避往北流，觉光法师则避往浔德圩等乡间。贵县刚一收复，觉光法师即来到贵县，那时我也在贵县。觉光法师住在离县城三四公里的南山寺。同在桂平时一样，我每个星期天都去南山，亲近觉光法师，法师对我也更加关心照顾。

南山地处僻野，香火寥落，觉光法师在此晦迹韬光，馈不食，寝不寐，勇猛不懈，精勤修持，阅读了大量经典著作，写了数百条读经札记，他的书架上、桌子上，到处都堆满了书籍和笔记本。"如欲流长，必先浚其源；如欲木茂，必先培其本"，"锲而不舍，金石可镂"，法师终于在佛学上取得了卓越成就。

1945 年 9 月 2 日傍晚，我从收音机里听到日寇无条件投降，八年抗战终于胜利的消息，不胜欣喜。连夜赶到南山，迫不及待地把这个振奋人心的特大喜讯告诉了觉光法师。觉光法师也是热泪盈眶，喜出望外，紧紧握着我的手连连说："阿弥陀佛，总算胜利了，这就好了！"

不久，觉光法师就搭乘便船返回香港。我到江边依依不舍地送别时，法师犹谆谆以净业相勉，并以挂表相赠，嘱留纪念。望之深，期之切，法师拳拳垂爱之情，40年来常萦梦怀！

弘法南海　饶益众生

觉光法师回到香港后，积极拓展弘法工作，与海仁法师、显慈法师、筏可和尚、霭亭法师、茂峰法师、茂蕊法师，陈静涛、王学仁、林楞真等大居士，重新组织了香港佛教联合会，集体领导香港四众佛弟子，使战后香港的佛教得以迅速恢复和日益发展，尤其是对香港的社会教育、慈善事业方面，作出了巨大贡献。

20多年来，亦即自觉光法师担任香港佛教联合会会长以来，在法师的领导下，香港佛教事业不但有了显著的建树，甚至不少旁门外道，也被感化过来。

香港华洋杂处，阶层复杂，有六大宗教组织，信徒约占全港人口的90%。这是不可低估的社会潜在力量。如何领导这股力量，使之更有利于社会、更有益于人类，这是一个非常重要的问题，而且是个很艰巨的任务。假如宗教界的领导人，囿于派别，抱着成见，各自为政，相互排斥，不能开诚布公，协力合作，那就势必会影响到各个宗教相互之间的团结，这不仅会有损宗教本身的积极意义和价值，而且会导致宗教徒之间的矛盾和对立，这对社会将是很不利的。对此，富有远见的觉光法师，想方设法，极力改变宗教之间的门户隔阂，昕思夕筹，做了大量工作，促使相互信任和合作。在法师的奔走说合、大公无私的帮助下，各大宗教团体终于团结一致，联合起来，成立了六大宗教联谊会。联谊会经常开会，遇到有什么问题或误会，都能及时消除、解决。

这样一个融洽的、人人称道的宗教组织，就世界各国看来，可以说还是个创举。

名高望重　饮誉国际

觉光法师在国际宗教界享有很高的声誉，各国宗教首脑到香港访问时，都要拜会他，进行会谈，交流经验。

为了沟通各国佛教关系，联络各国佛教徒的友谊，觉光法师不辞辛劳，远渡重洋，多次出国。早在 1962 年，他就参加了在泰国曼谷举行的世界佛教友谊大会，与会者有 40 多个国家和地区的佛教组织。这次大会共开了七天，由泰国国王亲临主持开幕仪式，会中提出和讨论了统一佛诞、佛纪、佛教旗帜及今后如何加强联络、展开活动等重要议程。

之后，觉光法师率香港区代表团参加了在柬埔寨首都金边举行的第六届世界佛教友谊大会，以及在印度举行的第七届世界佛教友谊大会。在开会期间，代表团还到泰国、马来西亚、新加坡、锡兰（即斯里兰卡）、尼泊尔、仰光、柬埔寨、菲律宾、韩国、中国台北等地，进行了考察、访问，加强了佛教徒彼此之间的友好合作。

世界华僧大会第一次代表大会是在中国台北召开的。觉光法师率领了由 60 多名代表组成的代表团出席了会议。觉光法师审时度势，在会上作了要守经达权，补偏救弊；慎始审终，因时适变的很具体的重要发言。他的发言，条理分明，结合实际，受到了各方面的重视。

1970 年 4 月，香港佛教联合会假座香港大会堂，召开了世界弘法大会，邀请了泰国僧王主持开幕典礼。并在黄凤翔中学举办佛教文物展览会，觉光法师以东道主身份，亲自殷勤招待来宾，深得各方好评。

同年，在韩国举行了世界佛教联合会筹备会议，觉光法师又仆仆风尘亲率代表团前往出席，参加这次筹备会议的共有 18 个国家和地区。会议就如何组织联合会，促进彼此了解，借以加强国际佛教的团结等问题，共同进行了认真的、有益的商讨。

1972 年，觉光法师荣膺世界友谊会香港地区分会会长；1975 年，任世界宗教和平会议常任理事；1977 年，任中国香港、韩国佛教信徒联合会名誉会长；1978 年，任香港六大宗教领袖联席会佛教首席代表；1981 年，任世界佛教僧伽会副主席。

觉光法师好学不倦，三藏典籍，无不贯综，不愧为当代杰出的高僧。他的信徒和皈依弟子在世界各地很多，在香港社会有着特殊的地位。香港政府领导都非常尊敬他，历任港督从葛量洪爵士到尤德爵士，每年都要邀请他参加园游会，庆祝女王生日。近年来，觉光法师更常去美国、加拿大等地弘扬佛法。

瞻礼祖国　荣归故里

1984 年 9 月 28 日，觉光法师暨副会长黄允畋居士，应国务院港澳办公室的邀请，偕同总干事区洁名居士来到北京参加国庆观礼。法师在港弘法近 40 年，他经常关心内地的佛教事业、故乡的亲友和祖国的社会主义建设。这次躬逢盛典，觉光法师特从美国赶回，怀着无比喜悦的心情欣然北上。9 月 30 日晚，法师出席了庆祝中华人民共和国成立 35 周年国宴，参加了观礼活动和焰火晚会。10 月 3 日上午，邓小平同志在人民大会堂接见了觉光法师等港澳同胞国庆观礼团。邓小平同志对法师很关心，同他谈了话。3 日中午，国务院宗教事务局假友谊宾馆宴请了觉光法师一行。

结束了在北京的观礼和访问活动后，觉光法师又怀着无比激动的心情，回到了阔别 50 多年的故乡，探望了久别的亲友。

觉光法师对家乡翻天覆地的巨大变化，对祖国突飞猛进的社会主义建设，衷心悦服，赞不绝口；对祖国亲人的热情款待，深表感谢。

同年 12 月 18 日，觉光法师又一次应邀来京，参加了中英关于香港问题联合声明签字仪式观礼。对中英关于香港问题联合声明的签订，他非常赞赏，表示完全拥护。他一再说，这个声明，既照顾了香港地区的实际情况，又充分反映了香港各界同胞的要求和愿望。

觉光法师，有卓识、有远见，明理识时，为香港的繁荣昌盛，为香港的社会秩序、政治稳定，起过积极作用。

我馨香以祷，祝他法体健康，今后在香港能起更多的积极作用，并能为海峡两岸的和平统一，作出更大的贡献。

（本文承觉光法师的弟子秦孟潇居士热情地提供了法师在海外事迹的宝贵素材，借此谨表谢忱。——作者）

爱国诗僧黄宗仰

吴正明　周文晓

　　黄宗仰是我国近代史上托迹空门的爱国志士，被誉为佛教界的一流人物；他又是一位颇具影响的诗人、教育家。他先后参加过反清革命组织同盟会和文学团体南社，并与孙中山等许多革命党人有过密切交往，积极从事民族民主革命活动，是一位著名的爱国人士。

　　黄宗仰，原名浩舜，又名用仁，宗仰（一称中央）是他的法名，别号乌目山僧，又号楞伽小隐，后称印楞禅师。1865 年 5 月出生于常熟。他的父祖辈在这座小城的南门外开设名为黄大隆的米行，他的母亲赵氏笃信佛教，是常熟虞山第三峰清凉禅寺的信女。

　　黄宗仰自幼聪敏好学，喜爱文墨，才智过人。他并无兴趣于家里的商贾生涯，除了读书求学，每当母亲去三峰进香，总是随侍在侧，因而从小就受到了佛门的熏陶。他 16 岁那年，因不满于父兄逼他学掌店事，竟愤而出走至常熟北郊，就在三峰清凉寺削发做了和尚。他的母亲以为"前世有缘"，相信"一人入戒，七世超度"，对此并不阻止。

　　清凉禅寺当时主事者是玉峰大和尚药龛上人。药龛的戒行著称于江南，与翁同龢、赵宗建等士人过从甚密，而且重视培植僧材。他延聘名师王伊到寺课徒，使该寺沙门子弟得有机会受到许多方面的教育。王伊（1838—1908），字影石，号聘三，是清初常熟名士王应奎（即《柳南随笔》《海虞诗苑》等书的作者）的玄孙，著有《四书论》《三峰清凉寺志》等。当时常熟不少地方人士都慕名从其受读。黄宗仰得到王伊的悉心教导，又因清凉寺这千年名刹藏书甚丰，他能博览群书，认真攻读，几年里深研释氏内典，旁涉中外学说，并对诗画琴棋、园林艺术等许多方面都有涉猎。这对黄宗仰后来的事业无疑有着很大影响。

19 世纪末，帝国主义列强加紧入侵中国，日趋腐朽的清朝封建政府已处于风雨飘摇之中。常熟城里的一些读书人眼见国势阽危，时常聚首对朝政议论纷纷，为国家前途忧心忡忡。黄宗仰虽然已经剃度为僧，但仍跟这些士人往来频繁，参与抨击朝政，显示出他虽身入佛门，但心未忘世。

1884 年初，黄宗仰应一些读书友人之邀出游无锡。春日庙会，熙熙攘攘，士女杂处，游人云集。遁入空门的黄宗仰厕身其间，一些人认为触犯清规戒律。清凉寺施主含辉阁赵家获悉后以为有损寺誉，要求玉峰和尚对黄严加管束。在玉峰的一顿狠狠训斥之后，生性倔强的黄宗仰决心离开三峰，云游四海。玉峰上人对爱徒远离心有不豫，但终于亲自送宗仰至镇江金山寺挂单受戒，改拜该寺方丈长净（号显谛）为师，并请长净对之多加关照。黄宗仰在金山寺得到长净的培养和器重，以他的颖悟和刻苦，先后研习了英文、日文和梵文。长净后来写给黄宗仰一纸度牒，派他到南北名刹朝山进香。于是，宗仰得以历齐鲁，游燕赵，继而循海过越南以至闽粤，清光绪二十五年（1899）抵达沪上。祖国四方名山大川开拓了他的视野胸襟，陶冶了他的画意诗情，如此江山，真堪溶入胸中笔底。于是每到一处，黄宗仰点染丹青，吟咏性情，气益豪，诗益壮，画益进。"垂救沉沦"之心洋溢篇什，"乘时崛起"之意弥漫画幅，强烈的爱国主义精神得到了充分的展现。

1901 年黄宗仰作了《庚子纪念图》并题诗八首。帝国主义八国联军入侵我国，攻占北京，清政府被迫签订丧权辱国的《辛丑和约》。当政者固然昏庸腐朽，而海内偷安嬉戏之人比比皆是。为了唤醒同胞，以为警钟棒喝，黄宗仰于是绘作《庚子纪念图》，以寄极大的愤慨和沉痛，并且希望观者能勿忘国耻，佥知天下兴亡之责，从而振作精神，为祖国强盛而群策群力。他在自序和题诗中，表明自己仿效枚乘作《七发》以疗疾之意而作此图："难倾铁泪详图画，只记颓京城下盟。"《庚子纪念图》得到了潘飞声、惜秋生等题咏达 40 多首，合刊行世后，"不忘国耻，振兴中华"成了当时关心国事之人的共同呼声。

1903 年，黄宗仰作《〈驳康书〉书后》《〈革命军〉击节》和《饯中山》三首诗，分别歌颂了章太炎、邹容和孙中山三位革命志士的战斗活动，同时鞭挞了当时已经沦为保皇势力的代表人物，反映了黄宗仰的爱国主义思想正随着形势不断发展：他从原来鼓吹"尊王攘夷"演变为反对保皇，成了一名资产阶级民族民主革命者。

1902 年 4 月，黄宗仰与章太炎、蔡元培、蒋维乔、吴敬恒、黄炎培、陈范等人在上海泥城桥福源里共商救国大计，发起组织了"中国教育会"。这是一个以爱国教育和推翻清政府为己任的革命团体。黄宗仰被推为会长，蔡元培为事务长。次年，帝俄入侵我东三省。我留日学生因组织"拒俄义勇队"被遣返到沪，同时，上海南洋公学学生因反对校方禁谈时政而罢课。3 月间，黄宗仰又与中国教育会的同志发起集资自设学校，收容退学青年，于是成立了当时号称东南革命大本营的爱国学社。以后，为了掩护秘密工作，再设立爱国女校——我国最早的女子学校。

爱国学社和爱国女校提倡民权，宣扬民族革命，并定期进行军事训练，是一种完全新型的学校。它们不仅在东南教育界独树一帜，而且为以后的辛亥革命培育了大批人才。此外，黄宗仰还出力资助浙江省大学堂退学的学生组织"新民塾"。这些活动大大加强了上海与东南地区革命人士的联系。秋瑾、徐锡麟、陶成章、苏曼殊、李叔同、黄兴、陈天华、邹容、章太炎等革命志士先后都来到上海，黄宗仰以他的特殊身份和他与罗迦陵的佛缘关系，利用哈同花园的"安全"区域，为集结革命力量，募捐革命经费，提供活动场所，调处各方关系而发挥了突出的作用。

1903 年，举国震惊的"苏报案"发生了。清政府下令封禁《苏报》，逮捕了邹容、章太炎。蔡元培、吴敬恒等逃亡日本。黄宗仰在事发之初，曾经留沪奔走营救章、邹。后来，清政府勾结租界捕房也把黄的名字列入了黑名单，黄宗仰因此逃亡日本。

正好这时候，孙中山先生自河内，经西贡、暹罗抵达横滨。黄宗仰慕名往访，孙中山与他一见如故，雅相推重，特辟楼下一室给宗仰居住。此后两人关系一直非常亲密。黄宗仰出资支持了革命党人所办的《江苏》杂志，在这份刊物上，孙中山、黄宗仰、金松岑等人发表了许多诗文，对于当时国内外知识界朝着革命方向的思想演变起了很大的推动作用。

孙中山于 1903 年秋离开日本前往檀香山。临行之时，黄宗仰曾借助旅费 200 元。前面提到的《饯中山》一诗，就是黄宗仰为孙中山远行赴美送别之词。诗里既回顾了他和孙中山在日本"握手与君五十日，脑中印我扬子图"的密切交往中，商讨过长江流域的革命运动，而且对孙中山壮别寄愿："此去天南翻北斗，移来邗水奠新都"，希望孙的檀香山和北美之行能够叱咤风云，翻天覆地，为发展革命力量取得巨大的成功。

孙中山在美国流寓期间，曾经与保皇势力进行过激烈的较量。孙中山在同康、梁等人的论战中，得到了黄宗仰的有力支持。1904 年，孙中山几次写信给已经返回上海的黄宗仰，要求"在沪同志亦遥作声援，如有新书新报，务要设法多寄往美洲及檀香山分售，使人人知所适从，并竭力大击保皇毒焰于各地"。他又报告在美扫灭保皇党的情形与决心："弟刻在檀岛与保皇大战，四大岛中，已肃清其二，余二岛想不日可以就功。非将此毒铲除，断不能做事。"可见黄宗仰等革命志士在国内的活动和孙中山在海外的斗争是遥相呼应，互为支援的。

辛亥革命前，蔡元培、陶成章、龚宝铨等人在上海成立光复会，黄宗仰也是此中骨干成员。1905 年，光复会与华兴会、兴中会联合成立同盟会，黄宗仰是同盟会会员。不久，"苏报案"平息，章太炎出狱，黄宗仰守候于牢门，为之安排一切，并赠给旅费，让章太炎三天后即去日本。黄宗仰又取得"致公堂"和《中西日报》的支持，集资刊印邹容的《革命军》和章太炎的《驳康有为论革命书》，分寄南洋、美洲各地，有力地促进了海外华侨对祖国命运和前途的关心和了解，扩大了革命的影响。

1909 年，黄宗仰应柳亚子的特邀加入了南社。

1911 年，武昌军兴，上海光复。黄宗仰先后到吴淞迎接从海外归来的章太炎、孙中山。

1912 年，黄宗仰劝说光复上海的陈其美、陶成章等以大局为重，一致对敌。不久，淞沪都督李燮和率师北伐，急需装备。黄宗仰为之筹集巨额饷银，对革命力量作出了巨大支持。

黄宗仰早年在金山江天寺当知客僧时，以精研佛理、兼工诗画而成为金、焦、北固诸山寺院的著名人物。1898 年，上海犹太富商哈同的华籍夫人罗迦陵到金山进香，对乌目山僧黄宗仰的书画题诗十分欣赏，交谈之后更是非常钦佩。罗迦陵笃信佛教，先是取过缘簿捐献一笔资金为金山寺修建寺塔，接着又拜宗仰为师，并聘请黄宗仰到上海，在静安寺路主持筹建一座花园，这就是后来著名一时的爱俪园。

黄宗仰既精禅理，又懂园林艺术，他在一块 300 亩之大的空地上，随着地势的高低，相机营造房屋、堆砌假山、开掘河池，设计经营，颇费匠心。以后，园中建设经堂，开办学社，讲授梵典；他还组织校刊了工程浩大的《频伽大藏经》凡 1916 部，8416 卷。在爱俪园里，黄宗仰接待过孙中山下榻，又让章太炎住进园中并与汤国梨结婚。此外，组织多次救灾义赈，罗致许多学者入园从事经学、小学、史学、文艺、宗教、碑刻等研究。黄宗仰是一位虔诚的佛教信徒，但是他出家而未出世，积极投身政治斗争，参与社会活动，广泛联系与交往各方面的人物。在辛亥革命前后，他以方外人士的身份，利用与罗迦陵的佛缘关系，为革命作出了有益的贡献。

辛亥革命的胜利果实很快被袁世凯等军阀野心家篡夺，年轻的共和国失去了革命的灵魂。曾经是充满爱国热忱的黄宗仰痛心疾首，颓然而退。他作了一幅《江山送别图》送给好友刘琴生，题款中写上"共和末日写此用留纪念"，并赋诗四首于画上，哀叹"北风寒厉岁月暮，阴晦朝曦暗夕光""争春千帆逆水舟，暗潮风劲力难收"。1914 年黄宗仰先是回到金山江天寺，闭关三年，足不出户，杜门谢客。在那里他又遍览经典，过着几乎是与世隔绝的生活。

1918 年，黄宗仰出游匡庐、黄山、九华、雁荡、天台诸峰。

1920 年，黄宗仰偕同青权法师，扬州的寂山、雨山法师去南京栖霞朝山。栖霞寺创建于南朝齐梁年间，清代咸丰时毁于战火，仅存几间破屋供法意老和尚栖身。在法意的坚请和青权、寂山、雨山等人的支持之下，黄宗仰终于答应赴栖霞主持寺庙的复建工程。

由于栖霞寺荒圮已久，原存山地寺产已经为江宁县改作他用。宗仰起而力争，经友人奔走斡旋，终于将山地寺产收回。孙中山对黄宗仰主张修复栖霞寺一事也表支持，捐助银圆一万块，作为归还当年宗仰义助革命之款。其余曾经得到过黄宗仰帮助的国民党要员，与他素有交往的文人学士也纷纷解囊，随缘乐助栖霞寺。为便于修建工程中运输物资和四方士众前往观光，当时的政府交通厅行令沪宁铁路局，将南京郊区的松树村车站移至栖霞。宗仰上人升座之日，万方云集，麓榛芜之中搭起了 20 多座芦棚。寺庙复建进展很快，那象征光明的昆卢宝殿拔地而起。但是，就在这座大殿即将落成之日，已经积劳成疾的黄宗仰，于 1921 年 7 月圆寂于僧舍。

黄宗仰在常熟的侄儿黄幼臣、侄孙黄国钟本意想扶柩归里，将宗仰遗体安葬于三峰寺侧。但是，由于宗仰是中兴栖霞寺的祖师，寺僧和各界人士都要求留葬于栖霞山麓。他的弟子惟德等人又在该寺大殿之后为乌目山僧黄宗仰建塔留念。章太炎为撰《栖霞寺印楞禅师塔铭》，追述自己与黄宗仰的结交经过。

乌目山僧黄宗仰的一生充满着传奇的色彩。他寄迹沙门却投身革命，跟许多革命党人密切交往，办报纸，兴学堂，奔走呼号，以拯救民族危亡为己任，于社会公益事功输热忱，对宗教界的影响尤为显著，黄宗仰支持革命事业的功绩永不泯灭！

体坛怪杰

——记 1936 年奥运会参加者程金冠

谷　洪

　　1936 年 7 月的德国柏林，大战的危机掩盖在虚假的繁荣之下。街头广场上，到处挂满了奥运会的旗帜和纳粹党旗，商店酒吧挂出了优惠各国运动员的巨大招牌。纳粹德国把举办第十一届奥运会当作炫耀实力的大好机会，中国的国民党政府为了取媚希特勒，正式派出体育代表团参赛，69 名身穿法兰绒蓝西服、白裤子，系着墨绿色领带的中国运动员首次出现在世界奥运会体坛①。走在这个队伍最后的一名运动员，身材矮小，面目清秀，不停地眨着眼睛，显得自信而又老练，他就是当时在国内被称为短跑怪杰的苏州东吴大学学生程金冠。在此之前，他已参加过两次远东运动会。

　　50 年过去了，作为中国体育运动的历史见证人，每当程金冠回忆起那段往事，回忆起他 50 多年的体育生涯，老人便感慨万千，心潮起伏……

---

① 刘长春曾由张学良赞助参加过第十届奥运会，但不作为正式代表。

"北刘南程"

在 30 年代的旧中国田径界，流传着"北刘南程"的说法。"北刘"即中国体坛的名人刘长春，"南程"即程金冠。这个说法有它的来历。

那是在 1934 年 10 月 4 日，上海的虹口公园里举办了一场田径对抗赛，一方是由上海田径选手组成的"白虹队"，一方是由俄国在上海的侨民组成的"俄侨队"。在 100 米短跑起跑线上，人们看到一位膀大腰圆黄发碧眼的外国运动员，他的身边是一位个子不高、体形精干的中国选手。发令枪一响，小个子如离弦之箭，直冲终点，把大个子扔下几步远。顿时，观众雀跃，一片欢呼。那小个子就是白虹队队员程金冠。他被人们簇拥着，高兴得泪水也涌出来了。因为这是中国选手首次战胜外国选手。特别值得一提的是，程金冠在这次比赛中跑出了 10 秒 6 的好成绩，平了当时刘长春创下的全国纪录。于是，"北刘南程"之说便传开了。

程金冠，1912 年出生于上海。父亲程步云，是商人兼资本家。程金冠少年时代就读于英国人办的麦伦书院。有一次学校开运动会，他报名参加了高年级学生的"一英里赛跑"，结果战胜了比他大五六岁的对手，获得一枚金牌。当时的上海英文报纸《字林西报》还登载了这一新闻。

从这以后，程金冠与体育结下了不解之缘。初见程金冠的人都很奇怪，"像你这样的身材，怎么会去搞体育呢?"的确，程金冠貌不惊人，体不出众，身高仅 1.60 米。但他四肢灵活，反应快，爆发力强。更令人不可思议的是他在上海复旦大学附中踢足球时，曾踢伤左眼，视力几乎为零，但他就是凭着一只眼的视力参加了两届远东运动会和一届奥运会。这个秘密至今不为人们所知，人们只是发现他有爱眨眼的习惯。

在旧中国，从事体育运动，缺乏必要的设备和辅导条件，完全靠运动员自己苦练。因此，程金冠跨栏跑的姿势很独特，就像踢毽子一样。然而他就凭这一姿势，多次在当时全国性比赛中名列前茅。1935年5月23日《苏州明报》上载文"程金冠创造惊人成绩，低栏破全国纪录"，1936年5月20日该报还有一则报道，题为"全苏运动大会，短跑怪杰程金冠决计出马"。程金冠成了当时体育界的新闻人物，并曾担任过上海民间田径队"白虹队"的队长，为中国早期的体育事业作出了贡献。

程金冠与刘长春，两人不仅成绩相当，他们的交往亦笃厚。"文革"中程金冠受冲击的时候，刘长春还给他写过信，从精神上安慰他。刘还给江苏省体委写信，要求给程金冠落实政策，这是十分难能可贵的。

两次出征远东运动会

远东运动会是当时亚洲地区规模最大的运动会，每隔四年举办一次。1930年，第九届远东运动会在日本举行。年仅18岁的程金冠第一次获得了赴国外参赛的资格，他怀着激动的心情随运动队乘船抵达日本神户，转乘火车到达东京。

全队刚到东京，就发生了小地震。震后清点人数，少了程金冠。大家分头寻找，才在床底下找到他，到底是初次出门的中学生。

参加第九届远东运动会的共有中国、日本、菲律宾三个国家。旧中国国贫民弱，赛绩当然不佳，田径项目只有广东籍运动员司徒光获三级跳第四名，得到宝贵一分。

程金冠在这次比赛中，由于跨栏姿势特别，当他做准备活动时，引起观众大笑，他窘迫地停止了练习，蹲在一旁看比赛。轮到他上场，稀里糊涂应付了一下，当然谈不上成绩。但他毕竟参加了国际性比赛。

四年之后，第十届远东运动会在菲律宾马尼拉举行。出征之前，在上海举行了全国选拔赛。据 1934 年 5 月 1 日《勤奋》杂志记载，田径项目集国内之精英，竞争激烈。程金冠改跨栏为 100 米跑，以 11 秒获第一名；刘长春由于腿部有伤，放弃 100 米赛，仅跑 200 米，以 22 秒 7 获第一名，都取得参赛资格。

运动队乘美国邮船杰克逊号抵菲律宾，菲律宾总统奎松出席了运动会开幕。5 月份的马尼拉天气闷热，开幕式那天，由于旅途劳累，一名中国运动员当场晕倒在运动场上。程金冠见此情景，心里很不是滋味。在这一届运动会上，足球夺魁，田径仅获两枚银牌——符保卢的撑竿跳高和陈宝球的铅球。程金冠依然壮志未酬。

奥运会之梦

参加奥运会，这是所有运动员的梦想。

1935 年，苏州东吴大学 24 岁的学生程金冠接到通知，到山东青岛集训，准备参加奥运会的预选赛。程金冠因身体不适，没有及时报到，刘长春便接连写信催他，劝他勿失良机。程金冠终于成行。

1936 年夏，奥运会田径选拔赛在上海举行，每项只取第一名。程金冠同刘长春商定，刘跑 200 米，程跑 100 米，争取双双出线。然而程金冠却在 100 米中失手。他灵机一动，又报名参加了 400 米中栏比赛，结果他使出看家本领，一举成功，并以 58 秒 2 打破该项目全国纪录，拿到了奥运会入场券。程金冠因此成为我国历史上三次参加国际大赛的运动员，这在当时是屈指可数的。

程金冠入选进军奥运会的消息传到苏州东吴大学，同学们纷纷向他祝贺，其中包括蒋介石的儿子蒋纬国。当时程金冠听说参加奥运会可以得到省政府的资助，就决定到江苏省会镇江去领，蒋纬国以他的背景主动提出陪他去。因为蒋纬国爱好体操，对体坛名将程金冠自然佩服备至。到了镇江后，蒋纬国熟门熟路，带程金冠到省政府教育厅去找厅长周佛海。由于蒋公子在场，周佛海对程金冠很客气，说了不少鼓励的话，大意是你为江苏争了光，有什么困难尽管提。就这样，程金冠得到了一笔行装费。

参加11届奥运会的69名中国选手，于1936年6月26日从上海乘邮轮赴欧。代表团名誉团长是国民党监察院院长戴季陶，领队是上海圣约翰大学校长沈嗣良。运动员中共有两名女选手，其中之一就是当时轰动一时的"美人鱼"杨秀琼。

轮船经过20多天的颠簸抵达威尼斯。运动员于第二天乘火车到达柏林，在车站受到了数百名中国留学生的欢迎，还有看热闹的千余名德国人。程金冠当时的心情是好奇中充满了兴奋，拿名次当然是不敢奢望的，他只想让外国人看看中国人并不是戴着瓜皮帽、拖着小辫子的东亚病夫。

中国代表团下榻于柏林市西14公里的奥林匹克村，住的房间与美国代表团靠得很近。当时美国黑人选手欧文思以其出色的成绩引人注目，他在这届运动会上创下一人独得四枚金牌的惊人纪录。在训练场上，程金冠因为会说英语，多次找欧文思请教，他还在运动场的栏杆前同欧文思合拍了一张照片。这张照片程金冠自己没有保存下来，然而他却意外地在40年之后人民出版社出版的《奥林匹克》专辑上看到了它。最早表现中美运动员友谊的镜头就这样被保存下来了。

在这一届奥运会上，除符保卢在撑杆跳高中通过及格赛外，其他田径项目的运动员皆在预选赛中落选。程金冠因临时由400米中栏改为参加100米、200米短跑和400米接力三项，成绩均不理想。此次奥运会，中国代表团以"0"的成绩告终，各国报纸都以"鸭蛋"相赠。当然，这些主要是讽刺旧中国的统治者，但作为参加比赛的每一个中国选手，心情都是十分沉重的。

在德国，程金冠抽空治疗了自己的眼疾，给他诊断的是一位叫罗兰的眼科大夫。罗兰大夫听说程金冠是中国运动员，便免费为他动了手术。手术后的一个星期里，程金冠生活无法自理，多亏了他的挚友刘长春每日看护。程金冠损伤严重的左眼，手术后仅恢复了一点亮感。

这时，苏州东吴大学开学在即，程金冠急于回国，便先行出发，取道莫斯科从东北回到祖国。奥运会的经历，在程金冠的一生中，成了难以忘怀的一页。

"南程"的后半生

程金冠从柏林奥运会归来后，继续修完东吴大学的学业，不久抗日战争爆发，程金冠的体育生涯从此中断。程金冠从大学毕业后，曾经从事过商业，但多次受挫。全国解放后，程金冠于 1951 年到香港，去寻找旧时的好友，想重整旗鼓，然而他失望而归。他当时有五个孩子，妻子又没有工作，一时生活窘迫，靠典当过日子。

可是，党和人民没有忘记他这位从旧社会过来的体坛名宿。就在他从香港回来后不久，苏南行政公署在苏州举行华东运动会，请程金冠去担任裁判员。在充满生机的运动场上，他多年的夙愿有了实现的可能：40 岁还不到的程金冠，为什么不能为国家培养新一代的体育人才呢？于是，他到苏州铁道师范专科学校及铁路中学当了一名体育教师，并任体育教研组组长。在学校里，他培养出了著名排球运动员孙晋芳。这是程金冠可以借以自慰的。

1984 年洛杉矶奥运会，中国运动员一举打破零的纪录，夺得 15 枚金牌。消息传来，程金冠老泪纵横，百感交集。他不顾自己视力严重减退，写了一篇又一篇文章，追今抚昔，抒发他的情怀。

现在，程金冠虽然已 76 岁高龄，但拳拳报国之心依然未泯。他担任了苏州市政协委员、中华全国体育总会江苏分会委员、苏州市田径协会副主席、苏州市体委文史办公室顾问等职。对于社会性的活动，他总是乐此不疲。人们常常看到他不顾刮风下雨，乘坐公共汽车赶东奔西。他的生命之火依然放射着光和热。

曾教周恩来武功的武术大师韩慕侠

韩小侠

我的父亲韩慕侠出生于一个贫苦的农民家庭，自幼立志做一名神州大侠。他曾师从九位武术名家学艺，后云游南北，遍访名师高手研讨国术，终使自己成为一名武术家。身怀绝技的父亲终生以尚武救国为志，但在黑暗的旧中国，他却有愿难遂。父亲在"万国赛武大会"上威服"震环球"康泰尔，在我国武林史上留下了光辉的一页。父亲还自办武术专馆，竭力在民众中推广国术，以求健身强体，他毕生以义务授徒为乐事，还和随他学艺的南开学校及直隶女师的学生结下了深厚的情谊。

诚拜名师得真传

韩慕侠于 1877 年（光绪三年）出生在天津静海县独流间河卫南洼大白村一个贫苦农民家里，原名韩金镛。祖辈都是日出而耕、日落而归的贫苦农民，除了耕种祖传的八亩茔地外，为了生计还经常打柴、割苇运到天津卫贩卖。

静海县是个武术之乡，男孩子没有一个不舞拳弄刀的。韩慕侠从小长得身高力大，五六岁起便随他的外祖父学迷踪拳，自幼打下良好的武术功底。韩慕侠的功夫高出其他小孩一筹，又敢作敢为、好打抱不平，因此村里的孩子像众星捧月一样地围着他。

有一次，一位孤身的盲老人买了年货准备回家，几个恶少悄悄地把一挂长鞭夹在他背后的辫子上点燃，鞭炮炸响后老人无法把它甩掉，一边惨叫一边在地上打滚，棉衣被炸烂了，手和脸淌着血，年货撒在地上，而几个恶少却乐得前仰后合。韩慕侠叫上几个要好的孩子，结结实实地收拾了那几个恶少一顿，并逼着他们向老人道歉和赔偿。

旧说"穷文富武"，意思是只有富裕人家才能请得起名师，练得起武，像我们这样贫穷的家庭是做不到的。但是，生活中发生的一件偶然事件，却把韩慕侠推上了从武之路。

在韩慕侠十二三岁的时候，有一天，韩慕侠父子俩挑着苇子到天津东北角柴市出卖。一个叫赵秃子的地霸用极低价要强买走，不答应便挥拳伤人。怒不可遏的韩慕侠便和他拼命，一阵拳脚便把这个地痞打得抱头鼠窜。为免遭赵秃子回来报复，于是父子俩扔掉苇子，离开了这个是非之地。刚走几步，一个慈善的长者追了上来，当得知他们是从几十里外的静海县进城卖苇，便同情地叫韩慕侠以后把苇子送到龙亭街三义庙，并说一个铜子也不少付。父子俩真是喜出望外。隔了几天，他们送苇子到三义庙，才知道这是赫赫有名的天津八大家之一海张五的宅院。那时豪绅巨贾都雇有镖师护院，这个长者姓周，就是海张五家的管家兼镖师。通过几次接触，周镖师便好言向海张五推荐，把他们留下当了长工。

周镖师武功出众，行侠仗义，在津沽小有名气，而且琴棋书画无所不好。韩慕侠进了海张五家后，服侍周镖师细心周到，侍候得周镖师心满意足。周镖师见他武术功底不错，便教其练八卦掌。后来，韩慕侠在一次宴席上救了海张五一命，海张五便派其专做周镖师的侍从，从此韩慕侠正式拜周镖师为师。周镖师见韩慕侠聪颖过人，又肯吃苦，几年时间，便将技艺尽授于他。随后，海张五家衰败，周镖师要另谋出路，于是周镖师就把韩慕侠介绍给他的好友、名震京津的武术名家张占魁先生。

张占魁是八卦掌宗师董海川的八大弟子之一。在八大弟子中张占魁最小，而八卦功夫却最好，他的八卦掌神不知、鬼不觉，疾如闪电，快似流星，大家送了他个"闪电手"的绰号。

韩慕侠师从张占魁后，犹如鱼儿得水，夜以继日地勤学苦练，不到两年，功夫大进，在众多师兄弟中，没有谁能打得过他，张占魁师父也最喜欢他。由于韩慕侠好斗好胜，天不怕、地不怕，加之长得身材挺拔，仪表堂堂，大家送给他个绰号叫"玉面虎"。

韩慕侠随张占魁学习八卦掌的同时，又随李存义武师学习形意拳。李存义是形意大师刘奇兰和郭云深的弟子，他的形意功夫闻名海内，尤其是他深得董海川八卦刀的真谛，以"单刀李"名遐北国。李存义和张占魁是生死之交，情同手足，不分你我。两人的弟子都把张师和李师共同当成自己的师父，愿学形意的学形意，愿练八卦的练八卦。韩慕侠随李存义学形意拳后，分外着迷，简直到了废寝忘食的地步，李存义也分外喜爱他，悉心传授。

韩慕侠和张占魁、李存义两位武师深厚的师徒之情一直维系了几十年，直到他的两位恩师去世。他不但学到了这两位武师的卓绝武功，也学到了他们的高尚品德。李存义武师的义气如天、助人为乐、笃信友谊的美德，张占魁武师的争强好胜、不畏强林、宁折不弯的秉性，都深深地影响着他。

　　韩慕侠随武师学艺到 20 多岁，功夫日臻成熟，名声也越来越大。但是，他还远不满足，立志要成为一名神州大侠，因而决定去南方云游，遍访名师高手，而主要的是要寻找师爷应文天。

　　应文天人称"应侠"，和董海川是师兄弟，同是八卦掌师祖红莲道人和铁拐道人的高足。董海川年长应文天十多岁，董海川下山较早，只得八卦奥蕴之八成，便北归将八卦推广开来，形成北派八卦。而应文天下山较晚，尽得八卦真谛，尤其是练就一身反八卦的绝技。应文天授徒极少，一直隐居在安徽雪花山（即九华山）。中国武林传有"北有董海川，南有应文天"之说。董海川临终前曾嘱咐弟子，有志者定要去拜访应文天。这也是韩慕侠心诚志坚南游寻师的缘由。当时应文天师爷已近百岁，他必须抓紧访寻；再则意欲乘童子之身到各地拜访名师高手，以增长技艺。家里变卖了家产，为他备足了盘缠。故后人为近代武术家立传时，就曾有"韩慕侠三十而不娶，携资走天下"之说。

　　韩慕侠在南游途中，路过太谷县，拜见了李广亭、宋约斋、车毅斋三位形意大师，在三位大师的悉心指导下，他经过一段时间勤学苦练，形意功夫大进。后又来到蒲州，拜访了武术名家戴拜陵的后人，受益也不浅。最后来到九华山，但韩慕侠无论怎样苦苦寻找，也找不到师爷应文天的踪影。他毫不气馁，便到邻近的深山古刹寻觅。后寻到一座名叫"广华山"的山峰，忽听一阵救命的惨叫声，只见一个樵夫被一条花白巨蟒紧紧地缠着，非常危急。韩慕侠提刀一个箭步冲上去，杀死巨蟒，救下樵夫。就在此时，一个拄着拐、跛着脚、散着发的老汉邋邋遢遢地走过。韩慕侠一看这老汉虽疯疯癫癫，却红光满面，气度不凡，于是便急步追上去。一直追了十几里，却无论如何追不上。追到一座庙宇，老汉一闪就不见了。韩慕侠进去一看，这个老汉已换上一件青灰道袍，端坐在地中。这，就是应文天师爷。原来应文天师爷虽身怀绝技，但因刚正豪爽，不满当政，看破红尘，才收住山门，来到这不显山、不露水的广华山，自耕几分田地，与世无争。

韩慕侠随应文天师爷学艺之时，惊奇地发现师爷虽已鹤龄之寿，但仍身手不凡。他的八卦掌形似蛟龙，敏捷善变；动如闪电，定若山岳；刚柔相济，意境清新且风格突出，其中一些招数见所未见，闻所未闻。韩慕侠随应文天在广华山一直苦练武功四年多，到后期，年近百岁的应文天师爷就只是言传了。一天晚上，师爷穿了一套新衣服，对韩慕侠说："你来广华山四年余，我已将八卦绝技悉数传授与你，了却了一桩心愿。"接着师爷为其改名，把韩金镛改为韩慕侠，就是期望他能像民族英雄岳飞、戚继光那样，为国为民，成就一番事业。

第二天清晨，应文天师爷就安详地去世了。韩慕侠悲痛欲绝，将师爷埋葬，并为他披麻戴孝，焚香祭奠 49 天。为了怀念师爷应文天，他从广华山取回一块晶体石，刻上"广华山应侠老师之神位"字样，涂以红朱，并用玻璃罩嵌装，一直供奉在家里，逢年过节，必亲自焚香叩拜，虔诚至极。

至此，韩慕侠先后拜了九位老师，而应文天被尊为九师之首。韩慕侠之所以成名，的确也主要得益于应文天传以八卦掌上乘之法。

韩慕侠 40 岁时，在天津开设武术专馆义务授徒。一天，韩慕侠忽然想起祖茔尚无堂名之事，便要那些来自南开学校的弟子（其中包括周恩来）给起个堂名，有几个学生说了，都不甚中意。周恩来沉思了一会儿道："韩先生，您不是共拜了九位师父吗，我看这堂名就叫'韩九师堂'吧。您看中不中？"韩慕侠听后细细品味，不禁连声叫好。于是韩慕侠请来石匠刻了块"韩九师堂"石碑埋于茔地里。

韩慕侠由一个贫苦农民的孩子，通过九位名师的悉心传授，尽得国术真谛，将所学形意和八卦糅在一起；又将北派八卦与南派八卦融为一体，自成一派。金警钟先生在《国术名人录》一书中写道："韩之八卦掌、八卦刀、八卦剑、八卦枪，皆甚精熟，为北方八卦门后起之一绝。"

僧王宝刀与周恩来习武

作为一个著名武术家的韩慕侠，刀、枪、剑等兵器收藏自然很多。但他最心爱的有两件，一件是折铁青萍剑，另一件是僧王刀。僧王刀是清朝僧格林沁亲王的宝刀，此刀长 1 米许，鳖鱼皮刀鞘呈深紫黑色，上面缀有精致的彩色梅花数朵，刀一拉出刀鞘，寒光逼人。此刀现在我处珍藏，本来与刀一起还有一轴画，画面是全身戎装的僧王骑着战马，腰挎着这口宝刀，威风凛凛，可惜这轴画已散失了。

我家与僧格林沁亲王非亲非故，平素也无任何来往，为何此刀落到我父亲手里呢？说来话长——

咸丰八年，英法联军入侵，炮击天津大沽炮台，炮台失陷，侵略军沿海河入侵天津，腐败无能的清政府签订了屈辱的《天津条约》，换取洋鬼子退出天津。爱国将领一致要求修复大沽炮台，清政府派天津大盐商海张五协同僧格林沁一同办理防务。海张五利用存盐、盐坨席包以及白灰等物，命士兵沿白河一带构筑炮台，边堆砌边浇水，因时值寒冬，只花 3 万两白银就修好了。于是，"海张五修炮台——小事一段"这句歇后语就在天津传开了。咸丰九年，英法联军 20 艘战舰又入侵大沽炮台，由于炮台已加固，中国军队英勇抵抗，把英法联军打得落花流水，击沉击伤敌舰 11 艘，打死打伤侵略军 400 多名，取得了大沽口保卫战的胜利。为此，清朝封海张五为天津盐务总管，僧格林沁出于感激，临分手时把宝刀送给了海张五。当然，事过一年，英法联军又大举进犯，攻占大沽口，直驱北京，火烧圆明园，咸丰皇帝避逃热河病死，海张五由爱国变成了卖国，投靠了英国人。这便是后话了。

海张五成了天津盐务总管后，很快就挤进了天津八大家之列。其他盐商、盐霸对海张五表面奉承吹捧，暗地里却咬牙切齿，钩心斗角。盐田是盐商的命根子，邻县有个李姓、绰号"浪里蛟"的大盐商就因 10 亩盐田与海张五发生了严重的冲突。"浪里蛟"煞费苦心地在家摆下"鸿门宴"，企图逼上门赴宴的海张五就范。海张五接到请柬后，心里有些害怕，不敢赴宴，便与他的周镖师商量对策。周镖师说，宴是一定要赴的，不去就会落得被人耻笑。海张五要周镖师亲自多带些人护送，周镖师认为人家是宴请，大队人马前去不合情理，于是便叫刚来当小长工不久的韩金镛（慕侠）随之而去。海张五望着只有十二三岁的小孩，心想这个黄毛小子成吗？周镖师叫海张五只管放心前去，他又在小金镛耳边吩咐了几句。小金镛随海张五来到李家，"浪里蛟"见年近九旬的海张五身边只有一个小侍从，也未带器械，很是生疑，又不好直问。双方坐到八仙桌宴席前，互相吹捧后频频举杯，酒过三巡后海张五便有醉意。"浪里蛟"突然提出那 10 亩盐田应属于他，希望海张五高抬贵手。海张五一听 10 亩盐田，顿时酒醒，双方唇枪舌剑，互不相让。"浪里蛟"见软的不行，便来硬的，高叫道："你不要敬酒不吃吃罚酒，可知道，现在是在我家！"话音刚落，客厅门嘭地打开，闯进两个手持钢刀的大汉。海张五一看两个彪形大汉步步逼来，登时吓得魂不附体，满头冷汗。正在海张五束手待毙之际，只见小金镛"嗖"地一声，从袖里抽出一件亮闪闪的东西，一个箭步跨到"浪里蛟"的身后，不等"浪里蛟"醒过来，一件硬邦邦的东西顶住了他的后肋。小金镛向那两大汉喝道："站住，再敢往前一步，我便一剑结果你家主人的狗命！"那两个壮汉顿时傻了眼，进不得，退不是。"浪里蛟"惊惶地对两大汉喝道："你俩混账东西，谁叫你们进来的，还不快滚！"两个大汉只有乖乖退出。小金镛仍把"剑"狠狠顶住"浪里蛟"说道："盐滩归属，自有公理。不要欺人太甚，快送我东家回去！"这出乎意料的举动仅仅发生在瞬息之间，"浪里蛟"已被吓破了胆，连连点头称是。吓蒙了的海张五还以为是一场噩梦，刚醒过来，便顺水推舟告辞了。小金镛抵着"浪里蛟"一直把海张五送至大门口。海张五上了轿子，两条腿还在打颤。走出十几里路，他才定过神来，把小金镛叫到跟前问："小家伙，来时我怎么没见你拿宝剑？""东家，你看！"金镛嗖地又从袖口抽出那把"剑"。海张五一看，不禁倒吸了一口凉气，这哪里是宝剑，分明是一把形状似剑、无尖无刃、金光闪闪的铜镇纸。

"鸿门宴"过后，海张五对小小年纪的金镛另眼看待，从小长工改为周镖师的侍从，加倍付了工钱，后来还让他读书。海张五看见金镛艺高胆大脑子灵，料想将来定可成为赫赫有名的武林高手，如果把他哄住了，自己的儿子、孙子将来何愁没名镖师？于是他把金镛叫到跟前说："老爷向来爱才如子，今送你一样东西。"边说边把墙上的战刀摘下来，做出庄重的样子双手递给金镛，并告诉他，这是僧格林沁亲王的宝刀，现转送给你，望你日后武技大进。韩金镛双手接过宝刀，感激地望着东家，可当时十二三岁的他如何能猜透东家的用心呢？从此，"僧王刀"就一直伴随着他。

从此，韩慕侠握着僧王刀苦练武功，长年不断；他还带着僧王刀云游名山大川，遍访武林高手；张占魁受聘于"直隶捕盗营务处"时，他带着僧王刀协助师父屡破奇案；八国联军侵华时，他协助师大爷李存义夜袭天津老龙头火车站，砍杀沙俄兵……

韩慕侠对僧王刀十分珍爱，平时轻易不拿出来示人。可是，在众多的友人和弟子中，有一人是例外，此人就是周恩来。在天津设武术专馆义务授徒时，有很多南开学校和北洋女师的学生受教于他的门下，周恩来就是其中的一个。他对弟子练功要求非常严格，尤其对基本功的训练更是一丝不苟。站桩是形意八卦武术的基本功，它一站就是半个钟头，甚至个把钟头，一动不动，站的时候，头、肩、腹、胯、手、足及意念都有严格要求，非常枯燥、非常辛苦。一些弟子总是轻视这些基本功训练，急于学习技击套路招式。而周恩来则遵照老师指授，认认真真去练，为后来习武打下坚实的基础。练完功之后，别人都纷纷离去，周恩来常单独留下与老师叙谈，论时局、谈前途，常到深夜。周恩来以勤奋好学、刻苦练功博得老师的喜欢，更以忧国忧民、宏伟志向取得老师的信赖，他们既是师徒，又是知己。

有一次还不等周恩来练功，老师便把周恩来叫到客厅，从柜子里取出一把宝刀，递与周恩来说道："翔宇，这是僧格林沁的战刀，这把刀我是轻易不肯拿出来的，今后你就用这口刀练功吧。"周恩来接过来一看，果然是一口宝刀，寒光闪闪，锋利无比，这把宝刀周恩来一直用了三年多。

父亲只有我们姐弟两个孩子，父亲对我们既爱又严。我四五岁时父亲就教我练武术基本功，不足 10 岁时就教我手拿僧王刀练八卦刀。后来我与父亲的弟子马逸林结婚，结婚时父亲送了一对鸳鸯剑给我们。不久，我和丈夫迁居北京，父亲就把他心爱的僧王刀赠予了我们。

20 世纪 40 年代，我们家住在西四南的东斜街一个四合院里，与著名的电影艺术家孙道临的父亲同住在一个大院内。有一天深夜，一声清脆的金属撞击声把我们从熟睡中惊醒，这响声像是一把敦厚的铜汤勺掉在坚硬地面时发出的一样，我们以为是隔壁家的猫碰倒我们桌面上的东西，不以为意。可是，不一会儿，又响起了一声金属撞击声，我们觉得不对，起来看看桌上的东西，一件也没有被碰倒。正在纳闷儿，忽而听见后窗外传来咚咚的撬砖声，我们马上意识到：有贼！我丈夫正要取下挂在墙上的僧王刀，我们不禁一震，刀已自己出鞘 2 寸许，我们马上意识到刚才这两声金属响声是钢刀发出的。我丈夫拿着钢刀，对窗外喊道："朋友，我已看见你们了，住手吧！"撬砖声马上戛然而止。我丈夫把僧王刀靠在墙根，跑到大院里喊醒街坊注意安全。就在这时，这伙贼人慌忙跳上隔壁房顶逃跑了。在贼人逃跑时，立在墙根的僧王刀当啷一声自己掉到地上。事情过后，我们觉得这把刀真有点不可思议。这件事过去近半个世纪了，我很少和外人谈起此事，现在才把它写出来。

1966 年"文革"开始不久，破四旧之风席卷全国，我家的刀剑当然属于破除之列。那时，我住在陶然亭附近。我把家里的八卦大刀、鸳鸯双剑、僧王刀等七八件兵器捆在一起，准备交到陶然亭派出所。我唯一舍不得的是这把僧王刀，于是我就写了一张纸条贴在僧王刀的刀套上。纸条的大意是：这口刀是周总理使用过的钢刀，最好能让我留作纪念，如果不能让我留下，请不要把它作为一般铁刀处理。我把这些刀剑上交后不久，陶然亭派出所的民警把僧王刀送还给我，这真使我喜出望外，激动异常。至今这张纸条仍贴在刀套上，我一直舍不得撕掉，以表达我对陶然亭派出所民警同志的深深谢意和敬意！

1969 年我得了半身不遂症。经医生精心治疗，病情明显好转，可是却落下了个后遗症，就是走路时往往不由自主地走歪了。我决心通过武术锻炼来对付它，每天清晨，我就带着僧王刀到陶然亭公园，练练八卦刀，打打形意五形拳。天天坚持，长年不断。由于我长期坚持锻炼，不仅后遗症完全消失，身体还越来越好，近八旬的人了，身体还算硬朗。

威服"震环球"康泰尔

1918 年，韩慕侠在北京击败了声震寰宇的俄国大力士康泰尔。

康泰尔是俄国拳师，2 米多高的个头，身高力大，他自言力能扛举大鼎，具有 14000 磅的力量。他除了力大外，还苦练拳术多年，自诩为天下无敌。在俄国革命前夕，康泰尔为了达到称雄世界的目的，带上夫人作环球旅行，每到一个国家，先进行武技表演，再进行拳术和拳击比赛。不到两年工夫，他打遍欧美非 46 个国家，没输掉一场。于是，康泰尔得到了"震环球""世界第一大力士"的美誉。中国——是康泰尔环球旅行荣归故里的最后一站。康泰尔知道中国是武术之国，中国武术为世界最上乘，他要与举世赞誉的中国武士角力，以显示他的"震环球""世界第一大力士"的美名是货真价实的。

康泰尔到中国后，先后在上海、浙江等地表演和角力，最后来到了北京。到京后，他下榻在东交民巷六国饭店最豪华的第一层第二套房间里。稍事休息后，康泰尔就到北京当时最大的剧场、前门外第一舞台进行表演。表演第一天是 1918 年 9 月 3 日。表演的第一个节目是"扎钉"，康泰尔把 10 多枚长长的铁钉一枚枚用手"扑扑扑"地拍进一个木方里，然后再用手"吱吱吱"地拔出来，康泰尔还得意地"咔"的一声把一枚铁钉折为两截。第二个节目是"蹬石磨"，康泰尔在舞台上撒一堆碎玻璃，然后赤背躺在上面，手托一盘石磨，脚蹬一盘石磨，最后是来了 10 个人，5 个人一拨分别爬到石磨上，康泰尔却纹丝不动。第三个节目是康泰尔最得意的一个。康泰尔把一条长长的铁链绕在脖颈上，铁链的两头远远甩在左右两边，30 名汉子一边 15 人拽住铁链用力猛拉，像拔河比赛一样。铁链咔咔作响，环环入扣，康泰尔被拽得面红耳赤、眼球外鼓，突然，康泰尔大吼一声，将头向左右一摆，两边的人登时趔趔趄趄站立不稳，接着他向后一退，头猛然向后一仰，那 30 名汉子便撞成一团，纷纷倒在康泰尔脚下，康泰尔却狂笑不已。康泰尔这些表演，无非是显示自己力大无比而已。康泰尔一连表演数日，盛况空前。康泰尔便趾高气扬，不可一世。于是康泰尔要在中央公园（现中山公园）"五色土"举行"环球大力士第二次比武大会"。康泰尔选择在

"五色土"比武，就是为了让世人看看他是如何在中国皇帝祭祀的地方打败中国武士的（第一次比武大会是在 1908 年，万国大力士在英属非洲比武）。

康泰尔决定举办第二次万国赛武大会后，于是就电邀各国力士与赛。不久，康竟收到 20 多个国家的力士回电，表示准时参赛。9 月 13 日，《晨钟报》刊登了一帧 20 多个外国参赛大力士的照片，身高体壮的康泰尔站在正中，各国大力士双臂抱胸分立于左右。康泰尔主要是想与中国武士角赛，但当时中国没有官方的武术组织，只有天津中华武士会唯一的一个民间武术团体。于是，康泰尔便致函邀天津中华武士会与赛。在比武之前康泰尔每天还在"五色土"表演一场。

为了给第二次万国赛武大会造声势舆论，从 9 月 11 日起，北京不少报纸头版都刊登了赛武大会的广告。

天津中华武士会接函后即商与赛大事。我父亲原是武士会创办人之一，后因自己办武术专馆退出了武士会。参赛之事本与父亲无关，因父亲武功好，故中华武士会会长李存义和张占魁多次到我家邀父亲参赛。后来父亲谈到此事时说："侠虽不欲问其事，但事关国体，义不容辞，遂允与往赛。"时年父亲 42 岁，我 5 岁。母亲知父亲参赛后，心情既兴奋又担心，母亲知道父亲武功绝伦，获胜的可能性很大，赢了既可为国人扬眉吐气，又可光宗耀祖。但她心里明白，打擂毕竟有性命之虞，凶吉难测啊！母亲怎能不担心焦虑呢？她天天焚香祷告。父亲临行前，再三嘱咐母亲不要流泪，不要送行，不要惊动众弟子。然而父亲进京打擂之事弟子们早就传开了。父亲出发那天，随他练武的南开、北洋女师的学生请假来为父亲送行，他们依依不舍地紧随老师到天津北站直送老师登上进京的列车。天津武士进京与赛之事在 9 月 13 日的天津《益世报》有报道："此次中央公园开万国赛武大会，所邀集各国大力士共有七国

23 人，均系著名武士。天津中华武士会以吾国武术一门最为擅长，未便他让，已于前日约山东等武士 50 多人到京，欲与各国力士一为较量，闻中华武士会会长李存义已 70 多岁，门徒极多，此次来京，必与各大力士决一雌雄。"随后《益世报》又写道："王俊臣、李剑秋、张远斋、韩慕侠四人武技最精，被公推为角赛领袖。"

韩慕侠进京以后，一个人径直向中央公园走去。他对打擂之事未敢有丝毫的轻敌，先来到五色土，台下站了很多人，台上却空无一人，康泰尔等还未到；见台上有两个大木箱，知是康泰尔表演的器具，他一跃而上，搬动木箱掂掂分量。不一会儿，康在众洋力士的簇拥下趾高气扬地来了。韩慕侠在台下看康泰尔表演，见康果然力大无比，不由心里暗暗吃惊；又仔细察看了康的动作，心里便有数了。看后便回投宿的华兴旅馆。

即将开始比武时，中华武士会派代表王亦韩武士与康泰尔谈判比武条件。康泰尔提出比武以将对手携起抱持三分钟者为胜。显然他认为中国人个头小，只要我抓住你，不管你武功多高，也休想活命。王亦韩根据众武士意图提出：双方比武必须在五分钟之内决胜负，死伤勿论。康泰尔先是一愣，然后哈哈大笑，连声说好，双方拟定了一份生死文书。

自康泰尔签订生死文书后，却被我中华武士为国争光的凛然正气所震慑，甚感惶恐与后悔。于是他送厚礼勾结当时的警察总监吴炳湘和步军统领李长泰，强行把比武改为演武，所谓演武就是通过各自的表演区分高低名次。9 月 16 日的北京《顺天时报》写道："天津中华武士会此次应万国赛武大会之招，到京参与原拟俄国大力士康泰尔君比赛，为我国武术大放光明。不意临时奉警察总监之令，谓中华武士到京与赛，热诚爱国之志甚可嘉，但比赛武力势必不能相让，恐有生命之虞，故许改为演武。"

众武士对警察总监等人的行径强烈不满。韩慕侠愤然地说："生死何足惜，倘不一搏，致康君携奖而归，直视我国为无物矣！"韩慕侠提议这擂不打也得打，警察厅不让，咱们就到六国饭店去。于是，韩慕侠、张占魁、李存义、王俊臣（时任保定高等师范学校武术教员）四人当晚8点多直奔六国饭店去会康泰尔。

康泰尔听到中华武士会的武士找他，料到是有关打擂之事，见面之时，康泰尔故作热情，说了声："你们好！"便伸出手来欲与走在最前面的韩慕侠握手，韩慕侠刚要伸出手去，突感对方有诈，于是还了一个中国武士常用的双手抱拳礼。康原想趁握手时把对方的手骨捏碎，韩慕侠急中生智，使康的阴谋成了泡影。互通姓名坐下后，韩慕侠问康，为何要将比武改为演武？康推说是警察总监不准，干我何事，接着便谈到武术之事。康先吹嘘自己武技如何了得，未遇敌手。韩慕侠针锋相对地谈了中国武术如何之精妙，并对康说："如果较量的话，不用我师父和师大爷，我只用一只手便将你击倒，而且让你不知是怎样被打倒的。"康泰尔轻蔑地一笑说："韩先生是否在儿戏？"韩慕侠马上说："康君如若不信，可马上一试如何？"康泰尔勃然大怒，斜视韩慕侠一眼，咄咄逼人地说："你个头太小，一动手，我抓你，就像抓一只小鸡一样，不扛打！"其实，韩慕侠个头一米八多，在我国是高个了，就是在外国也算是中等个头了。面对康泰尔的猖狂，韩慕侠反唇相讥地说："我没有金刚钻，也不揽瓷器活，我平素专打大个子，我摔你，就像摔死一只耗子一样，不费劲！"康泰尔一听气得哇哇怪叫，像一头发怒的雄狮，在房间拉开架势，准备拼命。他向韩慕侠喊道："韩先生，请进招！"韩慕侠沉静一笑说道："还是请客人先进招！"怒不可遏的康泰尔一拳打来，韩慕侠向旁一闪，把这致命的一拳化解了。康见第一拳落空，霍地伸出了右手，直奔韩慕侠的咽喉掐来，几乎同一刹那，韩慕侠用八卦掌的"挑掌"往上一撩。康泰尔这一凶招未着，更红了眼，翻手就抓韩慕侠的手臂。康泰尔想凭自己身高优势，只要将韩慕侠抓着，悬于空中，任你有天大本事也无济于事，然后再把你摔个半死，这也是他周游世界角力获胜的诀窍。然而，韩慕侠也早就想好了对策，康泰尔虽力大无穷，而他的致命弱点是笨拙，反应慢，跟他比武，灵活快速就可制胜。当康泰尔伸手要抓韩慕侠手臂时，他自己的右肋就暴露了出来。说时迟，那时快，韩慕侠抓住这一瞬间，下盘先用了一招"勾连腿"勾动康泰尔的双脚，康顿时脚下无根。这是韩慕侠常说的与别人交手比武的"绝招"，自己变成三条腿，对方只有一条腿，意思就是使对方重心不稳，借对方的力击打对方，对方的劲越大，被打就越狠，这是一种借力的绝招。就在康泰尔身形一晃，失掉重心之际，韩慕侠运用"天魔小丑皆罢休，铜墙铁壁一齐摧"的垂手法，一个八卦转环掌，左手隔开康伸来的右手，右掌以迅雷不及掩耳之势、开碑劈石之功力，一个"虎扑"，重重地击在康泰尔的前胸华盖穴上，韩慕侠的掌力借上康泰尔前冲的拙力合在一起，轰隆一声，康应声而倒，跌出丈外，如半堵墙壁坍塌下来。康泰尔呀呀惨叫一声，呕吐不已，晚餐的美食全翻吐一地。康泰尔仰面躺在地上，动弹不得，只剩下喘气之力。韩慕侠喝叫康泰尔站起来再继续比武。韩慕侠之所以要再比，缘万国赛武大会有金牌11面，能赢康泰尔一次奖一面。韩慕侠11面金牌都要，故非与康泰尔比武11次不可。康泰尔连连求饶，表示认输，当时命令把世界第一大力士标榜撤销，11面金牌全数让与韩慕侠。众武士们得胜离开六国饭店，已是深夜了。

我长大后曾问过父亲，为何能不过三个回合就把康泰尔打败？他说："康泰尔的气力虽大我四倍，可我的迅速快他五倍，他焉有不败之理。"

韩慕侠击败康泰尔的第二天，也正是把比武改为演武的一天。那天五色土人山人海，警察总监等一大帮达官贵人也在场。康泰尔不敢露面，中华武士会的武士硬把他"请"来了。演武之前，先由中华武士会的代表王亦韩发表演说。王亦韩在演说中谈到了中华武士会此次到京宗旨有三端："首在与康大力士比武，为我国武术大放光明；次则此次赛武所得抽成之款愿助捐徐属兵灾，故勉尽义务以助诸君雅兴；三则与京师人士提倡国粹，振我中华……"

王亦韩演讲完毕，演武开始。首先上场表演的是刘楚轩的八式拳、卞蠡洲的十二洗锤，两人的精彩表演引起台下掌声四起。接着是韩怡庵的连环枪；秦月如的六合枪、四门龙形朴刀；齐励学的虎头钩；李呈章的连环拳、拦门枪；李剑秋的八式拳、青钢剑；李星阶的新形剑、拆拳；勒振起的杂式锤、十绝剑；张世广的八卦双刀；李子扬的锁口枪、行步六剑；王俊臣的进步六剑；张福仁的双戟；韩慕侠的四把拳；王俊臣、张世广对击三才剑；赵华亭的八卦刀；胡仲三的春秋大刀；胡仲三、张福仁的地趟刀……表演一个接一个，叫好声一阵连一阵。中华武士会表演最后一个最精彩的节目是韩慕侠徒手夺双刀。首先出场的是著名武术家张世广，他手持双刀，在舞台上舞耍起来，寒光闪闪、满场生辉，观众掌声阵阵。随后，韩慕侠一个旱地拔葱跳上台与张世广对打起来，只见一个手持双刀连杀带砍，咄咄逼人；一个赤手空拳，翻腾跳跃，有攻有守。两个厮杀几十回合仍不分胜负。徒手夺双刀本是韩慕侠最擅长的，可今天他的对手是著名武术家，加之擂台狭窄，双刀总是夺不得，可张世广也伤不着韩慕侠皮毛，观众无不鼓掌欢呼，场上气氛达到了白热化程度。9月16日的《晨钟报》有描写："又有一中国武士以空拳夺双刀，因台上地窄，不敷施展故虽未夺得而武技已甚佳，康力士观之大为咋舌。"

中华武士会演武半小时后，外国武士开始表演。康泰尔表演了两个节目。第一个是举铁球，他大吼一声把一个号称重14000磅的巨大铁球举起，并在台上来回走动，显得不怎么费力。第二个节目是举钢轨，他先把一根丈余长的钢轨举起，然后每端各攀上五人，然后绕台走了一圈。康泰尔在台下阵阵叫好声中下台。康离后一个叫王贵臣的武士跳上台来，围着"14000 磅"的铁球看看、敲敲、踢踢，他一弯腰，居然也把铁球举了起来。他又将铁轨举起，每端攀六个人绕台走了数圈。接着他又朝那堆"千余斤"铁链走去，用力一拽，将铁链折为八节。原来铁球是木制的，外边包上一层铁皮，重量只有几百斤。铁链有多节是锡制的。王贵臣武士大声笑道："诸君，这些玩意儿全是假的，康力士尽赚人！"话音刚落，又有好几名军人上台，举铁球，折铁条，哈哈大笑，顿时场内乱作一团。羞愧万状的康泰尔想趁会场大乱逃走，此时韩慕侠一跃登台，大喝一声："康泰尔，哪里走！"康一见韩慕侠，即瘫软在地。韩慕侠要求康泰尔把昨晚被打败的情况当众作一说明，康连连答礼说："我这就说，我这就说。"他慢腾腾站了起来，趁台上台下乱作一团，突然从擂台席缝间溜走了。韩慕侠见状一笑，也不追赶，此时台下看得真切，全场发出震耳欲聋的呼喊。至此，第二届万国赛武大会就这样结束了。

韩慕侠他们在离京和回津时，都受到盛大的欢送和迎接。父亲回津时，母亲带着当年 5 岁的我与父亲众弟子一道，至天津北站迎接父亲凯旋。当时，整个站台人声鼎沸，鞭炮锣鼓齐鸣，我一见父亲，就迫不及待扑到父亲怀里，父亲抱起我，抚摸着我的头，亲了亲我的脸，当时我高兴极了。

韩慕侠把战胜康泰尔赢得的 11 面金牌全部献给了中华武士会。经过武士会研究，为表彰其功劳，决定把大金牌赠送给他。其余 10 面小金牌按照韩慕侠的意见存于武士会，俟后有与外人较胜，以此奖之。10 月 10 日，武士会开庆功大会，由会长李存义把大金牌赠与韩慕侠。下午，大家提议请河北公园照相馆摄影师到武术专馆照相留念。父亲靠正中的桌子坐下，桌子上方中间摆上大金牌，再上方是一把达摩剑和达摩像。我站立于父亲的身前，众弟子分立于两侧。

为了招揽生意，照相馆还把那张照片加洗放大，又把韩慕侠舞剑肖像索去，一并摆在橱窗里，以致每天围观者不绝。

令人感兴趣的是康有为先生和康小八两人，于1918年10月3日著文天津《益世报》，对康泰尔进行了无情的嘲讽，并在报上写明不受稿酬。现将原文引录如下：

康有为康小八合致康泰尔书压尘

昔人云识时务方为俊杰，能量力斯称君子。今汝假力士之名出言狂放，挟缚鸡之技自号千斤，有眼无珠藐视中华，思之令人痛恨。汝个人之名誉固不足惜，所可痛者我康门中因此坍台耳。查我康门非文即武，文有圣人之称，武有壮士之誉，文则满腹经纶，保皇室无二心，武则浑身铁骨入刑场不变色。不意汝甫经摧挫遽尔潜逃，我康门一姓从兹扫地矣。西厢句有银样镴枪头者殆汝之谓欤。爰于某日已摈汝于族外，我大好中原从兹无小子啖饭地矣。小子有志即应远涉重洋，吾辈则当引郑庄之誓曰：不及黄泉毋相见也。

（不受酬）

韩慕侠在万国赛武大会上击败康泰尔，是我国武林史上一件大事。天津名士郭登瀚于1920年10月用一块黄绫绸缎撰文记录韩慕侠赴京打擂的全部经过，并精心制作极其漂亮的纪念插屏一帧，把黄绫绸缎的撰文和大金牌安放在里面，这面精致的纪念插屏至今我们保存很好。撰文是用漂亮的楷书所写，内容如下：

康泰尔者，俄国之大力士也。力能屈钢轨断铁链。据报云：力胜一万四千磅，遍历欧美比武，角力无出其右者。戊午夏来我国，售技于津沪间，每一献技，观者惊绝。是年秋开万国赛武大会于北京中央公园，函约各国武士，并备小金牌十、大金牌一，以奖最后之胜利者。津门武士会武师之汇归也。得信后正复迟于力畴抵御。韩先生慕侠独毅然愿往。八月初九日晋京赴会，当被警厅劝阻，恐伤人命致起外交。先生抚然叹曰："生死何足惜，倘不一角，致康君携奖而归，直视我国为无物矣。"乃经谒康君于六国饭店。通报后，略谈我国武术之精妙，康君望然有轻色，遂各交臂作势。迄未支撑格拒，而康君已仆矣。康君达人故未再角，奖章全数让与先生。先生授而献于天津武士会，作为永久纪念，可见先生之争，非为一己荣耀之争，实为天津武士会名誉之争，意即为我中华民国国粹之争也。戊午年冬十月，天津武士会以大奖章归先生旌有功也。

庚申冬十月

天津郭登瀚拜记

韩慕侠击败康泰尔后，在京津名声大振，被人们誉为"北方大侠"。

矢志尚武救国

我的父亲韩慕侠习武 20 多年，遍访名师，终得形意八卦武术真传，成了名震京津的武术名家。成功之后到底要干什么？这是摆在他面前的一个非常现实的问题。是当达官贵人、巨贾豪绅的保镖护院、护役走夫，或是从军授武，当捕头马快，还是当一个江湖大侠、洗雪不平？所有这些都不是他愿意干的。他追求的是用国术来强兵强将，建立一所武备学堂，用形意拳术来培养一支具有技击格斗之术的军队，以上保社稷，下卫家园。尽管他终身孜孜不倦地追求，但在黑暗腐败的旧中国，他这一理想是无法实现得了的。

由于韩慕侠身怀绝技，不少达官贵人曾以重金聘请，但均遭其坚决拒绝。因他一生最痛恨当权贵的"护役走夫""捕头马快"。

我在整理父亲书信底稿时曾发现有这样一封信："前清宣统三年，湖南巡抚杨文鼎曾招聚中国武术专家百数十人考弟优劣，侠适逢其会，忝膺首选，侠之同术人数人亦列前茅……杨抚欲聘余为侦探队长，然侠志不在此，尤不愿为虎作伥……决意辞却，北返津沽。"

韩慕侠在天津开设武术专馆义务授徒的时候，天津不少名流贤达都慕名拜访过他，当时的袁世凯大总统的长子袁克定也曾拜其为师学艺。袁克定初来之时，好不威风，武术专馆前站着两排警察，外面的马路三步一岗、五步一哨。一次，韩慕侠不客气地对袁克定说，只要你一来，这一带的百姓就不方便了。袁克定只好把警察撤走了。有一天，袁克定对韩慕侠说，大爷（指袁世凯）想见见您。总统要接见，岂能不去，于是随车前去北平。

袁世凯在他的办公室里接见了韩慕侠，并说办武术专馆屈才了，如果愿意，就到他的御林军或者讲武堂当教习。韩慕侠一听，立即明白了袁世凯的真正用意，这御林军和讲武堂是袁世凯恢复帝制的御用工具，遭到全国上下的反对。但韩慕侠亦清楚，若不答应此事，肯定招来麻烦；若答应，既毁了自己的名声，亦毁了自己的事业。他经过思考，将计就计地对袁世凯说："侠本武夫，发扬国术，特别是推广形意拳术，乃侠终身所愿。今民国已立，国民多羸弱，军队亦不振，总统大人何不拨款，建立一处武备学校，普及国术，强国强种，侠甘尽绵薄之力……"袁世凯一听，很不高兴，淡淡说道："建什么武备学校，这御林军和讲武堂不是现成的学校！"袁世凯停了一会儿又说："你实在不愿教武术，你留下，我给你安排个职位。"韩慕侠见袁世凯执意挽留，便只好说道："总统大人，侠不求荣禄，不求仕途，更不愿从伍，只想普及国术于民众，望大人见谅。"袁世凯看实在挽留不住，只好作罢。

但袁克定还不甘心，又劝道："大爷实在是器重您，他的意思是让您先在府里教武术，然后打算给您个直隶总督……"韩慕侠已看透了袁家父子的用心，便断然说道："我韩慕侠从武不从政，我还是办我的武术馆去！"

我父亲天生一副敢作敢为、好打不平的性格，他过问过不少人间不平事。有一件事情是我自己亲身经历的：

那是我七八岁读小学的时候。一天中午放学回家，途中经过一个菜市，看见一个富人买一对老夫妇的活鸭时强行赊欠，老夫妇不允，一扯一拉中，活鸭变成了死鸭。富人一看鸭已死，扭身要走，老两口当然拉着他要赔偿，双方越争越烈。我急忙跑回家把父亲拉来。父亲对富人说，老两口不容易，劝富人还清该账，赔偿死鸭了事。那富人不但不听，还骂父亲多管闲事。父亲见他如此蛮不讲理，也不答话，上前轻轻一托富人的下颌，富人痛得哎哟叫了一声，叫骂的大嘴就无法合上了。后来，那富人的家属向我父亲求情，并向老两口赔了鸭，还了账，道了歉，父亲才轻轻把富人的下颌一托，嘴就复了原位。像这样好打不平之事，父亲一生做了不知多少。但父亲不愿意凭借浑身绝技，满足于做一个浪迹天涯、好打不平的江湖大侠。

他认为强种强国必先强兵，而用国术来强兵强将最为便捷可行，因此，他想建立一所武备学堂，用形意拳术训练一支具有技击格斗之术的军队。这也是他苦苦追求的事业。经过深入研究，并察访了当时淮军和新陆军的训练，他认为用形意之术训练军队最恰当不过。据说形意拳为南宋岳武穆王所创。此拳精于击技，招数简单，却威力无比，可伸手见输赢，最适集体冲锋格斗。岳武穆王以此术训练岳家军，攻无不克，战无不胜。因此，他把在国民和军队中推广形意拳作为己任。他还对传统的形意拳术进行一些创新，兼有擒拿，使之更适合军队近战冲锋格斗。

韩慕侠的师父张占魁和师大爷李存义都大力支持他用形意武术训练军队的想法。他们经过商量，决定上谏当时清末最后一任直隶总督陈夔龙。陈夔龙为韩慕侠爱国之志所感动，接见了他。因为办武备学堂需大量财物，一时难以办到，商议后决定先在天津河北公园办一个武士会之类的民间团体，待后逐步壮大再改办武备学堂。

就在武士会将要成立之际，恰好赶上了改朝换代，大清垮台，民国成立。为了使武士会名正言顺，张占魁就去找他的表哥、赫赫有名的冯国璋相助。终于在民国元年六月，经教育部、陆军部、内务部考核备案批准，中华武士会在河北公园南头正式成立。冯国璋亲自担任中华武士会名誉会长，并亲笔题了"中华武士会"五个大字。李存义任会长，张占魁任副会长。

武士会成立后，韩慕侠一心扑在用形意武术训练军队的事情上，但武士会大多数同人不同意他的做法，认为应把武士会办成团结各地武林英豪，推广国术的团体。由于他和多数人办武术会的宗旨分歧越来越尖锐，两年后，他就离开了武士会，自办了武术专馆。

退出武士会后，韩慕侠的雄心壮志一直未泯。民国 8 年（1919），韩慕侠上《万言书》于当时的代大总统冯国璋，恳请冯助他创办武备学校。这《万言书》的底稿我至今仍珍藏着。

然而，《万言书》呈上之后，犹如石沉大海，毫无回音。当时的北京政府，正是黎元洪、冯国璋、徐世昌、段祺瑞、曹锟等"你方唱罢我登场"，疯狂争权夺位的时候，谁能顾及建什么武备学堂呢？冯国璋很快被徐世昌赶下台，转年即殁。父亲的抱负终成泡影。父亲每讲到此事时都悲愤地说："我空有爱国心，却无报国门，有愿难遂啊！"父亲写《万言书》时 43 岁，在近 50 岁时，在张学良将军的支持下，他尚武救国的抱负得到了部分的实现。

韩慕侠与张少帅素有交往。一天，张少帅在天津拜访正赋闲在家的韩慕侠。张学良劝他出来做点事，打算请其从戎东北军，用武术训练军队。韩慕侠觉得自己创办武备学堂的宏愿不能实现，能直接用形意武术训练军队，对自己也是个安慰，于是答应了。张学良令十六军军长拨 1000 名士兵，组成武术团，并任命他为武术团团长。团部就设在南开南门外于家坟洪元里一号我们家中，武术团的训练地点在几十里之外的杨柳青。

韩慕侠在训练武术团时，为区别其他士兵，他让每人都佩戴"武术团"的袖标。在训练士兵时要求是十分严格的，他用早已编好的形意枪法来训练军队，把形意连环枪简化后用来训练刺杀，也就是把劈枪、崩枪、横枪等形意枪法变化为刺、拨、挑、崩、劈五下刺杀动作，简单易学，很有实战价值。随后，又训练武术团集体冲锋格斗，整个练兵场杀声不绝。

在训练中，韩慕侠不但重视军事训练，还注重思想教育，给士兵讲近代史，讲岳飞精忠报国的故事，还把"三国战旗勇，首推赵子龙，长坂坡前逞英雄……"这首当时脍炙人口的老歌填入新词，以激励士兵。

当时我唯一的弟弟刚五六岁，父亲常常带他到杨柳青看士兵训练，父亲还特为弟弟做了一把木枪，弟弟喜欢不已，整日玩耍不止。

父亲早出晚归，在杨柳青训练武术团近两年。他用形意武术训练军队的目的主要是针对日本的威胁。为了破日军的拼刺，后来他决定将武术团改为大刀队。所谓大刀，就是二尺长的把和不轻不重的刀片，又称为"双手带"，用八卦形意"裹头缠脑"，顺步砍，左右砍，连剁带劈，动作虽简单，却使敌人防不胜防，即使敌人不人头落地，也会把敌人枪支的准星磕坏，使其失去战斗力。

就在大刀队全力进行训练时，一个无法解决的难题出现了。由于层层克扣，大刀队的士兵领不到军饷，士兵们以停止训练表示抗议。父亲忙请示上头，上头却互相推诿。他一气之下，回家要把仅有的近百块银圆拿来发给士兵。此时，母亲由于生弟弟闹下了月子病，经多方医治仍不见好转，已瘫在床上很长一段时间了，那时的月子病是很难治的，母亲自知时日无多，二话不说把钱交给了父亲。父亲的这点钱，每个士兵只分得十几个铜板。不久，大刀队便传出了歌谣：

> 武术团，
>
> 真敢干，
>
> 不发机关枪，
>
> 专耍大刀片……
>
> 大刀队，
>
> 真英雄，
>
> 十二个铜板打冲锋……

不久，母亲便去世了，悲痛欲绝的父亲为母亲举行隆重葬礼。办完丧事后，父亲又匆匆回到杨柳青，岂料仍领不到军饷的士兵又拒绝训练。父亲彻底失望了，他要训练"中国岳家军"的夙愿又变成了一场空梦。于是父亲便愤然回到家中。

后来，听说他所训练的大刀队在东北军易帜后，被编入宋哲元的二十九军。"九一八"事变之后，在日军疯狂进攻喜峰口、古北口的战役中，大刀队奋勇杀敌，砍杀无数敌人，袭击了日军炮兵阵地，毁大炮，烧辎重，给疯狂的日军以沉重的打击。父亲听到这个消息后悲喜交加，悲的是自己精心培育的大刀队多数壮烈殉国了，喜的是大刀队在抗日中终于显示了威力。

张学良的胞弟张学思、张学铭也常与父亲来往。张学铭出于敬慕父亲爱国之志，坦荡之胸怀，他见父亲喜欢琴棋书画，于是便赠了一方铜砚给父亲。铜砚上嵌着一块玉，还刻有一棵苍松，旁边写有"敬赠韩慕侠老师"，并刻诗两句："偶然貌得真松树，试问真松复貌谁?"

义务授徒　呕心沥血

韩慕侠把在国民中推广国术作为终生的己任。1915 年，南开学校校董严范荪和校长张伯苓聘请韩慕侠任武术教员。3 月 15 日，韩慕侠在南开学校上了第一课——修身课。修身课即对学生进行自身修养教育，每周一次，每次都由校董或校长亲自上课。而这一次校长破例把这节修身课让给韩慕侠，内容是请其舞剑，讲授武术，进行爱国主义教育。韩慕侠走上讲台，按新礼节向同学们敬了个礼，然后表演了一趟纯阳剑术，韩慕侠精湛的表演获得了同学们经久不息的掌声。舞完剑，开始讲课，讲课的中心内容是，重文轻武是闭关锁国的一大弊端，当此列强竞争最烈之时，非人人自强不足以立国，非习武健身不足以卫国……讲课结束后，张伯苓校长对他说："同学们不但为你的剑术所陶醉，也为你的口才所折服。"

韩慕侠在南开学校成立了柔术团，各年级学生踊跃报名习武，使他兴奋不已。数日后，学生们自办的《南开星期报》（1915 年第 37 期）还专题报道了此事。

韩慕侠是一面自己开设武术专馆，一面到南开学校任教的。后来，因武术专馆逐渐扩大，事情增多，便辞去了南开学校武术教员的职务。

有不少南开学生还继续随其在武术专馆习武，青年时代的周恩来就是其中的一个。

1919 年 9 月，韩慕侠呈书直隶省长，要求为自己创办了三年多的武术专馆立案。

武术专馆是设在闹中取静的宇纬路宝兴里一套四合院内。这套四合院是父亲变卖了家产租来的。四合院修葺一新，东西六间厢房分别为男女练功房，正面为迎客厅，后里为寝室、伙房。迎客厅布置得很有气势。迎面一大横匾，书写着"武术专馆"四个苍劲有力的大字，这几个字是黎元洪写的，并有他的签名。客厅中间是一幅达摩像和一把达摩剑。画像左右各一条幅。左幅是：剑匣之中有龙气；右幅是：酒杯之外皆鸿儒。此外，墙壁上还有两对巨幅的条幅，每对条幅又都有左右两条幅。

韩慕侠在《益世报》刊登义务授徒启示，声明授徒不讲贵贱，不分男女，也不问工农学商，只要愿意习武，都认真教之。这一新闻在当时引起很大反响，有不少名家弟子纷纷慕名来拜师。其中有袁世凯的长子袁克定，有曹锟的女婿等。也有不少南开学校和直隶女师的学生前来学艺。南开学校的学生有周恩来、于文志、梁镜尧、何树新和岳润东等；北洋女师学生有刘清扬；直隶女师学生有乔咏菊、乔咏荷姐妹俩等。

在父亲的女弟子中，刘清扬是第一个主动上门找父亲学艺的。父亲深为刘清扬的勇气所感动。刘清扬到武术馆学艺后，我母亲也甚为高兴，两人和睦相处，亲如姐妹。刘清扬习武半年，便在女师毕业了，她准备自己办一所大同女校。她找父亲商量办学时说："我办的这所女校，凡要求入学的学生，不许缠足，不穿旧装，要留短发，穿裙子，不但学文化，学西方文明，还要习武。如果先生同意，我想聘先生为我校武术教员。"父亲非常高兴地答应了，父亲还动员母亲到女校的妇女补习班学习。后来，刘清扬也和周恩来一样，赴法国勤工俭学。赴法之前，刘清扬送了一张她和一个觉悟社女社员的合影给父亲作留念。这张照片我至今仍珍藏着。刘清扬后来成为我国著名的女革命家。

父亲的女弟子乔咏菊、乔咏荷是姐妹俩，是直隶女子师范的学生。这"二乔"的父亲是天津大商贾、"敦庆隆"的大老板、天津火车站站长、会讲六国语言的开明绅士乔泽宋。乔泽宋是我父亲的好朋友，平时经常来往。"二乔"习武很能吃苦，进步很快，论武功她俩在女弟子中算是最好的。后来她俩也分别走上了革命道路。

父亲有一个弟子叫岳润东，是比周恩来晚入学一年的南开学校的学生。当他来拜我父亲为师那一天，父亲知道他是岳飞的后代，非常激动，竟单膝跪在地上，纳头便拜。父亲平生是最钦佩岳飞的。岳润东的父亲是个庄稼人，我父亲对岳老先生也非常敬重，彼此成了莫逆之交。岳润东到武术馆后，父亲把他当亲儿子一样，言传身教，并承担了他一切学习费用。岳润东毕业后，父亲鼓励他不忘先祖，于是他便毅然投笔从戎了。

父亲是终生义务授徒，一些家穷的弟子不但没交学费，还吃住在武术馆。武术馆兴旺时，吃住在武术馆的多达几十人，而且因练武消耗大，吃得多还要吃得好。而我家不宽裕，靠什么维持武术馆呢？一是父亲往来于大商贾名流之间，以取得资助（由于父亲的名气大，资助者不乏其人）；二是名人的子弟拜师时送厚礼，父亲也不推辞。比如袁克定第一次拜父亲为师时，听说送上了一只纯金的小金马和一小箱银圆。我记得父亲只要手头宽裕，过年时就在桌面上放着一个盘子，盘子上放满了两块为一摞的银圆，谁家有困难，只要说一声，就可拿走一摞。

父亲对随他学艺的众弟子都能做到沥血传真技。他在教授弟子时，总是言传身教，授之拳术，讲明拳理。这是一般保守的拳师所做不到的。所以，使随父习武者能在短期内学得真谛奥蕴。

1918 年夏天，天津博物院召开了北方各省著名武术家武术表演大会。应博物院院长华学涑先生之邀，韩慕侠带领众弟子参加此会。大会开幕时，人山人海，连那些外国驻天津使节也都纷纷前来观看。武术表演开始时，数十名武术家不分派别、拳种，都亮出了自己的拿手功夫进行精湛表演。韩慕侠的女弟子乔咏菊、乔咏荷表演时，把大会推向了高潮。第二天，报纸以"击技精熟"为题进行了报道。

韩慕侠在大会上表演了形意八卦、双头蛇和连环枪。在热烈的掌声中，他还进行了慷慨激昂的演讲。历时一个月的武术表演结束后，韩慕侠所带参会的 13 名弟子均获武士奖章，而博物院独以"武师奖章"赠与韩慕侠。

事后，韩慕侠的弟子、南开学校学生梁镜尧特制插屏一帧，真实地记录了这次盛会。这张命名为"武师玉"的插屏以及父亲荣获的武师苍玉牌，我们至今仍保存完好。

韩慕侠在自己的武术专馆传授弟子获得成功，当然深感快慰。但他时刻未忘在国人中推广国术，于是，他要他的弟子于文志、梁镜尧（此时周恩来已到日本留学了）等南开学生起草《敬告国人练习形意拳提倡武术书》在报上发表，号召大家学形意拳国术。广告一登，果然又有多人前来练武。

周师哥办大事去了

在父亲众多的弟子中，给我印象最深的是周恩来。这并不是因为周恩来是我们的开国总理我才这样说，而是周师哥（父亲的男弟子我都称师哥，反之他们称当时只是稚童的我为师妹）对我最和气、最好，故我最喜欢他。

　　周恩来在南开学校读书时，住在元纬路元吉里他的伯母周杨氏家，离我们的武术专馆很近。胸怀大志的周恩来练武一是为了健身，二是为体察民情，因为到武术馆练武的是什么人都有。周恩来当时是住校生，回家时常到武术馆来。当时我刚4岁，很淘气，总喜欢跟在师哥们后面模仿他们的动作，师哥们都嫌我碍手碍脚，都"去、去、去"地赶我，弄得我常常噘着嘴不高兴。但周师哥就从不赶我。周师哥练八卦掌是非常刻苦认真的，常练得汗流浃背。我很喜欢跟在他的后面模仿他走八卦步，两只胖胖的小手一比一画，煞有其事。周师哥也总是高兴地把我举起来，一边在空中旋转，一边说："我长劲儿！你长个儿！"休息的时候，周师哥还总抱着我，指着墙壁上一首皇帝迎接凯旋将军的诗说："小师妹，这首诗写得多好啊，我教你唱。"周师哥哼起很好听的调子教我唱起来："大将南征胆气豪，腰横秋水雁翎刀……"唱起来好听极了，直到现在我还常常不知不觉地哼唱起来。

　　我父亲几代都是独苗，父亲近40岁仍未得子，便将我二姑姑的长子过继过来，取名韩幼侠。韩幼侠与周师哥年纪相仿，两人便一起练功，但韩幼侠远不如周师哥吃苦认真，尤不愿做那些基本功训练。父亲常批评韩幼侠说："你看人家翔宇，肯下苦功，就长功夫。"有一次，父亲实在气不过，打了韩幼侠一顿，并罚他面对墙壁举铁棍。韩幼侠累得大汗淋淋，周师哥代他求情："韩先生，饶过他这一次吧，我们再认真练。"父亲见周师哥求情，就饶了韩幼侠。后来，两人练功进步都很快。

　　父亲有两个师兄，一个叫刘锦卿，一个叫刘潮海，他们平时和父亲一起在武术馆授徒，吃住都在武术专馆。有一年临近过年，刘锦卿没有到武术馆来，父亲正纳闷，忽见刘锦卿的妻子哭着跑到武术馆，父亲一看知道情况不妙，跑到刘家一看，原来刘锦卿因没钱过年，一个堂堂武术家养活不了妻儿老小，一急之下就要自缢，幸亏被邻居救了下来。父亲安慰了师兄一番，回武术馆取出几块银圆交予刘氏。在送刘氏时，忽然看周师哥正抱着我，便把我接过来，要将我手上的银镯子撸下来送给刘氏，并嘱咐送到金店兑几个钱用。可是，年幼的我不知人世艰难，又哭又闹，说啥也不肯。这时，周师哥忙哄我说："小师妹，咱不戴那个，戴那个勒手，怎么练功啊！"我平时很听周师哥的话，于是我就不很情愿地把银镯子摘了下来。

1917年农历正月十二日，是父亲40岁生日。曹锟、冯国璋以及天津各界名流都驱车前来为父亲祝寿。父亲一再对弟子说："不要买什么礼物，买点花炮放放就成啦。"傍晚时，父亲和弟子们来到院子，在欢乐声中放烟花鞭炮，周师哥抱着我，我看着五彩缤纷的烟花，高兴得手舞足蹈，突然，我感到手臂一阵灼痛，便哭喊起来。周师哥一看，见我的衣袖里头冒烟了，便说道："哎呀，烧着你啦！"赶紧把火星扑灭。放完烟花鞭炮，父亲和弟子共进便宴，然后一起合影留念。

我现今保存着两帧周师哥的珍贵照片。一帧是周师哥在日本留学时寄给父亲的半身照。1917年，周师哥从南开学校毕业打算去日本留学，父亲对此很是支持，并予以资助。周师哥到日本后，寄回一封信及照片给父亲，可惜信没能保存好，但照片却一直完好保存至今。

第二帧照片是周师哥于1920年赴法国勤工俭学前夕，在武术馆前的合照。照相时，人员一字儿摆开，父亲立于中间，周师哥紧靠父亲，我持剑立于父亲前面。刘锦卿、刘潮海及其他学生依次排开，留下了永久性的纪念。

1976年，唐山大地震时我们都搬到楼下地面居住，我突然想起周总理的照片仍在楼上，年已六十出头的我不顾别人劝阻，跑上五楼，把照片、周总理用过的"僧王刀"以及父亲打康泰尔所得的那面大金牌抱了下来。

　　我父亲和南开、女师的学生弟子结下了很深的情谊。每当他谈起周恩来、刘清扬等人时，常常感慨地说："我教他们如何强身，他们却教我怎样做人啊！"周恩来、刘清扬等学生的爱国思想和行动，确实给他以巨大的教育和鼓舞。

　　1919 年，北京爆发了震惊中外的"五四"爱国学生运动。天津学界立即声援支持，爱国学生举行罢课，走上街头示威游行，集会讲演，高呼"还我青岛！""取消二十一条！""惩办卖国贼！""拒绝巴黎和约签字！"等口号。当时天津支持北京"五四"运动的学界主要有两支力量。一支是以周恩来、马骏等为代表的南开爱国学生，他们成立了天津学生联合会；一支是以刘清扬、郭隆真、邓文淑（颖超）等为首的直隶第一女子师范学校的爱国学生，她们成立了女界爱国同志会，刘清扬被选为会长。

　　天津学生为了把支持北京"五四"运动的斗争引向深入，于是他们决定在天津河北公园召开"国民大会"，发动社会各界支持爱国学生的斗争。在"国民大会"召开的头天晚上，刘清扬来到武术专馆对韩慕侠说："老师，明天我们在河北公园开国民大会，您德高望重，请您参加大会，支持我们！"韩慕侠听后高兴地说："你们学生了不起，干大事了，咱这武术馆的弟子不少是南开的和女师的，支持你们义不容辞，明天我一定带弟子去开会助威！"第二天一早，韩慕侠率领众弟子来到河北公园，公园大门上悬着巨幅横额，上书"国民大会"四字。进了公园，中心一个亭子上贴着一副对联。上联是"振民气合民力万众一心"；下联是"御国敌除国贼匹夫有责"。看了这副对联，使人热血沸腾，斗志倍增。下午 1 时，公园聚集了几万人，国民大会开始。首先，南开学生马骏上台发表了慷慨激昂的讲话，话毕，群众报以热烈的掌声，不断高呼"还我山东！""共救国难！"等口号。接着刘清扬昂首阔步走上讲台，以洪亮的声音代表女界爱国学生讲演，她说："本日开会，最关紧要者，有两个目的，一为要求商会罢市，电请政府严办卖国贼，以平民愤；一为保护各省爱国学生，不得加以逼害。倘政府无正当办法，誓死不能开市、上课……"她的讲演，不时被掌声和口号打断。随后，天津商会在爱国学生的感召和敦促下，正式宣布了罢市。韩慕侠通过参加学生的爱国斗争活动，也深受感动，深受教育，并对学生的爱国精神深表钦佩。

随着斗争的深入，周恩来、马骏和刘清扬等学生领袖认识到，要发动群众，开展更大规模的斗争，必须有舆论工具，需要办报纸。他们为了筹款办报，经商量决定再一次在河北公园搞义演募捐。韩慕侠知道后高兴地对刘清扬、周恩来说："你们学生编剧搞义演，我可以从中协助，带弟子练武搞义演。"当周恩来、刘清扬感谢他的支持时，韩慕侠却诚恳地说："教武术，我是你们的老师；做人，你们是我的老师。从你们身上，我看到了国家的希望，你们干的是真正的大事业，我作为一介武夫，尽绵薄之力，责无旁贷。"韩慕侠还请张占魁、李存义两位武师一起参加义演。义演那天，先由刘清扬讲演，接着韩慕侠第一个出来表演，他表演了八卦拳、八卦刀和形意锁口枪。张占魁已年过半百，打了一趟八卦拳。李存义年过六旬，仍精神抖擞地表演了单刀和形意拳。接着弟子们纷纷上场，刘清扬表演了八卦剑，乔咏菊、乔咏荷姐妹俩也作了精彩的表演。最后，由韩慕侠与弟子们集体表演了精彩的"打瞎蒙"：首先韩慕侠上台拿出一条毛巾，让人结结实实地把眼睛蒙好，接着说声"开打"，六个弟子同时跃上了台，个个像猛虎下山般围着老师厮打，老师左蹿右跳，前拳后脚，他不但好像没蒙眼睛，而且像前后左右都长了眼睛，想打哪个谁也跑不了。不一会儿工夫，台上已烟尘四起，台下人也看得傻了眼，直到六个人纷纷被打倒在地，老师才停下了手，赢得台

下一片喝彩声。"打瞎蒙"是韩慕侠练了多年的拿手好戏。经过三天的
演武和演剧募捐，果然有了一笔可观的收入。7月下旬，《天津学生联
合会报》正式出刊了。

　　在抵制日货的斗争中，不断发生日本浪人与奸商勾结，殴打爱国学
生的事件，当局不但不制止，反而逮捕爱国学生。反动当局这种倒行逆
施激起了天津爱国学生的强烈反对。天津所有学校学生到南开广场集
合，然后游行示威，由周恩来任总指挥，到省公署请愿。韩慕侠派全部
弟子随学生游行，以保护学生。学生游行队伍潮水般地向省公署涌去，
然而，省公署大门紧闭，迟迟没人敢出来。在同学们的强烈要求下，才
不得不出来一位官员讲话，并要游行学生派代表会谈。当时学生们一致
推选周恩来、郭隆真、张若名、于兰渚四人为代表，但是四位代表进去
后再也没有出来。同学们知道受骗上当，义愤填膺，砸了省公署的大
门。反动当局出动军警对爱国学生实行野蛮的镇压。

　　为了营救学生代表，刘清扬决定南下各省，号召全国各界联合会声
援，迫使当局放人。为了刘清扬的安全，韩慕侠亲送她乘上南下的列
车。随后，韩慕侠前往省公署，面见省长曹锐，要求当局尽快释放被捕
学生。曹锐假惺惺地说："慕侠老师乃闻名爱国之士，今亲来公署说情，
岂有不考虑之理。只是这些学生烧商店，砸公署大门，并殴伤军警，不
仅是闹学潮，而且触犯了刑法，故我暂时还不好放人啊。"韩慕侠针锋
相对地说："大人身为一省之长，此事定要慎重才好。学生抵制日货是
爱国之举，焚毁商店乃因奸商勾结日本浪人殴打学生所致。学生到省公
署请愿乃宪法允许，你们先抓了不少人不曾释放，这回又扣押谈判代
表，岂不让人耻笑。省长大人比我更清楚，如今闹学潮已是大势所趋，
愈抓愈厉害，愈抓愈激起民愤、遭各界唾骂，望省长大人三思而后行。"
曹锐无言以对。刘清扬乘车南下，先后到南京、上海、广州等地发起全

国各界联合会声援。半年之后，迫于舆论压力，当局不得不释放全部学生代表。

通过这场斗争，周恩来、刘清扬决定赴法勤工俭学，进一步寻求拯救中国的道路。韩慕侠对此非常赞成和支持，在周恩来赴法前夕，他率众弟子在武术专馆前与之合影，留下了永久的纪念。

父亲在南开、女师的弟子大都走上了革命道路。而我们家的生活一天难于一天。就在此时，母亲生下了弟弟。由于我们家几代单传，如今有了弟弟，父亲当然非常高兴。他为弟弟取名为韩少侠。这时由于生活紧迫，家中不得不辞退厨子，母亲生弟弟没满月就得为练功弟子们做饭，不慎得了月子病，父亲千方百计为母亲治病，而病情不见好转，母亲终于瘫痪在床上。再后来，父亲连武术专馆的房租都难以支付，不得不于1922年将武术专馆关闭。父亲望着自己惨淡经营8年之久的武术专馆，非但没改办成武备学堂，反而连武术专馆也无法生存，在悲愤中，将全家迁到南关杨家花园洪元里，在那里仍以授徒、行医自慰。

父亲到晚年，生活几乎陷入了绝境，只能靠典当度日。最后连唯一的一张床都卖掉了，以致不得不把黎元洪题词"武术专馆"字样的横匾当作床用。为了生计，父亲在路边摆起了摊床，靠摆卖烟、糖、水果糊口。

1945年前后的一个冬天，父亲穿借一身破旧的黑色棉衣服从天津到北京看望我。当时我生活也困难，实在无力为父亲做一身新的棉衣裤。于是我就精心地把父亲的破棉衣裤拆洗了，想不到父亲很满意地穿上它回了天津。这一次是年近七旬的父亲最后一次从天津来看我了。直至现在，我一直都为未能给父亲做一身新的棉衣深感内疚不安。

说实在的，我父亲凭借一身绝技，晚年完全是可以把生活过得好一些的。一个亲日派的军阀来到一贫如洗的父亲家中，要以每月200元大洋聘父亲为他的保镖。父亲答道："我韩慕侠脾气不好，生来不愿侍候人。要当保镖，头二十多年早就为袁世凯当了。"但这个军阀仍不放过父亲，又以天津警团教练所的名义请父亲出来。天津无人不知这警团教练所是日本人的走狗。父亲愤然拒绝道："我已年过六旬，才疏力薄，不能胜任，另请高明吧！"警团教练所仍不作罢，三天两日来劝说。我父亲有一种不祥的预感。于是父亲故意把自己左手的手腕骨折断，又故意把断骨接歪。警团教练所看见父亲确实骨折了，于是把年仅十五六岁的弟弟带走代父亲传艺了事。父亲的左手看起来残废了，其实和好的一样，照样可以练武和授徒。现在我保存着一张父亲特意露出断手练剑的照片。

晚年的父亲经常想念他的南开、女师的弟子。我曾不时地问父亲："周师哥哪去了？"父亲答道："你周师哥办大事去了，等他回来，日子就好了！"

1947 年 10 月，我的父亲韩慕侠被一场疾病夺去了生命，终年70 岁。

（北京市海淀区政协文史办供稿）

抗战中的棋王谢侠逊

谢瑞淡

谢侠逊是现代中国象棋运动的开拓者，也是我国荣获中国象棋冠军和国际象棋冠军的第一人。1918 年，他在有全国 60 多位高手参加的我国第一次象棋大赛（上海市个人象棋赛）中，力挫群雄，获得冠军。1928 年，因棋艺高超，提倡和发展象棋运动，厥功彰著，他被全国第七届象棋赛推举为"棋王总司令"，誉称"中国棋王"。

一

1937 年抗战爆发，在党的抗日民族统一战线政策的感召下，谢侠逊虽年过半百，却不顾家人和亲友的劝阻，以"国家兴亡，匹夫有责"自勉，只身前往南京，奔走于许多故交和棋友之间，请缨救亡。时国民政府正准备派出五个巡回大使，到海外侨胞中宣传抗日救亡，劝募捐款。其中，到欧美的四人已定，为胡适、于斌、萨镇冰和陈树人。唯有东南亚，因情况较特殊，有关当局想物色一个政治色彩较少，为当地华侨所敬仰，又不畏艰苦的人，苦无合适人选。

谢侠逊知道后，立即毛遂自荐。因为两年前，他去过南洋，到过许多地方，结交了不少朋友，受到广大侨胞的爱戴，可谓人地两熟。

事情是这样的：1935 年，他应新加坡、印尼、菲律宾等地象棋会的邀请，访问南洋，以棋会友，交流棋艺，历经新加坡、怡保、太平、槟城、雅加达、万隆、三宝垄、泗水、芝巴德等十大城市。用了一年零四个月，辗转鏖战，战果辉煌，在总计 241 局中，胜 175 局、负 13 局、和 53 局。在新加坡，为了民族的荣誉和侨胞的厚望，他不计个人得失，毅然接受英国驻马来亚空军司令、全马 1933 年国际象棋冠军亨特（Hunt）的挑战，在对弈中占据优势之后，坚决拒绝亨特两次派人，以偿付重金及坐英国飞机免费旅游为条件的秘密求和，最后终于击败亨特。这次南洋之行，使谢侠逊威扬海外，广大侨胞誉他为"象棋大王""天才圣手""弈界泰斗"。回国返抵广州，征尘未洗，又奉命立即参加在沙面举行的中、美、英、德、奥五国"银龙杯"国际象棋大赛，以胜 18 局、和 1 局、负 1 局的优异成绩折桂捧杯。载誉回京后，当时的国民政府主席林森亲笔书赠"渝灵益智"四字，予以嘉奖。

其时负责派遣巡回大使事宜的，是国民党中央宣传部部长邵力子。他和谢侠逊，可称故交。民国初年，他在上海主持《民国日报》，谢侠逊在《时事新报》工作，同在报界，曾有晤面。还有，邵的秘书卢雪正是谢侠逊的同乡，相识有年，交谊笃厚。他也极力推荐，认为此任非谢侠逊不可。

于是，谢侠逊往访邵力子，谓："国难当头，何计个人，大丈夫报国有门，虽赴汤蹈火，在所不辞！"邵壮其言，感到谢正是他心目中的南洋巡回大使，答应为之保荐，并在书桌上展纸把笔，挥毫书赠："胜者所用败者之棋，明乎此义，复兴中国何难哉！"随后，问道："大使出国，可带秘书、翻译和随员，不知谢先生需要多少人？"谢不假思索地答曰："16 对足够！"邵不解甚意，一时发愣，侍随一旁的秘书卢雪正笑道："棋王所说的 16 对，就是指和他朝夕相处的一副象棋，那不是有 32 枚棋子吗？"邵恍然大悟，不禁哈哈大笑，和棋王紧紧握手。他对谢侠逊南下，借助象棋进行爱国运动，非常赞赏。

在邵力子和张治中的联名保举下，谢侠逊出任巡回大使，临行前，南京许多棋友，纷纷挥毫赠别，如冯玉祥题书"象棋国手"以勉，张治中书赠"虽剩一兵一卒，亦必抗战到底，必得胜利而后已"，陈立夫书赠"教战以雪耻"，李宗仁书赠"有焦土抗战之决心，持久战的精神，最后的胜利必属我们"。南京车站的送别也十分隆重，大有"风萧萧兮易水寒"之势。

二

11 月 16 日，谢侠逊离京南下，历经中国香港、中国澳门、菲律宾、印尼、马来西亚、新加坡、泰国和缅甸，通过"义赛"形式，宣传抗日救亡，筹募慰问伤员和救济难民的捐款。

20 世纪前后，东南亚的华侨，已有相当规模。他们和谢侠逊密切配合，一起研究，潜心策划，召开大会，组织义赛。

除了当地象棋名手，妇女、儿童和老人，也都挺身而出，积极投身"义赛"活动。在槟城，有位耆宿杨源知，棋艺高超，遐迩闻名，人称"常胜战军"，因年迈隐居，已息影多年。但这次为报效祖国，也一反常态，破门而出，振臂和棋王较量，轰动整个槟城，一时传为美谈。至于各埠爱国侨领，更是身体力行，一马当先。如印尼侨领陈性初（其孙陈大江，现为印尼中华总商会总主席）年近古稀，体弱多病，却不辞劳累，全程陪同，竭诚张罗。他和棋王倾盖如旧，相见恨晚，诗词酬唱，堪称知音。

12月下旬，谢侠逊在菲律宾期间，正值南京失守，侨情惶恐，焦灼不安。25日，举行"全菲华侨抗日救亡大会"，人山人海，座无虚席。与会侨胞，群情激愤，"打倒日本帝国主义！""坚持长期抗战！""祖国万岁！"此起彼伏，不少人将随身佩戴的戒指、项链、手镯等首饰，即席奉献。大会当场表决，一致通过，每月捐款100万元。

为吸引更多侨胞观战，提高救亡筹赈的效果，"义赛"采取了多种多样的形式。除了平时常用的单人和多人对抗赛，大型的单骑车轮战和盲目战表演，还有以人为棋子的"阵地战"。谢侠逊匠心独运，效法春秋战国著名军事家孙武演阵习战的故事，在马六甲、吉隆坡和槟城等地的体育场，用白粉画地为大棋盘，以男女青年各16人，分别穿红黑两色衣服，头戴写有"车、马、炮、兵"等字样的帽子，作为双方的"活棋子"，听从义弈台上的指挥号令，攻守厮杀，场面蔚为壮观。当地侨胞，几乎倾城而出，纷至沓来，观看这种别开生面的象棋赛。

谢侠逊这次南洋之行，舟车劳顿，备尝艰险。

由于不适应当地的盛暑气候，他在印尼曾患病休息十来天。最后取道滇缅公路归国途中，不幸染患痢疾，被迫下车住腊戍医院，在死亡线上挣扎了近一个月，才化险为夷。而随他同时归国参加抗战的爱国侨胞，有四人也染上该病，竟壮志未酬，英年早逝。

1938年12月，谢侠逊在槟城还受到汪伪歹徒的威胁。这是因为陈璧君是槟城人，背后有一些民族败类追随。有一天，来了一个西装革履的年轻人，递过来一个信封，谢侠逊打开信封，"吧嗒"一声，一颗子弹掉了出来。谢侠逊脸一沉，问："这是什么意思？"年轻人冷笑着说："这还不明白吗？槟城不欢迎你！客气点说，请你马上离开，不客气就是……"谢侠逊打断他的话说："你说的是不是中国话？你父母是不是中国人？你身上流的是不是中国人的血？"年轻人一脸狰狞地威胁说："如果你不听劝告，就别想活着离开这里！"谢侠逊斩钉截铁地说："谢某恭候，为抗日而献身，是我的荣幸！"那歹徒见恐吓未遂，灰溜溜地走了。第二天，谢侠逊将此事告诉槟城侨胞，大家都很气愤，纷纷说："谢大师，您放心，槟城绝非那一小撮民族败类所能够恣意妄为的，你放心，我们会负责你的安全的。"由于有广大爱国侨胞的支持和保护，这些民族败类才不敢贸然下手。相反，经过两个月的"义赛"宣传，槟城的助赈、义捐和公债，都跃居整个马来西亚之首。

谢侠逊这次出使南洋，成绩斐然，共募得现金5000余元（不包括南洋各埠侨胞对以后的定期认捐），金银、珠宝、首饰无数，并征召华侨技师技工3300人回国服务报效，在当时派出的五位大使中，在外巡回劝募的时间最长，最为劳苦，也最为成功。但他严于律己，轻装简从，不摆官架子，只带必不可少的几个秘书、翻译和随员，除领取安家费外，不支国库分文，充分显示出一位"爱国象棋家"（周恩来语）不畏艰险、坚贞不屈的高风亮节！

三

1939年3月，谢侠逊回国到昆明，身体尚未完全康复，即应邀在青年会连续表演三日，继又参加慰劳前方将士的象棋募捐赛。昆明《朝报》报道："观众数千，同声赞美。每局着法皆一场精彩，掌声不绝。"

返抵重庆，国民党中央宣传部长邵力子夫妇主持，在国际联欢社举行聚餐晚会，给他接风洗尘，除了许多政府要员，社会名流如郭沫若、沈钧儒等也应邀与会。

寓居重庆期间，他仍然满怀爱国激情，有求必应，不辞勤劳，继续在大后方各地，如昆明、成都、重庆、贵阳等许多城市举行象棋劳军大会、反侵略棋赛大会，致力于抗日劝募工作。他是重庆《大公报》、昆明《朝报》和贵阳《民报》的象棋专栏编撰，也是重庆东方文化协会、务实兵工厂等许多单位的象棋顾问。

1939 年仲夏，在重庆东方文化协会会长郭春涛（中华人民共和国成立初任全国政协委员、政务院副秘书长）的安排下，周恩来专程到东方文化协会访晤谢侠逊。会面之后，嘘寒问暖，情意殷殷，周充分肯定谢的义弈筹赈，赞誉谢为"爱国象棋家"。他分析了抗日战争的严峻形势，阐述了我党的正确政治主张，透彻精湛，铮铮感人。谆谆的教诲，深情的勉励，使棋王心悦诚服，刻骨铭心。随后，二人谈论古今棋谱，从《橘中秘》重"当头炮"、《梅花谱》重"屏风马"到明人重马、清人重炮时，周问："马和炮的威力孰大？"谢答谓"马有八面威风，但可用兵卒制之"，周意味深长地昂首大笑，说："对！对！还是群众的力量大，抗日救国要广泛发动群众啊！"

会晤结束，周恩来提议纹枰对弈，棋王欣然从命。在对弈中，谢侠逊发现周恩来"棋法娴熟，守得平稳，攻得锐利，着法温和而又多变"后，十分惊异，经过了解，原来周恩来在延安非常重视文艺体育活动，经常举行各种演出和比赛，在一次棋赛中，董必武拔头筹，周恩来获亚军。二人连下两盘和棋，后终商量，将第二盘残局定名为"共抒国难"。"抒"和"纾"同，为"解除"之意，政治含义非常清楚，意指国共两党必须团结一致，共同抗日，解救国难，争取抗日战争的最后胜利。因为它具有重大的政治意义，1978 年被中国历史博物馆作为珍贵的历史文物征集收藏。

经过这一次会晤对弈之后，谢侠逊和周恩来频繁接触。时谢侠逊住大兴乡，距重庆城有 30 里，但他为聆听教诲，多次不顾"天里道难虎狼（特务）多"，越危崖，攀峻岭，长途步行前往曾家岩"周公馆"。

为宣传团结抗日，反对反共投降，谢侠逊结合局势，在重庆《大公报》专栏副刊上，发表了许多象棋残局，寓政治于象棋，命题往往蕴含深刻的政治内容，如《兴中扫日》《抗战到底》《扫除丑虏》《直捣黄龙》《前赴后继》《马革裹尸》《焦土抗战》等，热情地歌颂了浴血奋战、英勇杀敌的军民，号召争取抗日战争的最后胜利；如《止戈为武》《内战自杀》《严惩祸首》《悬崖勒马》《暴政必败》《制止内战》《锄奸诛伪》等，则严正地鞭挞国民党顽固派，深刻揭露国民党政府的党同伐异，倒行逆施，呼吁以抗日救亡大业为重，从速改弦易辙，团结对敌。

谢侠逊在《大公报》上刊登了《共抒国难》残局，就已引起了国民党特务的注意。他以后接二连三的爱国行动，终于酿成反动政权的憎恨。在一次去曾家岩途中，谢终遭暗算。一群特务拦住他的去路，用布蒙住他的头部，拳打脚踢，使他严重受伤，右肋骨也折断了两根。事后，周恩来派人到医院慰问，重庆《新民报》作了详细报道，引起了社会各界人士的极大愤慨。

四

1945 年 8 月，日本天皇宣布无条件投降，华夏大地，普天同庆，万众欢腾。谢侠逊也不胜雀跃，沉浸在胜利的喜悦中，他八年来的期望终于成为现实。

中华人民共和国成立后，在周总理的关怀下，谢侠逊进了上海市文史馆，任上海市政协委员，全国象棋协会副主席，第一、二届全运会棋类竞赛委员会副主任，全国象棋大赛总裁判长等职。

为表彰他爱国爱棋的光辉业绩，1985 年，上海市各界为他举办了一次盛大、隆重的百岁华诞祝寿活动，举行"百岁杯"中国象棋大师赛，以表庆贺。江泽民同志书赠"百龄高手，永葆青春"的庆寿题词。

谢侠逊驾鹤西去之后，依然受到人们的缅怀和景仰。

革新国药的刘一峰

刘璟口述　赵国兴整理①

世代岐黄之家

刘一峰生于 1884 年，祖籍浙江鄞县，世代业医。他的祖父刘永泉系清室太医院御医。同仁堂铺东乐印川谙知刘永泉品端术精，彼此又是桑梓之谊，欲请他来店襄理业务，刘婉却，但介绍其子刘辅庭（刘一峰之父）进了同仁堂。

刘一峰 16 岁时，也在药行学徒。鉴于中药传统制法不卫生，剂型大，不便于服用，刘一峰遂有改革中药的意图，欲缩小剂型使中药逐步走向科学化。他把他的想法和大哥刘翰臣商议，他大哥也有此意，并获得他姐丈马辉堂（兴隆木厂经理）经济上的支持。1902 年，他们在大栅栏开设伊尹大药房，由他大哥刘翰臣任经理，聘请了日本技师专门研究提炼药物的精华，制成缩小易服的中药剂型。当时制出的丸剂有肺病

① 刘璟，刘一峰之子。刘一峰曾任全国政协一届全体会议代表、二届委员，中国民主建国会常委。

系统丸、胃病系统丸、肝病系统丸、妇科系统丸等，可惜不被当时社会所识，反而造成大量甘草、大黄、黄连等片子的积压，未几赔蚀关闭。这次失败使刘一峰理解到中药制剂科学化，需有雄厚的资金和有权威人士的支持才能有所成就。但他对革新中药这个志愿始终没有放弃。

1900 年，八国联军侵入北京，一峰的父亲刘辅庭目睹帝国主义者的焚烧抢掠、肆意屠杀，有感于国家兴亡，匹夫有责，毅然规劝一峰要胸怀读书报国的壮志，争取在学术上有所造诣。1901 年，刘一峰考入京师大学堂（北京大学前身），一年后转入邮传部铁路传习所学习铁路会计，同时在宣武门南堂学法文，毕业后被派到京汉铁路局充当练习生。由于他勤奋好学，淳朴诚实，赢得局方领导赏识，被提升为站长、科长至会计处副处长。处长是法国人，当法国人离职后，他即代理处长职务。

其后，军阀混战，京汉铁路局人事更迭频繁，因为他熟悉业务又与银行界多有往来，难以更换他。一峰先生秉性直爽，处事接物从无阿谀奉承之情，也无讳言忌语之意。1927 年，直系军阀吴佩孚为了筹备军饷，竟向京汉铁路局勒索几十万元巨款。刘一峰拒不从命，并气愤地说："我是为国家铁路服务，而不是为军饷服务的。"吴佩孚得知军饷未敛系由刘一峰从中作梗掣肘，欲立即逮捕他。一峰听到消息后，始将家眷迁往天津避难。及至 1928 年京汉铁路局南迁，北京铁路局应时改称为"平汉铁路局北平办事处"，遂又任命刘一峰为该办事处处长，继又聘请他为交通部参事，均被刘婉言谢绝。从此，刘一峰与京汉铁路断绝了关系。

经营企业

为了中药科学化，刘一峰感到还是应以中药店为基础。原打算在大栅栏开设药铺，一峰的父亲对他们说："我在同仁堂，不同意你们再在大栅栏开设药铺，抢同仁堂的生意。"这样，他们只得另择新址，于

1908 年在前门外杨梅竹斜街开设"同昌参茸庄"。一峰的大哥刘翰臣任经理，他熟悉业务，善于经营，遂筹资 2 万两纹银，从事人参和鹿茸的经营。人参是每年从营口采购来的，鹿茸则是由东北买来的鹿在北京驯养，聘任技师，专门精制而成的。其经营范围不仅在国内各地，而且远销东南亚一带，打开了北京鹿茸出口的途径。北京"锯角"由于质高肥嫩，深受当地侨胞欢迎，享有盛名，曾获巴拿马赛会奖章。

当时他们的愿望并不满足于同昌参茸庄的发展，在其父刘辅庭故去的第二年（1919），他们开设了"同济堂"药店。同济堂坐落在大栅栏，在同仁堂斜对过，因一峰父在同仁堂做事多年，熟知同仁堂制药情况，并把配方传给了刘翰臣，因而乐家对同济堂的开业很不满意，想方设法加以阻挠和刁难。后由马辉堂拜托北京知名士绅找乐家疏通关系，几经协商方作罢论。

同济堂没被挤垮，而营业还很发达的原因：一则是由于刘翰臣接受刘辅庭的指教，医疗配方上有独到之处，如小儿止嗽金丹、鹭鸶喀丸、参茸三肾粉、羚翘解毒丸（此方不同于其他药店）等等，全部货真价实。二是在经营管理上不次于同仁堂，采取薄利多销。另外，为使企业得以发展，在开业时刘一峰倡议股东在开业后 6 年内不提取利润，使企业资金得以周转，因此在同药行和银行往来中树立了信誉。三是当时刘一峰正供职于京汉铁路局，交友甚广，并在京汉铁路沿线为同济堂作广告宣传，收到了良效，因此营业蒸蒸日上，其营业额仅次于同仁堂。

宣武门外菜市口的"西鹤年堂"，开设于明嘉靖年间，是久负盛名的老字号。内悬匾额"鹤年堂"为明权臣严嵩手书，外面悬匾"西鹤年堂"。1927 年，刘一峰以 5 万银圆将鹤年堂铺底倒过来。由于鹤年堂有遐迩知名的招牌，再加上刘家世代行医有术的名声，生意兴隆胜于往昔。

同仁堂当时以丸、散、膏、丹为主，鹤年堂则以汤剂、饮片为业。

鹤年堂选用上等地道药材，精细加工，在饮片"刀工"上极其讲究。如郁金、杭芍等切极薄片，黄芪切斜片，外表匀称美观便于煎服，在京首屈一指。鹤年堂的药酒除原有虎骨酒外，增添了橘红药酒、佛手药酒、玫瑰药酒和茵陈药酒等，均系按刘辅庭所遗配方，选用上等药材加工炮制，深受患者欢迎。当时使馆外宾亦争相服用。

刘一峰在制药方面聘用鹤年堂过去的老师傅，如耿溪宾、金甲三等为指导；在业务经营上聘用刘温亭、祁月波为分号的经理，并施行了有成效的改革，为进一步使中药科学化打下了基础。

过去老药铺使用"龙门账"，会计科目多不健全，只有进货流水、销货流水和银钱流水账，根本不设商品细目，全凭年终实盘，所以无法准确计算盈亏。为改变这种情况，刘一峰采用新式簿记，使"账管货""账控制钱"。为此，鹤年堂还专门成立稽核室，由刘一峰的五弟刘东如任主任。另外，还修建了宿舍与洗浴室。过去药铺没有职工宿舍，多在前柜和配药的地方随便搭铺，弄得杂乱无章，很不卫生。宿舍建成，致使门市、后厂分外清洁，一改旧观。

1944年辅仁大学化学系教授郝岑（HOL – GEN，奥地利人），当时在学校教植物药物学，对中药深感兴趣。他久闻鹤年堂之名，通过刘璞（刘一峰四子，辅仁大学化学系毕业）前往参观。他全面地观看了生药的炮制、饮片加工、水蜜丸的加工等等，并参观了养鹿场和暖房培育的植物药材，如鲜石斛、鲜佩兰、鲜藿香、鲜佛手、鲜薄荷、鲜菖蒲、鲜枇杷叶等20多种，他挑选了多种植物药和饮片进行研究以备教学之用。参观后刘一峰接待了他，用法语与之交谈。郝岑教授说："这个厂的生产工序是比较科学的，卫生方面也较好，比我过去所想象的中药生产要好得多，给我留下较为良好的印象。"刘一峰谦虚地向他谈到中药加工仍需进行改革。为了进一步达到科学化，他又谈出自己的志愿。郝岑教授说："你们这个企业，开设在哥伦布发现美洲以前200多年，那时就有这样的成就，说明中国的医药事业不是落后而是先进的。如果再以科学方法进行研究和改革，那么将来会在世界上作出更大的贡献。"他对刘一峰能用流利的法语谈话，留下很深刻的印象。他建议能有机会引进国外的制药技术和与外国药厂合作来进行中药改革，以促迅速完成。

为了扩大再生产，刘一峰用企业盈利于1929年在东安市场开设分店；1935年在西单商场开设第二分店；1936年继在西安开设分店，由他四弟刘子衡任总经理。子衡退休后由一峰三子刘侣笙接任。看来，鹤年堂经过一峰十几年的经营，资本有所增加，但用于中药科学化的资金则相差甚远，因而他始终没有忘记革新中药的志愿，仍在创办企业，积累资金。

由于刘一峰的志愿在中药店未能实现，于是成立药厂为中药科学化奠基立业。1942年，福民药厂（后改名福民药厂股份有限公司）开设，厂址在朝内南小街，股东大部分是协和医院教授和银行老板，刘一峰被选任为董事长，其长子刘瑗任经理。刘一峰不惜高薪聘请著名教授萨本铁担任顾问，但因财力及技术力量所限，他改革中药的志愿在中华人民共和国成立前终未能实现。以后福民药厂只能制作新药制剂，供应市场需要，直至1955年并入公私合营三星药厂。

热心公益事业

刘一峰先生从事交通界和商业工作也有几十年，曾博得当时银行企业家的信任，并资助他参加社会活动。他曾被推选为国药业公会主委。刘一峰认为国药业历来是一个比较守旧的行业，职工的文化水平很低，对于制药配方只是口传心授，制药规格也不一致，车间卫生更不讲究。针对这种情况，他竭力设法扭转国药业的落后面貌，提高职工的文化业务水平。刘一峰积极倡议，全力以赴创办药学讲习所，很快就得到同业，尤其是同仁堂乐家的大力支持，遂于 1939 年至 1942 年开办了两期（每期两年）药学讲习所，地址设在天安门午门东西配房里。公会也明确规定，凡是北京的药铺必须抽调一名调剂员参加学习。学习是轮训办法，聘请当时名医汪逢春、赵叔平主持教务兼讲课。另聘杨椒澄、瞿文楼、安干清等名医任教师。在培训中除讲解药理和制药规程外，更要阐明商业道德，使他们领会到国药行业不仅是为了赚钱，而是治病救人。通过培训学习，不少学员业务进步很快，使中药在炮制上有所提高。另有学员如郭世奎、刘少章、李茂如等被培养成著名的中医师。

刘一峰还被聘任为中山公园董事会董事。董事会是由北洋政府内务部长朱启钤发起的，并由他任董事长。董事是招聘的社会名流和银行经理，董事会的基金是由诸董事慷慨解囊，少则 50 元多则 500 元筹集的。董事会首先在中山公园兴建了闻名京城、供人观赏用的唐花坞。刘一峰还热心公益事业，筹划资金建立了北京市助产学校和普励小学。

在敌伪时期，当余晋和、刘玉书任北京市市长时，曾商请刘一峰出面担任商会会长，但刘不愿从事卖国求荣的勾当，遂声称有病，能力不够，婉言谢绝。这时候刘一峰的儿子刘瑗在西贡经商来信说："我要回国到重庆内地去。"日本人得知情报后，认为刘瑗有抗日嫌疑，派兵将刘宅包围了。后经盐业银行担保他绝无政治背景和其他活动，日本人才把宪兵撤走。这件事更刺激了刘一峰，誓言绝不参加一切社会活动。在国民党统治时期，北平市特别市党部了解到他的声望和社会地位，曾提名让他竞选北平市参议员，但刘一峰说："我一辈子不懂政治，在实业界发挥能力吧。"国民党市党部无奈，只好作罢。

保护电车公司免遭国民党破坏

原北京电车公司是中法合办的企业，主要由金城、盐业、中南、大陆银行投资，他们推荐刘一峰为中方股东的代理人兼会计处处长。那时，法国方面主要是提供工程技术人员帮助设计。"七七"事变日本人占领电车公司以后，刘即离开。抗战胜利后，四大银行又荐举他担任董事会的常务董事。

1948 年 3 月，刘一峰的女婿沈大政结识了当时中共地下党的一位负责人梁一求同志。梁告诉刘一峰说："不论北平是和平解放，还是打起来，一定要保护好电车公司，不让国民党破坏。"刘一峰既是当时电车公司驻厂的常务董事，遂责无旁贷秘密地承接了这一光荣任务。当北平被围时，电车公司没有收入，工资难付，职工心情惶悚，厂内秩序混乱。这时刘一峰见势不佳，四处奔走，多方联系，设法寻求当时银行界的老板及社会名流筹资借贷，先发工资以维生计，才稳定了局面。职工在地下党的领导下成立了电车公司护厂组织，圆满地完成了这一光荣使命，没给国民党特务分子以可乘之机。

走社会主义的道路

中华人民共和国成立后，党和政府对刘一峰的身世、境况和表现有所了解。1949 年初，中共北京市委的崔月犁、郑怀之等同志曾邀请刘一峰共同商议如何协助政府宣传工商业政策，使人们打消顾虑，安下心来做买卖。刘一峰先生欣喜承诺，满怀信心地与傅华亭、浦洁修等在党的领导下积极筹备成立北京市工商业联合会组织，宣传党对工商业"发展生产、繁荣经济、公私兼顾、劳资两利"的政策。后刘一峰当选为工商业联合会筹备委员会副主任委员，傅华亭任主任委员。

1949 年，在新中国开国大典时，刘一峰以北京市工商界代表的身份参加国庆观礼。毛主席在接见他时还风趣地说："我看您面相这么年轻，就知道您是干药行的。"这时，刘一峰已是 65 岁高龄。主席的话使他备感激动，情不自禁地流下了热泪。事后他在日记中曾写下"难忘的时刻"，以志永存留念。

1949 年 11 月 15 日，北京市工商业联合会筹备委员会召开成立大会，作为副主任委员的刘一峰在会上讲了话。他说："北京市工商团体已有 40 多年的历史，虽经多次组织变更，仍是封建社会产物，受官僚买办阶级的束缚。如今在毛主席英明政策的指导下，公私企业都有广阔的发展前途，社会经济的发展，仍将落在工商业同人肩上。在国营经济领导下，私营企业得以迅速发展。今后基层工作要划清行业，健全机构，更要统一其组织领导，由公私各业共同组成联合会，达到发展生产、繁荣经济的目的。"当北京市工商业联合会正式成立后，他连任市工商联第二、三、四届副主任委员，并兼任国药业同业公会主委。

刘一峰先生任国药业同业公会主委时，于 1954 年 6 月带头申请公私合营，并将宣武区和平门外延寿寺街刘家大院出售，折合旧币 7 亿多元，并提出 1/3 投作西鹤年堂资金。他在申请书上写道："西鹤年堂创设于明嘉靖年间，为北京唯一古老的药铺，并在宣武区菜市口设有总店，东安市场及西单北大街设有分店。铺方设备较好，有职工百余人，大多数在中药讲习所毕业，熟悉制药技术。为了发展生产，计划供应，降低成本，周转资金以为中药制剂的科学化奠定基础，特申请公私合营。"

刘一峰先生通过学习，领会了党对资本主义工商业利用、限制、改造的政策，愿意走社会主义的道路，所以他带头申请公私合营，在同业中起到了积极的影响。

1974 年，刘一峰先生在北京因病去世，终年 90 岁。

钟惠澜：让瘟疫远离人类

———

王　鹏

　　1987 年 2 月 6 日，人们还沉浸在春节过后的余欢之中，一位曾救治过成千上万危重患者、对人类医学事业多次作出重大贡献的杰出医学家却悄然离开了人世。20 世纪 20 年代，他获得美国医学博士学位；30 年代，他成为英国皇家学会会员；50 年代，他被苏联科学院聘为院士；80 年代，他接受了美国热带医学会名誉会员的称号，并成为获得这一荣誉称号的第一位亚洲学者。他就是我国热带医学研究的奠基人之一、中国科学院学部委员、全国政协二至六届常委钟惠澜。

从童工到医学博士

　　1901 年 8 月 8 日，钟惠澜出生在葡属东帝汶的叻利岛上。他父亲原为广东梅县的贫苦农民，后卖身到南洋，成了做苦工的"猪仔"，终于有一天，从主人皮鞭下赎回自由，随后筹款做小买卖。不久，这个吃苦耐劳的汉子能量耗尽，离开人世。钟惠澜的母亲是个不识字的普通劳动妇女，由于丈夫的亡故，家里一度债台高筑。11 岁的钟惠澜只身来到香港，在一个小客栈里当了童工。白天他到码头"抢"客人，并侍候住店客人的饮食起居，打扫卫生，代买香烟及倒大小便；晚上还要打够全客栈第二天的用水才能休息。后来他到东帝汶海关找到一份新的工作——跑码头领货。这活儿很累，晚上却只能蜷曲在柜台上睡觉。熟睡中，他常常从柜台上摔下来。

1914 年，13 岁的钟惠澜在东帝汶一所五年制两等小学（分设高小、初小）开始接受启蒙教育。钟惠澜的大哥钟兆澜曾是东帝汶兴东会国民党支部的负责人。在大哥的影响下，钟惠澜于 1917 年回到祖国，考入家乡的广益中学。

广益中学是一所教会学校，学的是洋课本，讲课用英语。1918 年春天，钟惠澜作为广益中学的学生代表，赴天津参加基督教会的全国会议。会议期间，他有机会来到北京，第一次见到正在施建中的协和医学院。那中西合璧的建筑艺术和宏伟壮观的建筑规模，使他惊叹不已。他暗想，将来一定要来这里读书，并第一次产生要当医生的朦胧意识。

钟惠澜的中学生活很艰苦，教会学校可以免交学费，但生活费仍须自理，因此只有靠半工半读来维持温饱。白天没课，他就在实验室里做实验准备，擦洗试管，为老师当助手。晚上他到图书馆当服务员，每天都要等读者散尽，整理好图书，打扫完卫生最后一个离开。做这些事几乎占用了他全部课余时间，但他也因此阅读了学校图书馆很多图书，熟悉了各种实验。中学四年的课程，他提前一年完成，并以优异成绩成为全校唯一免费、免考，直接保送到上海沪江大学读书的毕业生。

沪江大学也是一所教会学校。1921 年，钟惠澜进入该校理学院的医学预科班。没过多久，他便感到沪江大学不能满足自己的求知欲望。一年后，他离开沪江大学，决定投考协和医学院。

北上之前，钟惠澜赶回梅县老家小住了几日。没想到在赴京考试的路上，他所乘的船遇到海啸，他被滞留在一个孤岛上。待他赶到北京，考期已过了大半。钟惠澜感到考取已无希望，但他还是来到考场，向主考官申明原因，并表示来年一定前来应试。主考官是协和医学院预科部的沃伦·斯蒂夫勒先生，一个认真、固执而又傲慢的美国物理学家，当他看到穿着难民服、满面尘灰、眼睛里流露出自信与执着神情的钟惠澜时，竟破例同意他参加考试，但条件极为严格，必须于当天下午即开始考试，在不得延长考期的前提下，答完与其他考生一样的所有试卷。钟惠澜未做任何准备就上了考场，一天应付三四个科目的试题，如期答完了每一张试卷。经过艰苦的努力，他终于踏进了协和医学院的大门。他争取到一些勤工俭学的机会，两年后，他完成了预科学习，获得理学学士学位并升入本科，开始了专业深造。

政治腐败、经济文化落后的旧中国，各种瘟疫大面积流行，每年都要吞噬数以百万计的生命。为研究治疗民众最易传染、死亡率又高的疟疾、伤寒、黑热病、鼠疫等恶性流行性传染病，钟惠澜选择了热带医学专业，并在学习期间就开始深入乡村病区进行社会调查。1927 年暑假，他来到广东汕头农村，不顾生活和工作条件的艰苦，对那里流行的疟疾进行流行病学考察。在这一地区，他发现了四种能致疟疾的媒介按蚊，这种微小按蚊的体积只有其他按蚊的一半大，却是最危险的恶性疟疾传染媒介。他撰写的论文《微小按蚊》发表后，引起医学界的瞩目，使这位 26 岁的医学院学生崭露头角。

1929 年秋天，钟惠澜以优异成绩毕业于协和医学院，并获得美国纽约州立大学医学博士学位。之后，他被协和医学院正式录用，从此开始了医学研究生涯。

向西方黑热病权威宣战

中华人民共和国成立前，华东、华北、西北等地区的 13 个省份都有黑热病在蔓延流行，患者多为贫苦百姓。有些村庄的发病率高达 2%，每年全国因黑热病而丧生的人约有五六十万。基于黑热病的严重流行和患者的大量死亡，寻求和研究黑热病的早期诊断和治疗方法以及传染流行的各个环节，是防治疾病的关键。毕业不久的钟惠澜首先选择了这个课题。

当时，西方学者认为，地中海地区有两种不同种别的黑热病病原体。一种存在于病犬体内，称为犬梨什曼原虫；一种存在于病儿体内，称为婴儿梨什曼原虫。还有人认为，印度病人和我国病人体内分离出的病原体属于同一种，称为朵氏梨什曼原虫，并认为三种梨什曼原虫分属不同种别，印度黑热病和中国黑热病的蔓延流行与犬黑热病无关。

年轻的钟惠澜不轻信西方学者的论断，在华北城乡做了大量的调查研究，进行了一系列流行病学和临床学的观察。在深入发病率很高的京郊槐房村时，他对患者隔离治疗。他发现患者全部治愈后没过多久，又出现新的黑热病人。他决定扩大研究范围，对黑热病患者的环境进行仔细调查，结果发现凡有黑热病流行的地区，都有黑热病犬。他发现一只黑热病犬一夜间能吸引几百甚至上千只中华白蛉。而吮咬了病犬的白蛉便感染上梨什曼原虫，感染率几乎高达 100%。之后，他又把来自病犬和病人的黑热病病原体在中华白蛉体中的变化发展过程进行了对比，发现它们的形态、感染实验动物所引起的组织病变情况、血清补体结合试验交叉反应的情况等都是一致的，从而得出这样的结论：三种梨什曼原虫（犬、婴儿、朵氏）实际为同一种病原体。

为了证明犬与人的黑热病的一致性，必须进行人体试验。钟惠澜在研究黑热病过程中曾受过感染，体内已产生免疫力。因此，他的夫人李懿征医生自愿接受皮下及皮内注射犬黑热病病原体，在自己身上进行实验。

李懿征是一个贤惠、文弱的女性。作为医生，她最能理解丈夫为事业献身的苦心，也永远是钟惠澜事业和生活中的知音。注射五个月后，李懿征出现了黑热病的典型症状。胸骨穿刺检查，在骨髓内发现了黑热病病原体。用骨髓接种田鼠，后者也产生了典型黑热病病变和大量黑热病病原体。这完全证明了犬、人、白蛉三者之间黑热病传染环节的关系。这一研究成果，推翻了西方学者的错误论断，在世界上尚属首创，具有重大的理论和实践意义。

在黑热病的早期诊断方面，钟惠澜首先提出骨髓穿刺法，并创造发明了一种新的黑热病补体结合试验粉剂抗原。后者效果极好，可使病人得到早期诊断与治疗，避免发生死亡，在当时被称为"钟氏黑热病补体结合试验"（后称为"黑热病补体结合试验"）。中华人民共和国成立后，钟惠澜把自己在黑热病方面的研究成果较系统地整理成《中国黑热病研究工作概论》一文，予以发表，引起国外学者的瞩目。为此，巴西政府于1962年通过我国卫生部和文化部（当时巴西尚未与我国正式建立外交关系）对钟惠澜授予特别奖状和奖章，以表彰他在黑热病科研方面的贡献。

拳拳赤子爱国情

1934年秋，33岁的钟惠澜被协和医学院派到美、英、德、法等十几个国家学习和考察，第一次以科学家的身份走向世界。

法国巴黎大学内的巴斯德研究所是世界上最著名的生物学、微生物学研究所，令钟惠澜大开眼界。在丹麦和意大利，他考察了当地组织培养和防治疟疾的情况。在德国汉堡热带病卫生学院（现为汉堡热带医学院），他专门研究了血吸虫、类原虫及组织培养，并发表了两篇有关组织培养和黑热病的著名论文。在英国，他专攻热带医学，获得英国热带医学、卫生学皇家学会会员的称号。此外，他还到了比利时和荷兰等国家。

钟惠澜是一个爱国的知识分子，虽置身于异国实验室，却时刻关注着多灾多难的祖国。1935 年，当他在德国汉堡热带病卫生学院进修时，得知国民党政府与日本侵略者签订了卖国的《何梅协定》，非常气愤，立即发表抗议声明寄往国内。但是，他的声明没能寄往国内，他本人倒成了德国法西斯通缉捉拿的对象。一位好心的德国同事劝他不要参与政治，他回答说："我不知道什么叫政治，但如果有外国人进到我的国家去捣乱，我是反对的。"并对那位同事说："如果有人侵略德国，我相信你也会反对的。"他对祖国的赤诚之心感动了身边正直的德国知识分子。他们暗中保护他，设法帮他办好一切离境手续，使他得以脱险。他只学习了九个月就不得不中断进修，怀着依依惜别的心情离开了汉堡。1936年，钟惠澜回到祖国，继续在协和医学院工作。

揭开回归热传染病的秘密

抗日战争爆发后，祖国大地在日军铁蹄的践踏下，饿殍遍野，瘟疫横行。华北地区严重流行着回归热和斑疹伤寒，死亡率相当高。西方学者把回归热看得相当神秘，认为人类得回归热是由病虱吮咬所致，虱子的粪便也能感染人。无论回归热患者还是病虱，在发病期，体内都存在一种螺旋体，在缓解期（无热期）螺旋体变为人看不见的超显微颗粒；热症复发时（回归期），超显微颗粒又变为螺旋体。钟惠澜经过对大量病虱进行解剖，证明病虱的腮腺、唾液和口部并不存在螺旋体，粪便中亦无活的螺旋体，不会感染人。为了证实这一点，他在自己身上养了很多病虱，让它们在 7 天内吮咬自己，结果并未致病。他深入北平穷人集结的"暖场"调查，也证实了这一点。后来，在医科学者冯兰洲的协助下，他首次发现在病虱的体腔内，长期（14—20 天）存在大量螺旋体，当病虱的皮肤或黏膜被擦破时，无数螺旋体便从体腔溢出，有感染力，使人致病。通过研究，他证实了回归热患者无论在发病期和缓解期，体内均存在螺旋体，只是缓解期绝大部分螺旋体被人体形成的免疫力所抗拒。这些研究成果推翻了西方学者的臆见，得到国际医学界的公认，并被写进了各国的医学教科书。由于在回归热方面的重大发现，他被热带医学界知名学者一致推荐为国际科学研究基金会获奖者，只是由于太平洋战争的爆发而使授奖未能进行。

为新中国热带医学研究屡立赫功

中华人民共和国成立后，钟惠澜先后担任北京中央人民医院院长、北京友谊医院院长、中华医学会副会长、北京热带医学研究所所长等职。他所从事的医学研究工作受到党和政府的重视与关心，为人民、为医学事业作出了卓越的贡献。

中华人民共和国成立不久，美国发动了侵朝战争，并在朝鲜战场上使用细菌战。为了揭露帝国主义的反人道行为，来自英国、瑞典、法国、意大利和中国的科学家组成了国际调查委员会，前往我国东北和北朝鲜境内实地考察。钟惠澜担任了这个调查委员会的专家联络员。同时，他还受党中央委派，出任中央防疫委员会科技研究组副组长，主持国内反细菌战研究室的工作。为掌握第一手资料，他不顾个人安危，深入朝鲜前线开展工作，直至彻底搞清美国侵略者在陶瓷瓶内装入鼠疫杆菌、霍乱弧菌等，用炮弹散播在朝鲜土地上毒害人民的全部事实。当这一调查结果公布后，引起全世界的强烈反响。在北京劳动人民文化宫大殿内，举办了揭露美帝细菌战的展览。展览正式展出前的一天夜里，钟惠澜接到周恩来总理的电话，他马上赶到展览现场。周总理在中宣部部长陆定一和卫生部副部长傅连暲的陪同下，亲自检查了展览，对钟惠澜的工作给予了高度评价。

在此期间，不少中国人民志愿军官兵在对敌艰苦血战而供应困难的情况下患了肺吸虫病。在我国接收的 8000 多名朝鲜孤儿中，也有 1000 多人患有该病。当时国际上对这种病既缺乏准确的诊断方法，又无有效的根治措施。许多病人长期被误诊为肺结核、胸膜炎、腹膜炎等，因得不到有效治疗而死亡或残废。鉴于这种情况，中央卫生部特批准在北京中央人民医院成立专门研究肺吸虫病的病房和研究室，以钟惠澜为首，尽快研究出简易可靠的诊断方法和有效的治疗措施。钟惠澜在助手和同事们的协作下，经过一年多的努力就出色地完成了任务。在以后对肺吸虫病的继续深入研究中，他和助手从边疆到内地，从平原到山区，行程十几万公里，足迹遍及 20 多个省市，进行实地考察，写出 80 多篇研究论文，研制出五六种特效药，并协助科教电影制片厂摄制了《肺吸虫病防治》的科教片。尤其值得一提的是，他发现了八种肺吸虫，其中五种能导致五种新型疾病，并分别研制出防治这些新型疾病的方法和药物，受到国际医学界的高度评价。

1952 年，绥中地区暴发了一场原因不明的热病大流行，死亡率相当高。党中央派钟惠澜到疫区，他很快就判明该病是疟疾，查清病因，采取果断措施，迅速扑灭了这场瘟疫的流行。

云南省的思茅地区有一个 4 万多人口的繁荣集镇，但中华人民共和国成立前由于疟疾大流行致使人口锐减到 1000 余人。当地流传着一句民谣："想到思茅坝，先把老婆嫁"，意为有去无回。1955 年，钟惠澜受国务院之托，陪同印度疟疾专家对云南的疟疾流行成因和防治措施进行考察，使国务院掌握了云南省特别是思茅地区疟疾的全部情况，为控制和消灭当地疟疾的流行提供了第一手资料。钟惠澜杰出的医学贡献，为团结当地少数民族群众、巩固边防起到了积极作用。

1958 年，四川的温江、重庆、乐山、雅安四个专区同时暴发一种来势凶猛的传染病，患者发高烧，淋巴腺肿大，咯血，甚至在短期内死亡。当地怀疑是鼠疫或特种流感，因而封锁了疫区。周恩来总理得知这一情况后，马上给钟惠澜打电话，派他去疫区工作，指示他要尽最大努力控制住疾病的流行。第二天，钟惠澜就赶到疫区，经过多方面考察，很快否定了鼠疫的可能，确定这是一种名为"钩端螺旋体病"的恶性流行性传染病。由于判断正确，三天内便控制了疫情，解除了对疫区的封锁。周总理亲自打长途电话，高度赞扬了他的工作。

直言忠谏的诤友

钟惠澜是全国政协常委，尽管他平时科研工作非常多，仍积极参加政协会议，并就国家的大政方针发表自己的看法。1957 年 3 月，在政协第二届全国委员会第三次全体会议上，他做了关于计划生育的书面发言，指出："中国人口基数很大，目前增加率太快太多，故应该辩证地采取有计划地控制生育政策，以便积累大量的资金，保证社会主义建设的早日胜利完成。"钟惠澜所提意见以事实为依据，但他却因此被诬蔑为"肆无忌惮地宣扬马尔萨斯人口论"，在"拔白旗"运动中被当作"白旗"而受到严厉批判。

1962 年春节，陆定一给钟惠澜打电话，请他到全国政协去吃饭。当时钟惠澜正在患肺炎，发烧 41℃，但他还是去了。吃饭时在座的还有时任卫生部党组书记徐运北和中华医学会会长傅连暲。陆定一说："1958

年的'拔白旗'运动是错误的,你不要因此产生思想顾虑。"还说:
"中国的知识分子不是太多,而是太少。从旧社会过来的老知识分子,
没有他们不行,建不了社会主义。"钟惠澜听了很受鼓舞。饭后,周总
理和彭真也来了,大家在一起合影留念,并一定让钟惠澜站在中间。钟
惠澜很感动,认为这是周总理在以其行动为自己平反。

正当钟惠澜感到研究领域不断开拓,大量工作有待全面规划、系统
开展时,十年动乱开始了。他成为不容置疑的"反动学术权威"而被打
倒。一切科研工作都被迫停止了。

"文革"后期,钟惠澜从"牛棚"放了出来,也不必三天两头写反
省材料了,但搞科研却仍没有指望。每天他从建国门外挤公共汽车到天
桥附近的友谊医院上班,这样一位大专家的工作却是饲养供试验使用的
小动物。

有一天,友谊医院院长通知钟惠澜,从第二天起派专车接送他上下
班。钟惠澜简直不相信这是真的。事后他才得知,有一次他在路边等公
共汽车,被乘车路过的周恩来总理看见,总理马上给卫生部打电话询问
钟惠澜的情况,说钟惠澜这样的人连外国人都想用,我们为什么不用?
并批示为他上下班安排专车。在周总理的直接过问下,钟惠澜的工作状
况逐渐有所改善。他重新回到实验室,并有了助手。

1977 年,钟惠澜领导下的热带医学研究室正式改为北京热带医学研
究所,叶剑英为研究所题写了所名。钟惠澜唯恐浪费有生之年的点滴光
阴,总想抓紧时间再多搞几个研究课题。他亲自抓热带医学科研的实验
室试验、临床诊断治疗、现场流行病学调查和防治工作。他和二十几岁
的小伙子们一起"连轴转"而不知疲倦。直至病倒之前,他一直坚持全
天工作,甚至连中午也不休息。他怕到食堂去吃饭耽误时间,就每天中
午带饭。他甚至没有查找电话号码的时间,在家里,他把电话号码随手

写在电话机旁的墙壁上；在办公室里，他的专用电话上贴满了写着电话号的白色橡皮膏条。他每天要做的事很多，为了不搞乱各种材料和文件，他每天上班要带四五个大包，将各类材料分别带好。每当他下班回家走下汽车，不明底细的邻居总以为他是到哪儿出差刚回来。而在他家或办公室，到处都是翻开的书。有时，他也会坐在客厅的钢琴前弹奏一首肖邦或李斯特的钢琴曲来松弛一下紧张的神经。

钟惠澜常为一些中央和地方的领导同志治病，有机会接触各方面的名人。他与叶剑英是同乡，又常为叶治病，每次见面，叶剑英都问他有什么要求，并时常让工作人员询问他的生活、工作情况及子女们的就业、生活等问题，对他极为关心。但他从未想到可以利用这个条件为自己"走后门"。只有一次，他找到某位市级领导"走后门"。那是在1984年，那年9月将在加拿大召开第11届热带医学及疟疾国际学术会议邀请他参加，而有关领导担心84岁的钟惠澜身体发生意外而未批准。钟惠澜终于说服了领导，出席了这次会议，并当场用流畅的英语宣读了他的论文《关于中国肺吸虫病和肝虫病研究的新进展》。这是他最后一次把中国的医学研究成果亲自介绍给全世界。

钟惠澜是一位成就卓著的医学科学家，精通六国文字，能用八种外文阅读资料。他曾发表过近400篇学术论文，有过近200项发现和发明。这样一位对人类医学事业作出过杰出贡献的科学家，在他生命的弥留之际向人们提出的唯一请求，是将自己的遗体献给医学事业。

中国无线广播电台创建人刘瀚

———

李兴昌

无线电专家刘瀚先生是中国第一座无线广播电台的创建人。他热爱祖国，勇于进取，对我国无线电事业的发展，作出了贡献。

刘瀚，字东樵，1891 年 6 月 29 日生于河北省通县。他从小聪敏好学，喜欢动脑筋。1916 年他在北京无线电传习所学习，在校期间，他曾研究编出一套汉字注音字母电码本。毕业后，他在上海、北京等地从事无线电报工作，后来又到北京无线电教练所任教，讲授《无线电报》课程。由于他学习勤奋，通晓英语，知识渊博，讲课时又能紧密联系实际，很受学生的欢迎。

1922 年 9 月，刘瀚与吴梯青、耿季和等人，被东三省陆军整理处派往哈尔滨接收苏俄交还中国的无线电台，并于第二年 5 月 15 日，正式成立了中国哈尔滨无线电分台。台长由吴梯青担任，但吴在沈阳，一直未到任，电台工作全由代理台长刘瀚主持。刘瀚首先打破无线电报为军事专用的惯例，开辟了用于新闻、商业的业务，使商行、新闻单位及广大人民群众都可以利用电报来传递信息。共产党人陈为人、李振瀛曾与刘瀚合作成立"哈尔滨通讯社"，为中国共产党在满洲开展活动提供了方便条件。

刘瀚为了尽快发展中国的电信事业，1923 年曾参考贝尔的电话原理和许多外国的有关资料，对接收过来的马可尼双工机（电报和野战电话）摸索着加以改造，装配成一部广播发射机，并在南岗莫斯科商场（现博物馆）满洲里街一侧，用汉、俄两种语言进行临时性的广播。发射功率虽然只有 50 瓦，但却是中国无线广播的开端。

20 世纪 20 年代的中国，实行闭关自守的政策，不管有线或无线的电报、电话，一切电信业务都必须由国家经营。凡是没有得到政府当局允许的电信活动，都属非法。外国人在中国进行电信活动，都被视为侵犯中国电政主权。1925 年末，刘瀚发现道里一些日本商行私设天线，并利用铁路专用长途电话，从外地收集信息，出售新闻，便要求当局取缔日本商行的非法行为。由于当时政府软弱无能，日方拒不承认侵犯中国电政主权，说他们设天线是为了收听娱乐节目的广播，并在复照中声称：如果中国也设立广播无线电台，颁布管理条例，他们也将遵守。

刘瀚为了捍卫民族的尊严，一面针对日方的狡辩，查清了日商私设电台的呼号、联络暗语，以及收发电信所开的票据等违法证据，一面加紧研制广播发射机，并于 1926 年 3 月，向政府呈文要求正式建立中国的广播无线电台。刘瀚利用电台设备更新替换下来的火花式发报机和马可尼式双工机的零部件，经过六个多月的反复研制，改装成功一部 100 瓦的广播发射机。

1926 年 8 月，刘瀚用自己研制的广播发射机，进行了一次历时四天的展览性实验播音。发射台设在王兆屯铁路平房内（现动力区文治街165 号），一间屋里放发射机（装在一个箱子里）和控制机械；另一间屋里发电，把内燃机和发电机坐在一个马鞍式的铁架上，中间由一个钢轴传动；屋外架设一根高高的木杆天线。收音展览设在南岗博物馆和普育小学之间的房屋，室内有一台大型收音机。前来参观展览收听的有哈尔滨军政要人和各界代表人物，以及各国侨民代表。当收音机按时传出清晰洪亮的讲话声时，人群中不由得爆发起一阵掌声，群情异常活跃。雄壮的管弦乐曲、悦耳动听的京剧清唱，引起阵阵赞扬和惊叹。唯有日本商行和日本驻哈尔滨总领事馆的人感到十分意外，表情有些尴尬。

播音实验展览之后，设立了哈尔滨广播无线电台事务所，负责对社会上接收无线电广播事务的管理。日本人不甘心失败，又偷偷邀请刘瀚赴宴，酒席间提出给他一笔巨款，条件是推迟广播电台的成立，或者不再要求他们拆除私设的天线。刘瀚一听，立刻大怒，当场就严词拒绝，罢席而去，弄得日本人狼狈不堪。

播音实验展览成功之后，在各界人士推动之下，1926 年 10 月 1 日，哈尔滨广播无线电台宣布成立，并开始正式广播。这是中国正式成立的第一座无线广播电台，比上海新新广播电台早成立五个多月。当时播出功率只有 100 瓦，波长 280 米，频率 1070 千周。广播内容有新闻、戏曲、音乐、市场行情等，每晚播音两个小时。由事务所办理收听手续，统一收费。

哈尔滨广播无线电台正式播音之后，日本私设天线的商行仍不接受管理。刘瀚又敦请东省特区交涉员蔡运升找日本驻哈尔滨总领事馆交涉。蔡运升向日本总领事天羽英二展示了哈尔滨广播无线电台事务所的有关条例，重申了张作霖签署的取缔日商哈尔滨通信社的命令，要求他们执行复照中的诺言，立即拆除私设的天线，听从中国当局的管理。天羽英二理屈词穷，不得不答应照办，但仍拖到 11 月 19 日才拆除天线，接受中国当局的管理。

继哈尔滨广播无线电台成立之后，1927 年 3 月 18 日，上海成立了新新广播电台。5 月 1 日，天津广播无线电台也成立了。在这同时，东北无线电长途电话督监处奉张作霖公署的命令，又投资八万元，在哈尔滨新建一座功率 1000 瓦的广播无线电台，让刘瀚兼任监理。当时，他用五万元购置各种设备，买了上海美商开洛公司的一部 1000 瓦的广播发射机；又用三万元在南岗长官公署街和义州街交叉处的一块空地，建了一座编播、发射为一体的二层楼房，总面积为 844 平方米。1927 年 12 月 27 日，全部建设完毕，并进行广播实验，结果一切正常。1928 年 1 月 1 日，正式改用新设备广播。当时，这座新建的广播无线电台，功率居全国之首，是中国无线广播功率最大的电台。

由于刘瀚坚决反对日商利用电信收集经济情报，不准日本人用自动电话传递经济消息，使日本人恨之入骨，一直伺机报复，并暗中捣鬼，迫使刘瀚于 1930 年 6 月离开了无线电台，到中东铁路局工作。1932 年日本帝国主义占领哈尔滨后，马上就去逮捕刘瀚。但他已于沦陷前离开哈尔滨，回到了北平，使日本人扑了空。1937 年以后，日本人又多次到北平追捕刘瀚，由于他已转到绥远电报局，以后又到西安工作，其阴谋均未得逞。

1941 年，中国第一座广播无线电台创建人刘瀚先生，在陕西西凤县双石铺任所病逝，终年 50 岁。

一个为罪恶社会所吞噬的航空工程专家

———

陈 仓

　　本文主人公周行功先生，早年留学美国，获博士学位，被聘为美国一家飞机制造厂的工程师。抗日战争爆发后，他毅然抛弃优厚的条件，告别娇妻爱子，只身返回祖国参加抗战。可是当他回到自己久别的祖国后，看到的却是腐败，受到的却是冷漠。在残酷的现实面前，在厄运的接连打击下，他失望了，绝望了。在求生的死亡线上，他拼命挣扎，然而，还是倒在了严冬的寒风里……

　　这便是中国。

　　这是一片可怕的沙漠！科学家在这里得不到寄托的沃土，艺术家在这里沾不着滋润的雨露！有的是手令和训词、世故和人事，不少的学人和专家便在这风沙的大漠上，现实生活的八阵图中，人为的诈毒的罗网里摸索、挣扎、哀鸣，以至于倒下。

　　绝望的郝贵林（兵工专家）吊死在重庆的公共厕所中，悲愤的杨时仙把生命交给了酒和剪刀！

一片可怕的沙漠！

此刻，笔者以无比悲愤的心情，介绍另一位与郝、杨两人同命运的受难者——工程师周行功先生。

周先生是山东西南部人，哪一县已经记不清了，家境相当富裕，因此才能幸运地从家乡到达北平（照推算，那是民国初年的事，当时还称北京），顺利地考入了清华大学，那时，周先生不过 16 岁左右。

他的天资很高，而且又肯用功，所以成绩很好。约在民国六七年间（1917—1918），学校选送一批庚款留美学生，周先生就是这批学生中的一个。

周先生当时一切是太幸运，也太顺利了，正所谓"少年得志"。他满意地跨上了东渡的洋船，热烈地接受亲友们的礼赞，兴奋地踏上了新大陆的土地。

抵美后，他就读于世界闻名的麻省理工学院专攻航空工程，同样以优良的成绩毕了业，而且入了研究院，他的勤奋有了收获，得到了博士学位。

大家可以想象得到的，20 多岁的周先生当时的心境是多么快乐啊。

他本来是打算回国的，无奈当时国内的局面非常不安，军阀互相攻杀。他站在太平洋的彼岸，遥望这一片喧嚣和烽烟，却步了。他沉恋着彼邦的科学环境，他挚爱着他的师友和学校，他留下了。这一留，便是长长的近 20 年。

他先后担任教授和工程师的工作，后来取得了"注册工程师"的资格，在一家飞机制造厂内任工程师，负责重要的工程。当时以一个中国人的身份在一个物质文明很高的国度里，担任这种职务，该是多么不平凡！

他和一位美国姑娘结了婚，先后生了三个孩子，建立了一个幸福的家庭。

在长期异国情调的感染中，他的生活习惯全部"美化"了。长期科学工作的浸渍，使他变得出奇地孤僻。他疏于（甚至从不）和国人来往，家信也懒得写了，在华侨中也绝少交游。他学会了拉提琴，在弓弦的旋律中，遣送工作的疲劳。

虽然如此，周先生并不曾一刻忘怀他多难的故国。譬如说，抗战前，中国向美方一次次订购飞机，经办人员往往不懂飞机机械，于是就近请周先生义务代为检查，他无不乐意接受这些麻烦的差事。他率领着技术人员，拿着试验的仪表，细心地探测飞机各部的结构。他抚摸着每一架飞机的机翼和机身，像叮咛一群远行的孩子；他想象着那些螺旋桨不久后将搏击着祖国蓝空上的白云，座舱内乘坐着祖国年轻的飞行员，他那被激动了的心，便随着喧腾的马达声，不止一次地回归到久别的祖国。

抗日战争爆发后，这位科学家恬静的心田沸腾了！可以想象，他是如何热情地向异国的夫人倾诉一个被凌辱民族的一分子胸中的积郁，如何坚决地对他的孩子们诉述祖国抗战必胜的信心。那时的周行功，沉浸在天真的兴奋中，他强烈地作着回国献身的打算，憧憬着祖国光辉的远景，希望明天……然而因为家庭的顾虑，迟迟未能成行。

正在这个时候，国民党政府有位高级官员，不知"养病"呢，还是"考察"，也到了美国；醋游之余，顺便发表了一通谈话之类，说什么祖国需要科学家，海外青年皆应投奔祖国抗战神圣大业，云云。堂堂皇皇，慷慨激昂。殊不知说者无心，听者有意，天真的周先生听到了这些"号召"，马上增添了勇气，打消了心中一切迷茫和矛盾，决意回国了。

他把这些意图全盘告诉了他的妻子，说要只身回国。无疑地，她最初的反应是阻扰和挽留，甚至索性劝他申请加入美国籍，他坚定的意志却丝毫不受撼动。柔情牵不住他的归思，眼泪浇不熄他报国的烈火，他毅然抛弃了他许多年来幸福和安详的生活。——这一决定，就是周先生生命的分水岭。

像一个武士临阵前的誓师，分手的日子，周行功怀着对于未来的憧憬和对祖国的冀望，向他的妻子庄严地宣告：

"中国是有希望的，比你的美国还有希望，将来和平了，我再来接你们，到美丽而可爱的大陆上生活去……"

"祖国将以神圣的工作来欢迎我，我将努力于飞机的制造和装配工作……"

"勇敢的中国空军将驾着我亲手制造的飞机去和日本人作战……"

……

于是，我们年轻的工程师、辛勤的科学工作者周行功先生，便抱着满心的兴奋和希望，回到他的祖国，可爱而又可哀的祖国！

可是，回到祖国后，一切并不如他所想象的那样，他得到的一份工作就是坐办公室。他担任了航空委员会（国民党政府军事委员会所属的空军指挥及管理机构）的顾问，到月终可领到一笔不小数目的薪金。这在旁人，也许以为是最难得的幸运，最上乘的"清福"，但对于一个追求实际工作的周先生，却如坐针毡。他失望极了，也痛苦极了。但他却有更多忠厚的原谅，把这一切怪现象都归罪于战时的失常。他想，以后总会好一些吧。他一天天等待，随后便是一次次的失望。初始，他忍耐地将痛苦深藏在心里，很少发泄出来，屡屡给他妻子写信，骗她说，这里一切都好，叫她不要挂念。但到了后来，从日常处事的交谈中，他处处表现出不安和愤懑了，同事们都把他看作狂人，或者以为他有意摆洋架子；他毫不介意这些嘲笑和冷眼。面对这一切恶意的奚落，他有点后悔，但却倔强地坚持着。他怀念工厂，怀念机器，对于连老虎钳也没有一把的办公室，无可奈何地感到厌倦。他就这样不通"人情"和"世故"，多次请求调换岗位，都没有获准。他终于被激怒了，时常在办公室内拍桌怒骂，即使是他的长官也不留情。长官们也是不好惹的，不久以后，这位顾问就被免职了！

这就是当时的国情，不是周行功所能理解的，假若他肯逢人便说"今天天气哈哈哈"，时时都马马虎虎，处处都糊糊涂涂，战后还不"贤"乎"达"乎，即使不提名新贵，至少也可捞到一笔"接收"横财！

在祖国的土地上，他觉得生疏了，一切都变得如此格格不入。免职后的周先生，第一次感到失业的威胁，度过顺利的半生，才真正体会到彷徨和失意。他无可避免地想到了美国的家，回去吗？不能。他无法在妻子面前证明他和他的祖国如此无用。他想回家乡，而山东的老家，早隔断在层层的烽火里！

周先生正痛苦地泅泳在矛盾的旋涡中，却接到一份聘书，武汉大学请他作航空工程系的特约讲座。但时间是短暂的，因为战火的逼近，国民党政府又西迁了，周先生并没有与之同行，原因是一股强烈的乡愁袭击了他。山东的家人知道他回国以后，无论如何要他设法回去一趟，周先生也觉得离家 20 年，也确想回去看看，但事实上又无法办到。正犹疑间，武汉保卫战展开，他只好狼狈地移居四川。

其实，他是可以重入武大执教的，然而他不，一方面他是一个实际的工作者，他的服务场所应该是工厂而不是学校；另一方面因为他写中国字、讲中国话已很生硬，教书颇多困难；再说，他又哪里有本事去为自己钻营自荐呢！

他只有闲住在家里。

到了这时候，周先生才真的恐慌了！

也许是饥不择食的缘故吧，民国 28 年（1939）的秋天，周行功登上成都县立中学高三毕业班的讲台，讲授物理课。他的脸庞已经比以前瘦削多了，失却了往日的光泽；稀疏的白发，就是他两年来屈辱生活的标志。他以生硬的腔调，连缀着他所能搜集到的国语词汇，许多专有科学名词只有借助于英文来表达。因此，作为一个中学生，听他的课是非常困难的事，而他的教学法也是失败的，他喜欢在黑板上画各种复杂的图形，又喜欢举机翼剖面或空气动力为例，弄得学生不知所云，对这位博士从一开始就非常不谅解。但他的态度是诚恳而热情的，不像其他镀金博士似的故弄玄虚。及至学生了解到他可悲的处境以后，便十分同情和尊敬他了！对于物理课，大家高度地提高了自学的精神，并不愿在课堂上特别与周先生为难，同学中有对于数理特别有兴趣的，便在课余私下找他补习，周先生从不拒绝这些热心的求教者，同样认真地指教他们；学校当局对他还是相当满意的。

等到他教的那班学生毕业以后，也许是校方发现了其他班级并不能接受他的教学方法的缘故，也许是一些别的什么原因，周行功便被成都县中解聘了！

他没有能耐去参加那"六腊之战"（中华人民共和国成立前四川各地学校每逢六月、腊月向教师下发聘书，广大教师为了生计而紧张地活动以求获聘任教），也许他根本不知道有这一行买卖，周行功这下子可真失业了。他寄居在锦城（成都古称"锦官城"）一家"鸡鸣早看天"之类的三等旅馆中，噙着泪水，按捺着激跳的心，向太平洋彼岸的妻子撒着弥天的大谎："一切都照计划进行，不用挂虑的！"可怜他的妻子，哪想得到那封来信的邮资，竟占了丈夫当时财产的1/3！

这种窘态并没有持续多久，不幸中之大幸，周先生又接得了四川省立高级工业专科学校的聘书。对此他感到欣慰，立刻搬入东门外多宝寺校址，重操粉笔生涯！

成都县中有些同学偶尔也到多宝寺去探望他，有人回忆当时的印象说，周先生因为受刺激太深，神志已经有点失态，麻木而且憔悴，眼睛呆滞无光，头发和衣服也懒于整理，房内凌乱不堪，那把提琴已经不知去向，他还不间断地抽着劣质纸烟……

一个学期以后，他又离开了多宝寺！无疑又是学校将他解聘，那是民国30年（1941）的秋天。

这时的周行功，才真的绝望到底了。偌大的中国，竟找不到立身之所。他艰苦地和饥饿作了几个月的搏斗，失败了。他的矜持已经动摇，理想已经烟消云散，寄居在一个同事的家里也渐感不便了。更大的困难迫使倔强的周先生不得不向他的夫人投降，决意再度赴美。正当他准备向万里外的她作呼援的绝叫时，太平洋之战（1941年12月）爆发了。

像一个疲惫的善良生灵躲不开猛兽的追扑，周行功实在无力跨越这黑暗现实为他预设的陷阱。他举目无亲，无力反抗，只有逃避；令人难以置信的是，他竟吸上了鸦片烟！

他想用这强度的刺激来麻木自己的创伤，在烟雾的缭绕中得到片刻的恬静。这害人的毒物，却被周行功看成是一个柔善的抚慰者！

从此，周先生的生活全部越出了轨道，蓬头垢面，半痴半狂，随身的衣物全部送进了拍卖行。

蒙在鼓里的周夫人，由于久久得不到丈夫的信息，日益加深了她的怀念和疑虑，敌不过这些情绪的侵扰，她安顿好孩子们，便决定到中国来寻找他！

经过许多周折和奔波，她到了华西坝（成都城南的大学区），又跑了许多路，问了许多人，终于找到了周行功。

站在她面前的，早已不是昔日的周行功了，他像一个才出狱的病囚，一个将死的乞丐，眼粪和牙垢，乱发和长须，一副憔悴的病容上，浮现着呆滞和麻木……这一切现实的迫害在他身上留下的创痕，标志出他数年所受的折磨和灾劫之沉重。长久的对望以后，两人都悲痛地哭泣了，但当他下意识上前与她握手表示亲热时，她退缩了，变得尴尬和难堪，一种倨傲民族的优越感，在她的潜意识中迸发了，多么庸俗的功利主义的心呵！假若在当时，她想重温过去的日子，给予周行功足够的照顾和同情，也许周行功会从此逃出罪恶的圈圈，恢复生命的活力。然而，她不，她竟吝啬于向行将没顶的丈夫抛下一个救生圈。她有比怜悯更多的憎恶，认为有一个吸鸦片嗜好的丈夫，对她是一种耻辱，正像一个庸医一意责骂那无罪的患者，而忽略了去寻找造成疾病的原因。正需要多量的抚慰和爱怜的周先生，得到的却是彻骨的冷嘲和奚落！当他从昔日的爱人的口中听到离婚的字眼时，他的心碎了，心中希望之火的余烬，顷刻之间让这雪水般冷酷的语句淹没了。他周身战栗，久久不能说话，好半天才呐呐地说出两个字："可是……"

过多的乞怜只有加深对方的厌恶，无助于爱情的挽回，绝望的周行功无可奈何地同意离婚的要求。

在人生的战场上，此后的周行功真正的变为一个孤独无援的弱者了。

从那时候起，谁也无法知道他的行踪，热心的学生们也曾经努力去打听过，却也没有结果。可怜的周行功，他的名字已经在人的字典中被抹消，而过着非人的生活。

民国35年（1946）深秋的一个晚上，早睡的成都市民已经各自回家休息，长而直的东大街，行人稀疏，路灯暗淡，更加衬托出冷风的肃杀和古城的悲凉。一个青年人挟着一些新买的旧书向四川大学的方向走去，不时还扫视着两侧地摊，想发现一些便宜的旧货。忽然间，他被一声悠长的叹息所吸引，顺着那传来叹息的方向看去，只见在一盏摇闪的荸荠灯下蹲缩着一个衣衫褴褛的老人。走近一看，原来这老人是坐在一张小矮凳上，面前摆着一张矮小的方形托架。托架上有几张红色的折纸，纸旁有墨盒和毛笔，而最显目的还是一个白色的小镜框，框内有四个歪斜的大字"相命如神"。这位青年端详着木然不动的老人，感到似乎有点面熟，他从那如银的白发和乱须中，从那高耸的颧骨和瘦削的脸庞间，从往昔的生活中去追寻，顿时，这位青年像触了电，惊叫起来。

"周先生！"

"你！你是谁？"

青年介绍自己姓向，在成都县中就读时，经常在课外向周先生请教物理，现在已是四川大学数学系四年级的学生了。

"呵！"这一声喟叹，倾诉了老人多少的辛酸，"年轻人眼力好，我呢，不中用了！"

"怎么了，老师，这……你怎么会……"学生指着他前面的摆设，满心都是疑问。

"梦，一场梦啊，没有说的，都不必说了，摊子么，是一个朋友的！呶，他回来了。"

"你先生算命么？"这时一个矮小的中年人兴冲冲地赶来！

周行功站起来，对他说："我先走了，你守着吧。"然后转向姓向的青年："同学，再见了！"

"不，不，周先生！"他一把挽住老人的手，"分别这许多年，不也应该谈谈么！"

周先生没有回答，踉跄地随他进入了附近一家茶馆。

周行功先生怀着难以抑制的悲哀，用哑涩的声调断断续续地诉述这些年来遭遇的惨苦。

"……我抽烟，抽烟，只有抽烟。她给我的钱，不满三个月便用去了一半……后来省一点，总算一年内没有挨饿！以后便不成了，一天有时只吃一餐……忽然有一天，警察把我捉进勒戒所，我以为这下子一定死了，我想死了倒还好，闭着眼睛等，可是没有，他们又把我放了！出来没有饭吃，只好去讨。他们又不准，说大街上有碍市容，警察打我，送我进游民习艺所。方才那位算命的便是在习艺所认识的，他有空就教我，说这可以找钱吃饭。在习艺所生活并不比外间好过，又不能逃。后来霍乱闹得凶，一天死几个人，天气热得闷人，米又贵，他们便把我放了。不久抗战胜利，我欢喜得几夜没有睡，心想这一下可好了，起码也可以回家了。可是……"

老人伤心了，泪珠挂在眶边。

街上变得非常冷清，茶客也散去了，青年学生揩干泪水，站了起来。

"老师，你住在什么地方？明天好再找你！"

"呵，不不——也好，明天来这里等你。"

学生把怀里仅有的 3000 元（旧币）摸了出来，怯怯地交给周先生。周行功没有感谢，也没有推辞这善意的馈赠。

可是第二天，姓向的青年约来大批好友，在茶馆等候又等候，始终没能见到周行功的踪影。

周行功，这重重苦难的驮负者，又把自己隐藏在人们的视线之外，人们再无从打探他的消息了。

后来，据说成都盐市口刘湘铜像下（四川地方军阀，1938 年率部出川抗战，殁于武汉）有一具连鞋子也没有、衣服非常破碎的尸首，伏在严冬的冷气里，看过的朋友都说像周行功。可是，我们不难相信周先生已经离开了那不容他生存的人世，而成为在冻馁的迫害下倒下的许多无名路殍中的一个！

孙寒冰的悲壮人生

———

郑兰荪

令人惋惜的英年早逝

1903 年，孙寒冰出生于江苏省南汇县周浦镇一个小商人家庭，父亲在镇上开一个小木器店，收入仅够维持生活。他幼年时父亲因病去世，生活困难，不得不跟着舅父到东北谋生，一面读书一面在电报局当练习生。1919 年由上海中国公学考入复旦大学商科，1922 年毕业，1923 年留学美国，1925 年获华盛顿大学（西雅图）经济学硕士学位，后又转入哈佛大学研究院攻读经济学及文学。1927 年回国在母校任政治学教授，此后一直未离开母校。1928 年兼任复旦大学预科主任，1929 年任政治系主任，还先后兼任上海国立劳动大学教授、暨南大学法学院院长、中山大学教授。1931 年创办《黎明书局》，任总编辑。1937 年 1 月创办中国的第一本《文摘》，任主编，1938 年任复旦大学教务长兼法学院院长，这一年，复旦大学由上海内迁至重庆市郊区北碚嘉陵江对岸黄桷镇。它虽是个私立学校，但却是抗日爱国的阵地，也有人称为"堡垒学校""南方革命的摇篮"。所以敌人把复旦看成眼中钉。

5月27日，敌机有预谋地对准黄桷镇进行了一整天的轰炸。该镇是一个人口不足千人的小镇，因市郊不设防，万恶的敌机就更加肆无忌惮地在小镇上进行低空飞行，几架十几架飞机一字排开，像篦头发似地一遍又一遍地轮番投弹、扫射。小镇顿时狼烟滚滚，房屋倒塌，血肉横飞，惨不忍睹。

那天清晨，复旦正在举行纪念周。吴南轩宣布就任代理校长之职，并向师生们讲话。忽然听到警报声，大家便立即向四野疏散。下午1点多钟，敌机30多架第四次来袭，孙寒冰不幸遇难，年仅37岁。据目击者张宗曾老人（当时是复旦学生，20世纪90年代末为重庆市政府参事）说：那天中午，孙先生正从王家花园教授宿舍里出来，鬼子扔下了炸弹，一块弹片击中他的头部。章靳以教授等人看到他离开宿舍后拿着望远镜朝天空仰望，被一块从屋顶上飞过来的巨石击中，昏倒在地，不省人事。（张先生所看到的弹片可能就是巨石）伍蠡甫的夫人周炜等，立即拿来急救药物，打了三针强心针，吴校长和许多教授都围在他身边焦急地等待着他睁开双眼，但时间一秒一秒过去，他终究没有醒来，表面上看不出有什么伤，实际上致命的伤已深入脑颅内，手足渐渐冰凉，叹出最后一口气，便结束了他年轻的生命。同时牺牲的还有《文摘》工作人员汪兴楷及同学朱锡华等多人。贾开基教授被炸断一只胳臂，校舍被炸毁，学校已无法上课，校园内外一片哭声。当晚，学校为遇难者设了灵堂，师生们围着孙先生等人的遗体默哀，泣不成声。重庆、成都、桂林等许多地方开了追悼会，发来的唁电不计其数。

郭沫若写诗悼念："战时文摘传，大笔信如椽。磊落如肝胆，鼓吹动地天。成仁何所怨，遗患正无边。黄桷春风至，桃花正灿然。"夏衍著文说："少了一个说真话的人。"胡愈之说："他是一个真正的学者，一个为真理而奋斗的文化战士。"

次年 5 月，寒冰先生遇难一周年，重庆市为他隆重举行纪念大会，在舆论的影响下，国民党和政府首脑还专门题了词，蒋介石的题词是："立言不朽。寒冰先生千古，蒋中正。"

1945 年抗战胜利后，复旦迁回上海，在校园内有几座小楼用对学校有重要贡献的人名命名，其中一座就是以孙寒冰的名字命名的"寒冰馆"。

刻苦读书学真知

孙寒冰"是一位真正的学者，一位为真理而奋斗的文化战士"。这两句话比较准确地也是实事求是地概括了他的一生。他主要的志向原是当一名学者，教书是他的职业生涯。可以说书本是他不可须臾离开的终身伴侣。在留学美国期间，他对听课有时没有太大兴趣，但他却很重视自学，独立思考问题，每天必去图书馆，风雨无阻。他在那里广泛阅读各方面的书籍。因此偌大一个图书馆的藏书他非常熟悉。有时同学要查一本书，问到他，他无须查找书号索引，就能立即告诉你那本书在什么地方。他个人的藏书之多在教授中也是少有的。走进他那小小的书室，就仿佛进了一座书城。他一家六口在他逝世后社会捐款用完的情况下全靠变卖他那 160 多箱书籍维持生计。他读的书广泛涉及哲学、经济学、文学、法学、社会学、政治学等社会科学的各个领域，尤其酷爱文学和经济学。

他读书不仅注意博，也注意求精。例如，他对古典哲学家柏拉图、亚里士多德、亚当·斯密、塞列格曼等人著作的一些精彩段落可以背诵如流，使一些好读书不求甚解的搞哲学的人为之汗颜。他在读《政治科学与政府》一书时，为了弄清原著中的一个问题，不惜花费很多精力和时间去考察研究，最后还是写信到美国去咨询，才把它弄清楚了。

由于他学识渊博，根底深，许多大学都聘请他当教授，他除讲授他所学的专业经济学外，还教过外国文学等。他在美国本没有专门攻读政治学，但学校缺乏政治系教师而又深知他知识面广，执意请他讲政治学时，他便边教边学，很快成为这门学科的内行，以至同学们根本想不到他不是政治学专业出身，对他讲的课非常感兴趣。他还担任了复旦大学图书委员会主任，经常为图书馆提示购买图书的目录。每当市场上有价值的新书问世，他立即指示工作人员去购买，因此复旦大学图书馆经常存有很好的新书供师生们阅览。

他从不以名教授自居，居高临下地我讲你听，认为"我讲的就是真理"，而是循循善诱，启发诱导，将各方面的意见、各种学说流派都摆出来，让学生自己去比较，去辨别哪种学说是对的，哪种是不对的。他认为只有这样才可以培养同学们分析判断、辨别是非的思维能力。他明确要求《黎明书局》，凡是有价值的能代表一家之言的重要著作都应当出。

在抗战以前的那一时期，孙寒冰对于马克思主义学说就已经产生了浓厚的兴趣，并且有了明显的倾向性，他在美国留学期间就认真钻研过马克思的《资本论》。他在讲外国文学课时，就拿出英文版的《共产党宣言》《政治经济学批判导言》，摘出一些章节让同学们阅读，或逐字逐句地讲给大家听，外人以为是在教英文，其实是画龙点睛地介绍了马克思的书。

但孙寒冰不是死读书、读死书的书呆子，他刻苦读书是要学真知、求真理。他学习书本知识是和关注客观现实、注重个人的社会实践结合在一起的。后来由一位学者变成了主持《黎明书局》和《文摘》的文化战士，就是顺应了时代的潮流和形势发展的需要。他不仅阅读大量的书籍，每天还阅读大量的中外文报刊，及时掌握国内外形势的动态。他主编《文摘》，能在复杂多变的形势下保持清醒头脑，分辨是非，正确地选择稿件，恰当地回答问题，说明了他是在学习过程中逐渐掌握了真知。

与《文摘》共度时艰

《文摘》是孙寒冰于 1936 年任复旦大学教授时创办的。他称《文摘》是一本"杂志的杂志"，把国内外各种杂志、文章的精华摘录、翻译刊登出来，通过一本 200 页左右的杂志，使人们了解各家学说，综览世界大势。当时正是日本帝国主义准备大举进攻中国的前夜，孙寒冰确定《文摘》的编辑方针是："暴露敌人阴谋，促进全国团结，为抗战做准备。"由于这一方针表达了广大人民的心声，所以这本杂志一经问世便受到人们的热情欢迎，市场上供不应求，1937 年 1 月创刊号一版再版，一共出了五版，发行数有五六万册。

《文摘》原为月刊，每本四五十万字。到出完第八期后，发生了"七七事变"，抗日战争全面爆发。日本人气焰嚣张，长驱直入，形势突变，人心惶惶，给办杂志带来许多困难，不少刊物被迫停刊。《文摘》怎么办？同人们议论纷纷，继续办还是停办？办下去有没有前途？怎么办？问题尖锐地摆在孙寒冰面前，他明确地向大家表示，这本杂志受到老百姓尤其是青年人的欢迎，我们不能让这棵新生的幼苗刚刚诞生，就被日本帝国主义的屠刀扼杀掉，《文摘》是一定要办下去的，再困难也要想办法克服。他并向大家提出，《文摘》要适应形势的变化，由月刊改为旬刊，每期 20 页左右，这样来得快，比较能够适应瞬息万变的形势；编辑方针改为："宣传抗战必胜，日本必败。"于是，《文摘》改名《文摘战时旬刊》，以崭新的面貌出现在人们面前。

 1937 年 8 月 1 日，《战时旬刊》第 2 卷第 2 号，旗帜鲜明地编出了"卢沟桥浴血抗战特辑"。"八一三"上海沦陷后，复旦大学由上海迁往重庆，孙寒冰因患严重的伤寒病，高烧达 40 多度，整天昏迷不醒，只能留在上海。但他办好《文摘》的决心并未因形势的险恶和自己的重病而丝毫动摇。他和几个挚友商定将《文摘》转移到武汉继续办。他病体稍有恢复就看资料，为武汉源源不断地提供了大量稿件。病愈后，他把老母和妻儿留在上海，自己只身一人从香港辗转到广州，用汉口寄来的纸型发行《文摘》广州版。武汉、广州沦陷后，《文摘》被迫停刊，孙又不得不返回香港，几经周折到达重庆，在复旦大学继续任教。但他最大的愿望还是要恢复中断了的《文摘》，在资金、人力、资料十分困难的条件下成立了复旦大学文摘出版社，坚守住了这块抗日战争的宣传舆论阵地。

 《文摘战时旬刊》从 1937 年 9 月 28 日第 1 号起到 1945 年抗战胜利结束，共出版了 140 多期（到 1944 年底是 128 期），都紧紧围绕着抗战必胜、日本必败这一主题做文章，主要有：一是阐明中国必胜的条件。二是反复说明日本有不可克服的弱点，最终必然搬起石头砸自己的脚。三是宣传苏联是反法西斯的主力，是中国人民的朋友。四是鼓舞斗志，增强打击日寇的信心。五是维护团结，反对分裂，一致对敌。六是揭露和批判诋毁中国人民的言论。

 《文摘》是风雨飘摇中绽放的一朵绚丽的鲜花。由孙寒冰主编的这个刊物，经过战争的洗礼，已不是一般传授知识的刊物，它刊登了不少领袖人物和知名人士的文章，它真正的闪光点在于它具有强烈的思想性和战斗性。它从理论和实践的结合上多侧面多层次地剖析了"抗战必胜，日本必败"的论点，高屋建瓴地引导人们从纷繁复杂的国际风云变幻中把握时局的发展动向，使人们心胸开阔，头脑清醒，立场坚定，斗志昂扬。

在孙寒冰逝世时，出现了两种不同的声音：一种是敌人的广播电台里，传出日本军国主义的叫嚷："《文摘》主编孙寒冰被炸死了，我们的轰炸成功啦！"而复旦大学的广大师生则悲愤不已，他们万分惋惜地称赞孙先生。

复旦大学校长吴南轩说："孙寒冰是《文摘》的灵魂。"

冒险推出中文版《毛泽东自传》

《毛泽东自传》是毛泽东亲自口述，美国著名记者斯诺笔录的生平事迹的忠实记录。这本书从毛泽东的家庭身世讲到他的幼年和青少年时代，从参加中国共产党成立的第一次党代表大会讲到大革命失败后的井冈山斗争，从红军的五次反"围剿"讲到二万五千里长征，胜利到达陕北开创抗日根据地的新局面。这本书实际上是中国社会和中国革命的一个缩影，具有很高的历史价值。

这本书是毛泽东第一次口述的自传，在中国，第一次发现和策划出版中文版《毛泽东自传》的是孙寒冰。

1937 年 8 月的一天，孙寒冰阅读美国的英文报刊 ASIA（《亚细亚月刊》）时，不经意间看到了这篇文章，顿时眼睛一亮，用冯和法的话来形容是：如获至宝！为什么作为一位党外人士的孙寒冰，会情不自禁地产生这种情绪呢？其原因一方面是孙寒冰对接受共产党及其领袖的言论和政策主张具有了政治思想基础，在思想感情上有共鸣。另一方面是国民党统治区的人民，由于受国民党反动派的欺骗宣传和造谣诬蔑，思想上存在很多疑团和迷雾，迫切需要了解共产党和解放区的事实真相。所以，孙寒冰感到这个偶然的重大发现是一次非常难得的机遇，绝不能轻易放过。于是，他决定请汪衡（复旦大学在校学生、《文摘》编辑）全文翻译出来。

文章译出后，如何在刊物上发表，是摆在孙寒冰和《文摘》同人们面前的一大难题。因为在当时党禁未开，上海国民党设立的图书杂志审查委员会仍然对共产党和边区消息严加封锁，上海的《生活》《永生》《大众生活》等杂志都因发表进步文章一再受到迫害，有的被查封，有的文章被扣发。在这种形势下贸然刊发共产党领袖的自传会有极大的风险，有可能会招来杀身之祸。个别编辑对发表这篇文章有些疑虑是难免的。但孙寒冰态度非常坚决，坚持要在《文摘》上公开刊发。问题是如何闯过反动当局审查这一关。他四处奔走，找很多人想办法，最后去找他的老师，也是复旦大学校友邵力子。邵是国民党内的开明人士，又是国民党中央宣传部长。他抱有一线希望携带书稿，乘火车到达南京国民党中央所在地找到了邵力子，说明了来意，呈上书稿请邵过目。两人经过交谈，邵慨然提笔在书稿上批了"准予发表"四个字，并签上自己的名字。

孙寒冰带着邵力子的批示立即返回上海，和同人们商量之后决定在《文摘》上连载。从1937年8月1日到11月18日在《文摘》上分7期刊载，其中《文摘》月刊发了第1期，以后6期都是抗战开始后在旬刊上发表的。在汇集成书时，增加了《毛泽东论中日战争》《毛泽东夫人贺子珍小传》《斯诺眼里的毛泽东》等三篇附录，还影印了毛泽东关于抗日战争的题词以及有关毛泽东的照片、合影和八路军战士活动的照片。

在1937年《文摘战时旬刊》第5号刊登的广告文中写道："本书是毛泽东先生亲自向美国著名记者斯诺氏口述生平事迹的忠实记录，是中国革命史上的一个重要文献。原文在《亚细亚月刊》上分四期发表，经本社译出在《战时旬刊》中连续刊出，曾引起读者莫大的注意。"

据当时负责发行工作的经理徐毓源先生回忆，此书一出，轰动了整个蒋管区，一版再版，发行范围达到南京、天津、保定、西安、南宁、开封、重庆、无锡、杭州、武汉、成都、济南、广州、郑州、南昌等大中城市，发行数量达六七十万册（私商印刷的不计其数，无法统计）。一本4万字的书，发行数量如此之多，在当时是一件稀罕事。

许多读者反映，读了这本书，消除了对共产党的很多疑虑和误解，了解了共产党和抗日民主根据地的许多事实真相：共产党的领袖毛泽东"朴实、真诚、谦和、平易近人，讲的话入情入理，可信、可亲、可敬；共产党是同情老百姓，为老百姓办事的；真正高举抗日大旗的不是别人，是中国共产党！"

独特的人格魅力：真

孙寒冰的人格魅力，可以用一个字来概括：真！不论在日常生活中，还是在重大原则斗争中，他呈现在人们面前的都是一个不加任何包装的"真我"。

他的人生价值取向是追求真理。他不论是办《黎明》还是办《文摘》，都不是为个人从中捞好处，而是为了拯救中国、振兴中华的大业。

他对名利看得很淡薄。真正做到了"富贵不能淫"，"淡泊以明志"。他对做官不感兴趣，在他的同学中有不少人先后到国民党政府里做官，不时有人拉他也去做官，他都没有答应。国民党高层人士中有人公开请他去当厅长、司长，甚至副部长，也被他婉言谢绝。

他对钱财历来看得很淡，正像章益所说的，"他不会在金钱上作一点打算"。他当《文摘》主编是分文不取的，不仅这样，他还腾出自家的房子做《文摘》的编辑部，还要常年从教书的薪金收入中拿出可观的钱来解决编辑们夜间工作时的食用开销。在他的带领下，所有编辑也都是无偿劳动，不拿一分钱的报酬。

他为人处事襟怀坦荡，待人真心诚挚，没有私心。许多朋友说，他这个人像白纸一样纯洁，他的心像玻璃一样透明，他嘴里说的和心里想的完全一样，对人从来没有什么心计，从不算计人，也从不为自己打小算盘，但对朋友却十分宽厚真诚，对穷苦人充满同情，能帮人一把的就尽量帮人一把。你找他谈话，或找他办事，你尽管说好了，不要有什么顾虑，更不要有什么戒备。因为他对人总有一片好心，他也不嫉妒别人，总是很善意地看待别人。他给无数的人帮过忙，但从来不为自己的事托人找关系。他的脸上总是挂着微笑，透着内心的真诚和善意，他对人的这种心态，使人们对他产生极大的信任感和凝聚力，愿意和他在一起共事，为他分忧解难。《文摘》编辑部这个小小的群体之所以团结得那么紧密，在三年多的时间里历经艰难险阻而不溃散，固然是由于同人们的高度觉悟，但和孙寒冰为人处世的崇高道德品质是有直接关系的。

作为一名追求真理的文化战士，孙寒冰最重要的行为准则之一是讲真话。在事关重大原则是非的斗争中，能够顶住压力，抛开个人私心杂念，勇敢地坚持真理，胸怀坦荡地讲真话，不隐瞒自己的观点，不讲违心的话。这是一个真理追求者极为可贵的优良品质。

1939 年 8 月，苏联和德国在莫斯科签订了"互不侵犯条约"，其内容是苏德双方互不动武，一方也不参加反对另一方的国家集团，不给第三国以任何支持等。这个条约一公布，立即引起全世界反共反苏势力的猖狂进攻，国民党反动派也开动所有宣传机器，参加反苏大合唱，诬蔑"苏联是赤色帝国主义"，"苏联是要和希特勒勾结起来瓜分世界"，并借此为在国内掀起第三次反共高潮制造舆论。除《新华日报》外，重庆不少报刊都参加了这一反苏反共的合唱。但孙寒冰却不顾国民党的高压政策，在《旬刊》上选登了好几篇外论文章，揭露英国的张伯伦和法国的达拉第等，不但不接受苏联提出的建立反法西斯统一战线，坚决制止德意法西斯发动世界大战的正确主张，还千方百计地讨好法西斯，企图把侵略矛头引向苏联。苏联为了自卫，不得不和德国达成暂时的妥协作为缓兵之计，这样做可以延缓战争的爆发，对世界人民也是有利的。同时，孙寒冰还请人翻译出版了勃兰特的《莫斯科外交》一书，比较详细地说明了苏德"互不侵犯条约"的真相。这一下捅了马蜂窝，国民党宣传机关对《文摘》展开了口诛笔伐，极尽威胁、警告、诬陷之能事，大有"黑云压城城欲摧"之势。但孙寒冰在严峻的形势面前，毫不屈服，沉着应对。他在 1939 年《文摘战时旬刊》第六十八、六十九期《编者的几句话》中表明了自己的严正立场，对反苏反共言论委婉地进行了反驳，说："我们有充分的可靠的材料足以暴露这次战争的内幕，但其中有涉及我国友邦之处，在我国现在的国策下，是不能刊载的。""在只能从报纸上得到路透、哈瓦斯、合众社的消息的读者，自然会发生上述的疑问。我们请求读者信任我们，我们知道我们的责任是如何地重大。""我们选择文章，除了能够代表一定的言论之外，凡是分析实际情势的，我们决不因作者是世界名人而作选择标准，我们必须有可靠的事实作他们的意见的后盾。""《文摘》和其他一切文化战线的战友一样，具有追求真理的热和改造世界的忧。"

关爱青年的赤诚之心

孙寒冰认为，青年人朝气蓬勃奋发向上，思想活跃，最富于正义感，愿意接受真理，对人对事没有框框，他们凡事要问个为什么，"打破砂锅问到底"。所以，他最喜欢青年人，而青年人也喜欢他。这不仅因为他学识渊博，谈吐不凡，更重要的是他有一颗关爱青年的赤子之心。

　　他想方设法帮助培养青年，有重担子，创造条件让青年人去挑。他在劳动大学教书时，有一天，把陆国香等两名同学找来说："我们现时正在用作教材的《世界政治思想史》不错，是美国格退尔教授的英文版著作，许多同学看不懂，只能由我讲，大家不能读原文。所以，我想请你们两位把它翻译成中文。"并说："这本书很厚，文字太长，可先译近代部分，名字就叫作《现代政治思想史》。我可以帮助你们校订，书译出后，我还可以介绍给《黎明书局》出版。"陆国香等听后，十分感动，受宠若惊，他们做梦也不会想到自己能出书。他们过去虽然在报纸上发表过一些短小的文章，但从来没敢想过要出大部头的书。他们说："孙老师，真是太感谢你了，我们不知道说什么才好。不过，我们恐怕力不胜任呢。"孙说："不要怕，万事开头难。一开始要拿下这么一大本书，确实会遇到一些困难，但做的过程中就会增长才干。"在孙先生的鼓励下，他俩日夜赶译，终于把它译完，交给了孙先生。交稿后他们心里很不踏实，怕退回重译，因为他们自己也觉得译得很不高明。哪知过了一星期，孙就将校好的前三章交给他们，要他们对照原文再看一遍，然后抄清。并说其余各章改好再退给你们。陆国香等看了孙教授的校改稿后，大吃一惊，因为经孙教授校改的稿子和原稿对照已面目全非，这哪是什么校改，简直就是重译。所以他们要求孙教授把原稿退还他们，他们自己再修改。孙说："不必了，我快改完了。"这两位学生感动极了，说："这是多么崇高的精神呀！孙老师本来是可以自己翻译、自己拿稿费、自己出名的，但是他把名利让给了我们两个穷学生，真是对青年人无私的关心和爱护呀！"

　　劳动大学校址在上海江湾，是国民党在"四一二"大屠杀后办的一所国立大学。国民党办这所学校的目的是培养控制上海各级工会的骨干。学生在校可以半工半读，不收膳宿学杂费，每年还发两套制服。当时的失学失业青年很多，为了解决生活问题，不少人来投考这所学校，其中有一些是在第一次大革命失败后，原来参加过革命队伍的青年无处投奔，不得不改名换姓来到这所学校的。所以劳动大学的学生大都比较贫穷，毕业后学校名义上是包分配，实际上很多人分不出去。这个学校办了四年，因内部矛盾太大就解散了。冯和法原先内定留校当编译馆的职员，学校解散后就要陷入失业者队伍中。孙寒冰给冯讲过课，对他比较了解，认为这个学生为人忠厚老实，有一定写作能力，有发展前途，听说冯毕业后工作无着，心里很焦急，便设法和复旦大学联系，建议吸收他来校当了兼课教师。后来又发现他兼的课点太少，报酬不多，便自己又开了一门选修课，由冯代教。这样冯毕业后不但没有失业，而且有了理想的职业，当上了大学教师。冯和法万分感动地说："孙老师为了帮助我这个穷学生，费尽了心思。他关心青年，热爱青年，真是比对待自己的子女还要尽心尽力。后来我和孙老师结下了深厚的师生情谊，他办《黎明书局》，我跟他到《黎明》，他办《文摘》要我参加，我又十分乐意地无条件地到《文摘》，直到他死，我们都没有分开过，他是我今生遇到的极其少见的最可信赖的良师益友！"

冯和法在《文摘》工作期间，曾遇到一件事：有一天，徐毓源经理对他说："孙先生借了几十元钱记到你的账上了。因为他自己的账上已没有了稿费收入，只好在你那里上账。"冯满口答应地表示："好嘛！你知道孙老师花这钱的用途吗？"徐说："不知道，我一般是不问其他事情的。"没几天，孙主动向冯说："对不起，向你借钱，事前未征得你同意，实在是因为事情太急，不得不先斩后奏。这钱是给两个革命同志做路费和医药费的。"后来知道"福建人民政府"（福建苏维埃政府）失败后，地下党员梅龚彬、区克宣逃回上海，孙要凑一笔钱给他俩做生活费。

孙寒冰遇难之后

孙寒冰有一个温暖的家庭。夫人唐淑德的叔祖父是民国初年的国务总理唐绍仪，夫妇育有三子一女。孙在世时，唐淑德对丈夫的工作给予了极大的支持。《文摘》编辑部设在她家里，给她增加了很大的负担，但她任劳任怨地服侍着《文摘》的同人们。《文摘》的年轻人经常到"编辑部"工作，她总是陪伴到深夜，给他们送茶水、煮咖啡，她和衣躺在床上，时间快到深夜一点，她就揉揉眼赶紧为大家做夜宵。

孙先生去世后，夫人在沦陷区的上海，独自撑持着这个六口之家，非常不容易！当时，募集的基金因物价飞涨很快用完，孙寒冰又没有任何积蓄，完全靠朋友救济度日。家中也没有任何房产。寒冰去世后，没有钱再租房子了，便搬到成都路原《黎明书局》经理徐毓源家居住。徐毓源是个很讲义气的好心人，他把楼上的大房间让给孙夫人一家住，自己家人住在楼下客厅里，他自己则住在亭子间里。孙夫人常感叹地说：在我们遭遇巨大的不幸时，徐先生能够这样支持救助我们，真是难得呀！

孙夫人不但要操持一家人的生活，还要想方设法让孩子们上学读书，而又缺乏经济来源，后来完全靠卖书度日，直到抗战结束，复旦迁回上海以后，夫人才在图书馆找到一份工作，算是有了生活保障。孙夫人就这样含辛茹苦地把四个孩子抚养成人。长子孙一唐和次子孙一康都是清华大学毕业，女儿孙一德复旦大学外文系毕业，是中华人民共和国成立前的上海地下党员，中华人民共和国成立后长期做党的组织工作，小儿子孙一庚北京航空航天大学毕业。

孙寒冰短暂的一生中，虽然没有更多显赫的业绩，但他留给人们的精神财富却是十分珍贵的。可以说，他是一位相当完美的、文化素质很高的一代知识分子的典型。

朱偰：不应被遗忘的"两京"研究专家

———

金　人

一

朱偰先生是留学欧洲取得博士学位的经济学家，他于授课之余潜心北京、南京"两京"宫苑城垣研究，虽为正业之外的"余事"，但硕果累累，著述宏富，泽惠后人。他对北京宫阙园囿的研究，出于拳拳爱国之心，而对南京文物古迹的研究，为的是保护古城风貌。因反对拆毁古城垣，朱偰被打成"右派"，招致不公平待遇，在"文革"中被迫害致死。

朱偰（1907—1968），字伯商，浙江海盐人。其父朱希祖（1879—1944），著名史学家。早年官费赴日留学，入早稻田大学学习史学。当时国学大师章太炎倡导反清革命，在东瀛讲学，朱希祖为其入室弟子，章太炎曾把其得意门生比作太平天国诸王而戏封为"五王"，这章门"五王"分别是天王黄侃，东王汪东，西王朱希祖，南王钱玄同，北王吴承仕。朱希祖学成返国后应聘为北京大学预科教员兼清史馆编纂人员。蔡元培出任北京大学校长后，朱希祖被任为中国文学系主任和史学系主任，兼任清华大学教授。后任中央研究院研究员、中央大学历史系主任等。他喜收集古籍，生平节衣缩食，对明清珍刻、宋季野史、南明史籍、地方志乘、抄本秘籍无不搜求。藏书达 25 万册之巨。因藏有明景抄宋本郦道元《水经注》，遂以"郦亭"为书房。他倡导新史学，主张文献与古物相结合以治史，著述颇丰，尤精南朝梁氏与南明史，是一代文史大家。朱偰出身书香世家，幼受庭训，浸淫日深，受到良好的文化教育。5 岁起从父学习古文，对《史记》和《水经注》尤为嗜爱。在父辈的熏习下，朱偰头角峥嵘，早有文名，学生时代陆续发表了不少文章，如论文《论五言诗的起源》，小说《怅望》《泡影》，译作《漪溟湖》（即《茵梦湖》）、《燕语》《沉钟》等。他翻译的《漪溟湖》对郭沫若所译的《意门湖》中十余条错误逐一指出，在当时产生较大反响。1929 年，朱偰离开生活 20 多年的北京，考取了德国柏林大学研究生，于 1932 年获得经济学哲学博士学位，回国后受聘于中央大学，任经济系教授、系主任，时年 25 岁。由于他博学多才，授课之外，除出版财政经济方面的论著，还进行文学创作，先后写出《行云流水》《汗漫集》《匡庐记游》《入蜀记》等作品，同时对南京的名胜古迹进行踏勘考察、摄影测绘，从上千幅画片中精选编写出《金陵古迹图考》《金陵古迹名胜影集》《建康兰陵六朝陵墓图考》等专著。刘伯承将军在延安时曾读过朱偰的著述，留下深刻印象。中华人民共和国成立后，刘伯承、陈毅在 1951 年 9 月 22 日约见在南京大学任教的朱偰先生晤谈，相见甚欢，并一同游览南京城名胜古迹，吊凭古今，留下了一段将军与教授相知交往的文坛佳话。

中华人民共和国成立之初，出于对新中国的热爱，朱偰先生先后两次将家藏珍本史籍捐献给北京图书馆。第一次是由柳亚子先生介绍，将六大箱南明史料捐给北京图书馆；第二次是由郑振铎、王冶秋两位先生经办，将明抄本《水经注》、宋版《周礼》和《鸭江行部志》等海内孤本捐献给北京图书馆，后来又把数万册图书全部献给了国家，受到政府表彰。1955 年，朱偰被任命为江苏省文化局副局长，他精神焕发地为整理文化遗产、发掘民间艺术、进行文物保护而不辞辛劳地忘我工作，拨款重修六朝陵墓石刻，工作之余，终日手不停披，孜孜矻矻，勤于著述，先后出版了多部作品，如《南京的名胜古迹》《苏州的名胜古迹》《江浙海塘建筑史》《大运河的变迁》《郑成功：明末解放台湾的民族英雄》《中国人民开发台湾反对侵略斗争史略》《郑和》等。

二

更为难能可贵的是，朱偰先生有深厚的爱国情怀。他留德期间，日本帝国主义发动蓄谋已久的九一八事变，侵占我国东三省，其鲸吞中国的野心更加膨胀，又把侵略魔爪伸向华北，得陇望蜀，寻隙滋事，屡启衅端，扶植亲日傀儡政权，先后制造了张北事件、河北事变、"华北五省自治事件"等。1935 年 6 月，日寇利用国民党政府中央军调防、平津守备力量薄弱之机，策划白坚武、石友三等民族败类在北平（今北京）丰台发动武装叛乱。6 月 28 日，白坚武率领的"华北正义自治军"炮轰北平，虽然严阵以待的北平警卫部队迅速将叛乱镇压下去，但日寇的狼子野心路人皆知。面对日寇的猖狂肆虐，中华民族危机日深，朱偰先生忧心忡忡，念及故都北平已临阽危之境，他寝食难安。生于斯长于斯二十余载的他，对幽燕故都怀有深挚的感情，虽离京七载，故都的宫阙坛庙、一草一木让他魂牵梦绕，眷恋难忘，日寇的欲壑难填，步步紧逼，使他担心北平如沦陷敌手，故都文物将毁于战火，有不保之虞。在《回忆录》中他饱含深情地写道：

那时，一方面，国民党争权夺利，歌舞升平；另一方面，日本侵略战争，一天逼近一天；时局时弛时紧，动荡不安。"一·二八"战役以后，日本又进占热河，华北的局面已岌岌可危。1935 年 6 月 28 日，我收听无线电广播，听到故都危急的消息，仿佛听到慈母病危的消息一般，引领北望，忧心如焚。我在第二天写下了四首诗：

昨夜风声里，惊传故国危。关山隔万里，摇落我心知。

塞北悲风起，江南音信迟。徘徊河上望，日暮欲何之。

大汉天声绝，黔黎泪暗滋。江河流万古，犹作汉唐思。

又是偏安日，江东避地时。乌衣人寂寞，王谢已难期。

北京作为都城，历史悠久，从元代建大都，历经明清两代，宫殿巍峨壮丽，苑囿景象万千，贯穿城市南北的中轴线上左右对称、并联为偶地排列着宫殿、宗庙、郊社、朝市、苑囿，井然有序地依次展开，充分体现了中国古代的哲学思想和美学思想。在这条中轴线上兴建的金碧辉煌、美轮美奂的建筑群犹如一颗颗璀璨夺目的珍珠，形成世界上独一无二的奇观。它是中国古代劳动人民智慧的结晶，不仅是中国人的骄傲，也是全世界人民共同的文化遗产。在他看来，北京故宫是元明清三代700 多年的皇宫大内所在，北京城内外的坛庙寺宇陵墓，又是辽、金以来文物制度所系，一旦遭受兵燹之灾，不幸而罹于劫灰，文物荡然，将是难以弥补的巨大损失，后世将无从窥见当年的制度！出于"国家兴亡，匹夫有责"的爱国责任感和对北京这座驰名中外的文化古城的挚爱，朱偰认为，"士不能执干戈而捍卫疆土，又不能奔走而谋恢复故国，亦当尽一技之长，以谋保存故都文献于万一，使大汉之天声，长共此文物而长存"。于是，他有所为而发，征得故宫博物院院长马衡先生慷允，于 1935 年 7 月重来北平，得以在故宫内和景山、大高玄殿、太庙、皇史宬等处摄影，历时两个月，不惮辛劳地拍下了 500 多幅珍贵的照片，发愿著书，遍览有关北京宫殿的文献史料，如萧洵《故宫遗录》，陶宗仪《南村辍耕录》《昭俭录》诸书，征引《元史》及文人诗集、笔记，排比考证宫史沿革，折中各家之说，出以己见，绘制成地图，详加论列，撰写出 5 万多字、内容翔实的《元大都宫殿考》。书中对元大都故址、元宫殿的四至范围与诸宫殿的具体地点以及宫殿、坛庙的分布一一加以论证分叙。他认为，元代虽然兴起于漠北，但太祖成吉思汗、世祖忽必烈雄才大略，叱咤风云，混一欧亚，有盖世之功，其气度非凡，元代宫阙制度影响后世甚重，明清宫殿的兴建无不肇源于此。因此，考订史籍，去其芜杂，重绘多幅宫殿图附于书中，以备后世研究者采择，1936 年由商务印书馆出版。

此后，朱偰又接连撰写出《明清两代宫苑建置沿革图考》和《北京宫阙图说》。经考察，朱偰认为有明一代的宫殿园囿之盛远逾清世。有关明清两代宫阙制度和宫苑沿革的书籍多至不可胜数，但叙说故都掌故大多抄袭旧闻，少有系统清晰、绘图精审的，不能尽如人意。自从东北沦陷，热河失守，日本人已有《热河行宫》一书出版，而日本人写的《高丽诸陵墓调查报告书》更使人深感亡国之痛。因此他在《明清两代宫苑建置沿革图考》中叙说自己穷心尽力撰写此书的动机："今日北平，已成为四面楚歌之危境，吾列祖相承之文物制度，吾 700 年来艰辛缔造之故宫苑囿，坛庙寺观，无一非民族文化之结晶，先民心血之所创造也。吾知国人之心不死，大汉之魂不灭，必不容异族长此穷兵黩武，蚕食鲸吞也！"而《北京宫阙图记》的编撰也是事出有因。朱偰有感于中国历史上战乱造成的文物沦丧，令世人锥心泣血，陡增河山故国之恸。"遥念故都，形胜依然，而寇盗横行，山河变色！能不凄怆感发，慷慨奋起者哉！"因此他奋力著书，以激励国人，以遂报国之愿："至若还我河山，固我边圉，保我文献，宏我民族，则我国人之公责，著者于编辑之余，所馨香而祷祝者也。"当此外患日甚、国难日亟，存亡续绝之际，商务印书馆将上述之书收入《故都纪念集》印行，为作者赢得了很高的声誉，因为这套著作不仅仅是纯学术的考古之作，它融入了作者深挚的家国之思，对启迪读者的爱国、报国之心也起到了很大作用。

三

朱偰先生不仅对北京深怀眷顾，而且对他后半生工作、生活的南京也充满真挚的感情。朱希祖于 1934 年应聘为中央大学历史系主任以后，移居南京，授课之余，赴南京郊外作古迹调查，在江宁、当涂、丹阳等地发现六朝陵墓 13 所，撰写《六朝陵墓报告》。受父亲影响，朱偰对南京的风物古迹进行研究，沉潜其中，乐此不疲。如他对江宁织造署的演变很关心，指出南京长江路 292 号的江苏省政协会址原为清代两江总督府，而两江总督府是由清初康熙年间曹寅的江宁织造署扩建的。曹寅的孙子曹雪芹就出生在江宁织造署。署中花园有曹寅之父曹玺修筑的"楝亭"，曹寅时成为南京文人名士雅集唱和题咏的处所，曹寅刻有《楝亭诗钞》传世。康熙南巡时曾以江宁织造署为行宫，后来被曹雪芹创作《红楼梦》时作为江南甄家单独接驾五次的真实背景。太平天国时这一带改建为天王府，而经曾国藩改建成两江总督府。因此朱偰认为，这里作为文物保护单位，有重点加以认真保护的必要。

南京有"十大古都"之称。它使朱偰着迷，也使他为此付出沉重代价。南京，地处长江下游，北控江淮，南接三吴，形胜有"虎踞龙盘"之誉。从公元前 472 年越王勾践灭吴在此建造"越城"，先后有三国孙吴、东晋、宋、齐、梁、陈、南唐、明初、太平天国和中华民国在此建都，其中以明代修建都城的规模最为宏大，为历代之冠。

1356年，起兵反元的朱元璋攻克集庆路，改名应天府，作为统一全国的基地，自称吴王，准备在此建都。次年，儒生朱升献"高筑墙，广积粮，缓称王"的方策，朱元璋深会其意，将其建议定为指导思想。其后，朱元璋扫灭群雄，勘定全国，在大将徐达攻克元大都（今北京）、元顺帝逃往漠北之后，朱元璋称帝，国号明，年号洪武，以应天府为首都，改称南京。在朱元璋亲自精心设计下，从公元1366年开始兴建南京城，征调全国20万户工匠，耗用大量人力、财力，至公元1368年建成。建筑格局一改历代城垣方正对称的规制，按山丘、湖泊、河流等地理形势，"皆据岗垄之脊"，从防御需要修筑，尽收山川之利。城垣周长33.367公里，比当时欧洲第一城巴黎还长3公里，堪称世界第一大城。城高14—21米，宽4—9米。城垣所用城砖由湘、鄂、赣、皖、苏五省百余府县按统一规格烧制，长40—45厘米，宽20厘米，厚10厘米，重约20公斤。大型城砖上均打印有监造府县官员和造砖工匠姓名，以保证质量。城垣底部以花岗石、石灰石为基础，顶部和两侧以大砖砌筑，内填小石、碎石、黄土，再层层夯实。砌砖用石灰浆、糯米汁加上桐油掺和灌入，极富黏着力，坚固异常，历数百年沧桑而不倾圮。全城建有13座城门，民间顺口溜称之为："神策金川仪凤门，怀远清凉到石城，三山聚宝连通济，洪武朝阳定太平。"其中聚宝门又称中华门，最为雄伟坚固。民间传说，修筑此门时因城下有水怪挖窟，城屡建屡倒，太祖朱元璋听说富甲东南的沈万三家有聚宝盆，借来埋在城下，城乃筑成，聚宝门因此得名。此城门一反将瓮城建置在城门内的惯例，改设在城内，体现了"国之利器，不可示人"的道家思想。中华门堪称世界上最大的古城堡，东西宽128米，南北长129米，高20.5米，有三道瓮城、四道券门，各门有上下启动的4斤闸和双扇大门。瓮城内有 27 个藏兵洞，可藏兵丁 3000 人，也可存储物资，不愧为古代创造性的军事城堡。

中华人民共和国成立后，50 年代初有关古城城墙的存废引起激烈的讨论，城墙被视为城市发展的束缚，在除旧布新、改善城市交通等名义下拆除古城墙的事在全国屡见不鲜。1956 年 8 月，时任江苏省文化局副局长的朱偰在家中休息时突然接到有许多人在南门拆毁古城垣的报告，如不及时制止，将殃及中华门。接到报告，他冒着溽暑如蒸的天气，心急火燎地赶往现场，只见石头山鬼脸城以北直至草场门，已经被拆得面目全非，太平门到覆舟山一线的城垣也在被拆毁，眼前的一切让他痛心不已，他顾不上更多考虑，向南京市政府提出批评意见，要求立即下令停止拆毁古城垣的愚蠢行为。与此同时，他还撰写了广播讲话在省、市电台播发，多方奔走呼号，联合社会各界共同阻止拆毁南京古城垣。当时中华门两侧的城垣已经被拆除，由于朱偰的呼吁，中华门得以幸免被拆毁的厄运。然而，第二年，朱偰被错划为"右派"，他批评阻止拆毁南京古城垣被说成借题发挥向党进攻，被免去江苏省文化局副局长的职务，下放到出版社当编辑，经常到农场劳动，后流落到南京图书馆工作。"文革"中更饱经磨难，清溪村 1 号的家被抄，书被查封，受到批斗游街、写检查等污辱，许多手稿在这场动乱中不知所踪。1968 年 7 月 15 日，朱偰先生不堪其辱，写下遗书含恨弃世。

十年动乱后，朱偰先生的冤案得到昭雪，恢复名誉，1979 年 1 月24 日《新华日报》发表"朱偰先生骨灰安放仪式在宁举行"的消息。如今，南京人说起朱偰先生，都称赞他是护城有功的功臣，今天中华门能巍然矗立，多亏了朱先生直言敢谏，自我牺牲。2005 年，南京城准备斥巨资 16.6 亿元，用三年时间修复有 600 多年历史的明城墙，并向联合国教科文组织申报历史文化遗产，每当人们为雄伟壮丽的南京明城墙赞叹时，都会由衷地想起朱偰这位为了保护历史文化名城作出不可磨灭贡献的爱国知识分子。

他的好友刘海粟先生赠挽联："真理长存，铁骨丹心照百世；是非论定，经济文章照千秋。"

陈光尧与简化汉字

陈　靖

1956 年我国颁布《第一批汉字简化方案》距今已走过整整 50 周年的历程。2006 年 7 月 16 日也正是这《第一批汉字简化方案》的主要起草人之一——我的父亲陈光尧诞辰 100 周年的日子。

50 年来，简化汉字的推广应用已深入人心，并融入到祖国上下亿万百姓生活的各个领域。然而在倡导和推动简化汉字运动的整个进程中，我的父亲陈光尧却经历了异常的艰辛与磨难。

自 1926 年起父亲陈光尧在祖父陈晓耘（孙中山秘书）的影响下，就开始提倡普及民众教育，以启蒙大众、提高全民族的文化素质为己任，将毕生致力于简化汉字的研究与推广当中。在 20 世纪三四十年代，他就被文化名人黄警顽先生誉为"提倡简字运动最勇敢的，且成绩又最惊人的一位急先锋"。

中华人民共和国成立后，他于 1950 年应吴玉章先生的亲笔信邀，来京协助筹备成立中国文字改革委员会，1953 年举家迁移来京工作。他将中华人民共和国成立前积累了几十年的文稿资料进行了严谨的归纳整理，亲自参与起草了我国 1956 年颁布的《第一批汉字简化方案》草案，并先后出版了关于简化汉字的大量书籍。在推广简化汉字几十年如一日的过程中，他始终如一、坚韧不拔，顽强地拼搏着，直至 1972 年临终前，他仍强忍着癌症带来的剧痛，依然用颤抖的手修改着他 1966 年"文化大革命"前就已经起草并刻印成册的《第二批汉字简化方案》草案，以微弱的力气让 16 岁的小儿子将稿件送到国务院后，于 1972 年 6 月 21 日下午 4 时走完了他为简化汉字事业奉献了一生的路程。享年 66 周岁。

祖父陈晓耘的人品为父亲一生打上深刻的烙印

祖父陈毅，字晓耘，又字五峰，号如是庵主，晚年别署农亚。1859 年生于汉中城固关丰乐桥街。其生性敏捷，学习刻苦，对书法尤感兴趣，于光绪年间考取贡生，进入京师国子监学习，结业后从事教育工作。清朝末年，加入同盟会，追随孙中山从事革命。1912 年 2 月，陕西省民政厅杨鼎臣派他为汉中自治督办。他在汉中各县发展同盟会会员，建立同盟会组织，受到上级嘉奖。1913 年被选为省议员，成为民国后第一届国会参议员。1916 年任县劝学所所长，后任黎元洪总统府顾问，曾护法广东。孙中山在广东任大元帅时，聘请陈晓耘担任元帅府秘书，并历任大元帅府参议，协助孙中山处理军国大事。

祖父不仅书法造诣很深，而且精于金石篆刻、吟诗作词。后经钱塘书法名家毛鸿指点，书艺进展更快，其运笔圆润有力，苍劲豪放，得到孙中山先生的赏识。民国 11 年应孙中山先生邀请由徐杭章炳麟撰、城固陈毅（晓耘）书石、为原国会议员李国定之母李母饶太夫人篆写墓志铭。

在中国书法界中，他极力推崇大小篆及钟鼎文，更能融汇古今各书体之长，自成一家。他所绘的山水、人物、翎毛、花鸟无不如生。但只可惜他性情过于孤高，既不求闻达，也不喜欢以浅易之书画而名世，更不肯以"字匠"之称留于后人，随即将作品烧掉，不肯示人。他对己要求过于苛刻，常自谓："须读书习字八十岁之后，方可为人作文作书。"他曾与吴昌硕、章太炎（炳麟）等名家交往甚密。在书画界中，众多著名要人，如章太炎、胡笠僧、吴昌硕、于右任、王用宾、焦易堂……都极力推崇祖父的书法，在清末民初的士林中，有"南康（有为）北陈（晓耘）"之称。但由于晓耘先生个性怪异，家中贵重之物可以任人索取，而墨迹则不为常人所得。除几个穷学生与至交外，几乎无人可以问津。他那求实而不务虚名的人品与精神，给父亲陈光尧的一生打上了深刻的烙印。

祖父一生行侠好客，酷好交友。家中常川流不息迎往宴请众多来客，数百金之财物，不吝千金一掷，亲友可以随便获取，而不求归还。不到十年光景，便将百万巨资施舍一空。直至最后自家以典当为生，还不忘资助他人。他研习中医，更能以医名世，施药救人。所以自旧国会同人及广东帅府同人，均为祖父的气节和艺术所敬仰。然而晚年他愤世嫉俗，弃官为民，自称"斗山居士""聋哑半盲人"，居于北京，开设"如是庵书法社"。1925 年孙中山在北平病逝，他自书约一丈见方的"民生未有"四个大字，拟将来前往南京拜谒总理陵墓时赠之。不料于1927 年秋祖父终因生活之困，忧劳而逝。享年 68 岁。

中国古文字的演变与简化汉字的不解之源

祖父一生不仅对金石、书画、诗文、篆刻无不精通，更擅长研究中国古文字的演变。他对甲骨文、金文、篆书到隶书的演变过程有着极深的研究。因此，年少的父亲耳濡目染了中国文字演变进化艺术的博大精深，他在祖父的影响下，心中渐渐地滋生了要将中国这繁杂的文字进行改革的念头。他意识到，只有把汉字简明化，才能更有效地普及民众教育，提高全民族的文化素质，成为强国、强民的唯一动力。就这样他渐渐地把自己的一生与简化汉字事业紧紧地联系在一起。

父亲幼习经史、酷爱国文并好西文。1919 年小学毕业后随家到京，考入天津南开中学读书，后跳级考入了北京私立民国大学本科国文系，有雄厚的国文功底，并富维新思想。他十八九岁时就在祖父的影响和支持下渐渐地开始汇集、编辑简字论文。1926 年春，他年仅 20 岁编辑的《简字方案》已具雏形。1927 年元月，祖父陈晓耘为此书写下了极为珍贵的《序》。(此《序》最终成为父亲一生从事简化汉字工作的唯一准则)。《序》中写道：

> 中国古来造字，本六义以为体用，一字有一字之定义，吾人不研究小学《说文》，终莫知其底蕴……今欲删繁就简，改难为易，诚属醒快便利之善举。而其促进中国教育，提高中国文化，关系尤为重要……故着手（简化）先必根据《说文》字体、字画、字音、字义，作精密彻底而有系统之讨论……凡一切删除改革均有依据，意义确凿，不必牵强撮合反生障碍。如是，既不悖古，而又能通古，且能用古适今，则简字原案绝无不为国人所通过推行之理。

同年 9 月 16 日祖父终因生活之困而仙逝，父亲只得弃学谋生。从那时起，在国人对于汉字改革运动还不注意的时候，父亲便开始潜心研究汉文简字学并整理通俗文艺、研究中国民众文学等。他不断撰写论文，在南北各报章杂志上极力鼓吹简字主张，引发社会讨论。例如：《语丝》周刊、《上海民国日报·觉悟》《新闻报·学海》和当时的《申报》《时报》《论语》半月刊。那时，北平各报以及大小刊物数十种，几乎无不连续载有他的简字著作。这些论文，共 30 余万言，已由他集为《简字论集》四册，分别出版。20 世纪 30 年代初，他还仅仅是个弱冠青年，便在全国尤其是文化界引起很大的震动。而且他还经常把自己的著作广泛赠送给众多著名学者和爱国友人，如鲁迅、蔡元培、冯玉祥、钱玄同、周作人、刘半农、胡适之、黎锦熙、景梅九、吴稚晖、李公朴、王云五、高梦旦、李石曾、高鲁、张元济诸君，恳请得到前辈们真诚的批评和指点。

当时，在上海等地掀起了各大报刊杂志广泛讨论简化汉字的热潮，这一文化运动引起了各界知识分子的高度关注：父亲在他的《三十言志诗》中写下了这样的诗句：

努力仍奋斗，辛苦约一年；《语丝》各刊物，载文广流传。十七十八年，沪报多同情；遍登拙作稿，国人始相惊。当时《新闻报》，初刊简字作；引起响应文，绵延至数月。

影响可见一斑，黄警顽先生说："前后在国内造成好几次极浓厚的简字风气，次次都是他的大作领头，引起了无数的同情文字继续讨论。近十年来主张简笔字的种种运动，其主动人还是陈君。""他自己虚心研究，不求名利的学者态度……在数年间，全国著名的报界文豪徐凌霄先生再三撰文誉扬陈君的著作，并称他是'中国的模范青年'，这几个字陈君当之实任无愧。"

冯玉祥赞誉道：敬先生之苦心，毅力；佩先生之勇往直前

父亲的一本《三十言志诗》，有助于增进我们对他的了解。此书题

为"简字丛书别集"，1936 年 10 月由黄警顽资助印行，封面由父亲自题书名，饰以"平辰"绘制的一幅图画。图画描绘海浪翻滚中的一叶小舟，舟身大书"简字运动"四字，舟中数人，或持杆远眺，或援手救溺，着力表现简字运动开拓者不畏艰险、克服困难的坚定信念，同时也反映出父亲从事简字运动一生的真实写照。

此书内容较多，信息丰富。首先是父亲对两位资助简字工作恩公的《致谢》。

一位是热心国民教育、提倡民众识字的冯玉祥将军，他读了父亲的《简字论集初稿》后，"颇为同情。即派员至北平相访，并惠亲笔长函，备言器重及赞助之意。后又赠款三千元，以为研究之费"。

另一位是时任国立北平研究院院长的李石曾先生，1930 年 1 月他曾收购父亲的《简字方案》书稿，拟作为中法大学研究院的《学术丛刊》出版，后又曾连续两年以助理研究员的名义向父亲致送研究津贴2400 元。

再有高梦旦、王云五两先生，由商务印书馆致送津贴 1100 元，资助父亲研究一年。但父亲却说："商务为书店，并非政府学术机关，此项津贴只可作为借款，早晚仍必归还，对商务美意绝对不肯接受。"由此可见父亲的人品与美德是由来已久的。

为了切实有效地普及民众教育，提高全民族的文化素质。在 1930 年底，年方 24 岁的父亲，就发动社会上热心关注简化汉字运动的有识之士，聚集在一起成立"中华民国汉字改革研究会"并亲自起草了汉字改革研究会的宣言及章程。他在宣言中写道："综上所述，我国民生之窘蹙，政治之紊乱，地位之低下，民生之危殆，其根本原因，皆由于国民之大多数不识字。"经过长达七年之久无数次的申报请求，最终于1937 年 11 月 1 日由国民党中央执行委员会民众训练部批准，由发起人陈光尧为代表的（上方命名为）"中国文字改进学会"获准成立。父亲一生放弃过无数次仕职，却始终把简化汉字与国家、民族的危亡紧紧地联系在一起。

父亲在事业上是勤勉的，是胡适眼中的"痴人"，也是胡适预言中"必定成功之人"。他博览群籍，笔耕不辍，30 岁上，除已著有民间文艺丛书、杂著约 100 万言外，著有简字著作多种，包括《简字方案》《简字论集》《简字论集续集》《简字偏旁表》《常用简字表》等共约 50 万言，而父亲尚未脱稿的著作更有数百万言之多。如《中华简字典》正在编辑中约有 500 万言之多，篇幅浩大，完成如此浩繁之作，难度之大，绝非个人之行为。他希望得到社会名人的支持及政府的关注和资助。面对社会上的反响，黄警顽先生说道：

> 上海存文会的领袖江亢虎、高潜子两先生，便是称誉陈君著作之人。此外，中央要人如：蔡元培、李石曾、吴稚晖、于右任、冯焕章、张溥泉、陈立夫、焦易堂，以及在野哲人如：钱玄同、王云五、郑振铎、周作人、鲁迅、刘仁航、陶行知、姬觉弥……诸公，亦莫不称赞陈君简字典等书之详博。

黄先生认为 1935 年上海文化界组织"手头字推行会"并发起推行"手头字（简体字）"运动以及同年 8 月国民政府教育部公布的"第一批简体字表"（共 324 字，不久收回），这一切都离不开父亲的推动工作。

父亲研究简化汉字的指导思想，始终主张文字应当以人为本——"文字附属于人类，非人类属于文字；文字应迁就人类，不可人类迁就文字"，因此，推行"识字运动"不是根本办法，是误以人类为文字的

"附庸"，也无法取代"简字运动"。他把整理编辑全部简字的困难作了形象比喻：搜集简字材料，如淘沙金；列举简字根据，如理乱麻；选定简化字体，如钻牛角。主张爬梳、辩证、整理的基础性研究工作可以依赖专家个人，并"以六书原则完善其自身"，而最终选定字体则应公议公决。

1933 年父亲在《论语》半月刊中发表了《简字九百个》。

他从中精选出 324 个简化字，邀请赞成简化汉字的文化名人共同于1934 年数度函请国民政府教育部资助完成他精详的简字计划，并请求教育部颁布这精选的 324 个简化字。一番"等因奉此"之后，国民政府教育部公布的"第一批简体字表"遭到了国民党元老戴季陶的极力反对，1936 年 2 月国民党政府下了一道"不必推行"的命令，停止以政府名义支持简化汉字的推行。

黄警顽先生深抱不平道："总觉得他以'卞和献玉'之心，而遭遇屈原被放之遇，这是我们整个国家和全部人民的大损失，也是我国学术界无热情的大羞耻。"

1936 年 11 月，父亲在当时的社会背景下，在逆境中，在浪尖上，他将又一部《常用简字表》（3150 字）出版发行。父亲在倡导和推广简化汉字如此艰难的情况下，他所起的作用，正像林语堂先生 1933 年《论语》中所讲："本来汉字应有较系统、较彻底的简便化，陈光尧先生可以说是走上这一条路的第一人。"

其实，在中国文字发展史上，文字由繁而简本是一般的规律，而在民间约定俗成的基础上，通过系统化、完善化、标准化的工作，才能达到化俗为正和有益于社会与民众的目的。父亲曾断言："我国如能推行有精义的简字，自然于普及教育之外，还可以发扬文化，富强国家。既挽救目前不保之危，更洗近年外侮之耻，这是当然的收获。"

他那教育救国的理想始终坚定不移。多年来他坚持不懈的努力，勇敢地拼搏与奋斗。以坚韧不拔的治学精神赢得了众多著名学者、爱国人士的热情支持、同情和资助。更值得欣慰的是得到鲁迅先生的热情关注，他在日记中曾六次提到父亲及父亲的简化汉字工作。在病中还为父亲寄来两封十分珍贵的信函。鲁迅先生信中写道：

"两蒙惠书，谨悉一切，先生辛勤之业，闻之以久，夙所钦佩……"

"蒙惠书并瞩大著，浩如河汉，拜服之至。尚有刊行者，则名利兼获。当诚如大札所云，际此时会，具此卓见之书店，殊不可得……"

话语虽少却字字千斤，表达了他对父亲在简字事业上不辞辛苦的劳作给予了充分的肯定。

简化汉字使父亲与毛泽东、周恩来、邵力子结下书信之缘

抗日战争时期，父亲也随众多文化界人士转移到四川等地。1939 年 2 月，他在四川重庆时接到邵力子先生的亲笔信函，谈及简化汉字问题后，便邀请他加入国民党，以便共同从事文字研究工作。并附有两张入党申请书，请他填好后寄去。（因邵力子曾是继杨虎城之后的陕西省政府主席）父亲便欣然同意了。随后他接到国民党中央组织部送来的一份"特别党员"的证书（凡由中央委员介绍之人，均持有"特别党员"证书）。为此，父亲认为自己已是国民党成员，便于 1939 年 5 月再一次上书蒋介石，请求国民政府对"中国文字改进学会"给予拨款支持，但"国防部最高委员会秘书厅"的答复却是："中央政治会议决议简体字暂缓推行等因，中国文字改进学会旨在研究并推行简体字有碍中央政令未便赞助"，并称之为"私人学术之研究不得轻易推行，免生流弊"。

这个回复对于父亲来说无疑又是当头一棒，父亲仅仅以他个人的微薄之力，却从事着一项旨在振兴中华民族文化的事业，为了这一事业他历尽了千辛万苦，却屡遭磨难。他振臂高呼"虽九死其犹未悔"，即使在衣食无着的情况下，他依然顽强地坚守着自己的信念。忍受着"公家"的轻慢和缺乏精神慰藉的打击，用他自己的话说，一时"所受人情之愚弄，环境之刺激，又复日甚一日"。自那以后，在国民党中他再也没有从事过任何简字学术活动。

1939 年春夏时节，他相继收到毛泽东主席长达 11 页的书信及周恩来总理十多封书信。毛泽东主席非常赞成他的简化汉字工作。提出："如用这简字，可以把现在所有汉字的笔画进行缩简，这对于我国广大劳动人民和无数孩子将是何等伟大的一种便利。"当时他曾听说周恩来到重庆，便携带书信多次前往八路军办事处联系，但却终因种种障碍未能相见。后被特务跟踪发现。不得已，他只得将毛泽东、周恩来的书信藏进房顶。不幸的是，敌机连续多日轰炸，房屋被炸，这些最珍贵的书信就这样消失了。房屋被炸后，他辗转来到广西，得到徐悲鸿先生的热情关照，并邀请他住在自家的楼上。

当年毛主席和周恩来都十分关注父亲的简字事业，并邀请他前往延安。但遗憾的是毛主席和周恩来的书信已无，加上 1939 年初他又曾经加入过国民党的经历，担心、内疚、忧心重重、错综复杂的矛盾心理，使他始终没有勇气踏上奔赴延安的道路。

简化汉字功在当代，利在千秋

中华人民共和国成立后，1950 年 9 月父亲曾给毛主席寄去两封关于简字问题的信和附件，并得到了中央人民政府办公厅的回复，告知"你寄给毛主席的两封信及附件都已收到。关于文字改革的问题，已转中央人民政府文化部研究"。

后应吴玉章先生的亲笔信邀,他来京协助筹备成立中国文字改革委员会。1953 年中央人民政府政务院下调令举家迁移来京工作,父亲来到中国文字改革委员会,专职从事简化汉字的研究工作。从此,他便把中华人民共和国成立前积累了几十年的文稿资料进行了严谨的归纳整理。陆续出版了以下著作:

1955 年 6 月父亲陈光尧编著的《常用简字谱》,是根据 1952 年教育部公布的 2000 个常用字,列举出各种手写的简体字约 1 万个,作为选择标准的手写简体的参考资料,同时具备《常用字表》和《手写简体字表》的双重作用。此书的出版,不仅在国内引起强烈反响,而且在国际上也引起国际友人的热情关注。德意志民主共和国德瑞斯登人民大学教授、汉语学家费·摩斯纳博士在德国高兴地买到这部《常用简字谱》,对书中"汉字笔画的统计"产生了浓厚的兴趣,并引发出一封《从统计眼光看汉字简化》的长信寄给父亲,从此他们便开始了两国间友好的文化交流。

1955 年 9 月父亲陈光尧又出版了《简化汉字》宣传手册,向全国亿万人民广泛宣传汉字简化的历史,为什么要简化汉字?汉字是怎么简化的?同时还告诉大家应该怎样来教、学简化汉字。为即将颁布的《第一批汉字简化方案》做好充分的宣传舆论工作,并为《第一批汉字简化方案》的有效实施打下了良好的基础。

更重要的是:父亲亲自参与起草了我国 1956 年颁布的《第一批汉字简化方案》草案。

1956 年父亲同时发表的还有《简化汉字字体说明》一书,是针对 1956 年公布的《汉字简化第一表》和《汉字简化第二表》所列的 515 个简化字逐个加以分析解说,是一本很有价值的参考资料,同时也是为了配合广大民众学好《第一批汉字简化方案》的一部姊妹篇。

此后父亲还陆续发表了《谈精简汉字》《第一批异体字整理表》《第二批异体字整理表》，并参与了 1964 年 5 月编印的《简化字总表》和《简化汉字总表检字》等影响较大的著作（这些书中，有一部分当年因不允许宣扬个人名利，而不能署名。但这些均是我们亲眼所见是父亲夜以继日的伏案之作），尚未发表的有《新说文解字》与 1966 年"文化大革命"前已经起草并已刻印成册的《第二批汉字简化方案》草案等著作。父亲几十年如一日默默无声地辛勤耕耘，却从不计较个人的名利得失。在中国文字发展的进程中，父亲始终坚守在不脱离中国古文字渊源的基础上走汉字简化之路。

1956 年 6 月 23 日他加入了九三学社，后成为九三学社文字改革分社的组长。

1957 年，党中央国务院开展整风运动。国务院办公厅习仲勋先生先后两次来函，邀请父亲前往国务院，参加国务院高级领导层的整党整风活动。说明了党中央国务院对他的高度信任和关爱，并给予他参政议政的最高权利。

1958 年父亲积极参加单位组织的各种义务劳动，去南口农场基地劳动，在修十三陵水库义务劳动时，父亲与朱德总司令的吃苦精神共同受到中央机关宣传喇叭的反复表扬。

"文化大革命"中，父亲首批被打成反动学术权威。造反派抢占了我家的房屋，将全家人赶入不足 18 平方米的陋室中，无数珍贵的文物资料以及他视如生命的书籍、手稿都被洗劫一空。造反派还逼打他承认是钻入中央机关的特务……一系列的罪状、满肚子的冤屈、撕心裂胆的痛心导致他患上了可怕的癌症。面对 18 平方米的陋室，已再没有了伴他一生的《辞源》《辞海》《康熙字典》……没有了他用心血和生命著成的书籍与手稿。几年后，他已是年近七旬的老人，还要拖着体弱多病的身躯，被下放到宁夏平罗国务院五七干校。在凛冽的寒风中，他腰系草绳与原教育部部长周荣鑫一起艰难地侍弄猪圈。1972 年在他多次吐血不止的情况下回到北京。病床边我们含泪扶他，他用颤抖的手用尽他生命的最后一口气顽强地修改着 1966 年"文化大革命"前就已经起草并刻印成册的《第二批汉字简化方案》草案，他始终坚守着一个信念："只做生前事，不问身后名。"为了使身后的研究者少走弯路，他甘愿做铺路石子。让孩子将这部珍贵资料捐献给国务院后，他于 1972 年 6 月 21 日走完了他为简化汉字事业奉献了一生的路程。

也正是父亲临终前的这部遗稿，再次推动了停顿多年的简化汉字工作，于 1972 年 7 月正式得到恢复。父亲的一生，始终是用自己的生命在不同的历史阶段，推动着简化汉字发展的进程。他一生治学严谨，每简化一个字都要做到"字字简化有依据，意义要确凿"。然而 1977 年底，当我们看到中国文字改革委员会颁布的《第二批汉字简化方案》时，《方案》中一些社会上随意书写、却没有任何改革依据的文字成了国家认可并予以颁布的"中国文字"时，我深为将毕生奉献给简化汉字事业的父亲感到遗憾。最终，国家还是废除了《第二批汉字简化方案》，说明了国家对中国文字的严谨与慎重。

难忘的《汉语大词典》编纂工作者

———

侯宪林

《汉语大词典》是由山东、江苏、安徽、浙江、福建和上海 5 省 1 市 43 个单位共同编写的一部全新大型的语文辞书。它古今兼收，源流并重，内容完备，收词严格，义项齐全，书证丰富，科学性强，全面反映了汉语发展史，是中华民族文化的结晶。我作为《汉语大词典》的一名编纂人员，从选择词目、制作资料卡片到编写词条释文，历时六年，尽了绵薄之力。其间所亲历亲闻的感人事迹与人物，至今仍常常浮现脑海，难以忘怀。现将我感受最深的人和事略述一二，聊志对那段峥嵘岁月的怀念。

一、《汉语大词典》工程的策划者及领导人陈翰伯同志

1975 年邓小平同志主持中央工作期间，陈翰伯同志任国家出版局代局长。为了发展我国的文化事业，他主持制定了《1975—1985 年编写出版 160 部中外文词典规划》。这一宏大的文化建设工程得到了周恩来总

理的批准和邓小平同志的支持。《汉语大词典》被列为国家重点科研项目。立项批准后，陈翰伯代局长亲自到上海主持召开了由山东、江苏、安徽、浙江、福建和上海5省1市出版局负责人和有关人员参加的会议，研究决定，由上述5省1市组织编写，上海市负责出版。陈翰伯同志雷厉风行，立即组建《汉语大词典》编写领导小组，并自任组长，督促有关省市建立相应的领导小组，与教育部门、高等院校协商分别成立《汉语大词典》编写分组，1976年伊始即投入工作。

作为山东省临沂师专的一名教师，我亲历了《汉语大词典》曲阜师院编写组临沂分组的建立过程。山东省领导小组成员之一、时任曲阜师范学院副院长的赵紫生同志与临沂师专领导商议，由临沂师专牵头设址，临沂地委宣传部、地区教育局负责调配师专及中学语文教师组成临沂分组，任命我来主持这个分组的工作。初闻消息我深感难以胜任，但一想到这是周总理批准的文化建设工程，于是义不容辞地担当起来。1977年9月，在《汉语大词典》青岛会议上，我有幸结识了陈翰伯老人。一天晚餐时我与他同桌。他看上去有些消瘦，用饭很少。我就近盛了一碗绿豆大米稀饭给他送上，他欣然接过，表示感谢。我向他表示了敬意，他向我询问了一些工作情况。饭后送他离去时，老人握住我的手，殷殷叮嘱："《汉语大词典》是周恩来总理生前批准的重点文化建设工程，我们一定要继承总理的遗愿，把它编纂好！"谁料想第二天他在主持会议时突发心脏病被送去医院治疗。他抱病坚持工作的精神和他对我说的一番话，使我常常受到激励，终于和同事一起克服重重困难，顺利完成了按书收词、制作卡片资料的任务。

1978年党的十一届三中全会以后，国内形势发生重大变化，为《汉语大词典》编写工作提供了很好的条件也提出了更高的要求。这时各小组选词制作资料卡片的工作即将完成，下一步要进入编写词条阶段，急需调整、充实、稳定编纂队伍。在此关键时刻，国家出版局向中宣部请示成立《汉语大词典》编纂委员会和设立《汉语大词典》编纂处。请示立即得到时任中纪委第三书记兼中宣部部长胡耀邦同志的同意和支持。陈老不辞辛苦再次赴上海落实任务，组建机构。他亲自请罗竹风同志出任主编，建立由 72 位专家组成的编委会，正式组建《汉语大词典》编纂处。随后又支持罗竹风同志聘请国内著名的语言学家为顾问，组成以吕叔湘为首席顾问的学术顾问委员会。这样就形成了《汉语大词典》工作委员会、学术顾问委员会和编辑委员会三个强有力的组织机构，三者分工负责共同完成这一工程。陈翰伯、吕叔湘、罗竹风三位老人不负众望，审时度势，根据进展情况，分别于 1981 年、1983 年、1985 年联名给中央打报告，及时得到批示并转发文件，对编写工作给予思想上的指导和人力、物力、财力上的支持，使《汉语大词典》编纂工作得以顺利进行。

二、《汉语大词典》的主编和设计者罗竹风同志

1978 年 8 月，罗竹风出任《汉语大词典》主编时已年近古稀。他深有感触地说："我既然接受了中央的这一重托，我将尽余生之力拼死为之。"他认为单靠个人力量不行，要上靠中央领导，下靠广大编纂人员，工委、顾委、编委要通力协作，关键是抓好编委会的工作。为此，他首先回答了"《汉语大词典》是一部什么样的书"以及"怎样编好这部书"的问题。

针对社会上对于《汉语大词典》的不同看法，罗竹风同志多次召开编委会议，集思广益，征求学术顾问的意见。经过深思熟虑，他胸有成竹地指出：《汉语大词典》是一部全新高水平的大型语文辞书，古今兼收，源流并重，反映我国汉语文发展的全貌。它需要依据自己收集的第

一手资料编纂，吸收最新成果，匡正旧辞书错误，力求选词精当，释义准确，义项齐全，书证恰当，具备较高的科研水平。这就明确了《汉语大词典》编写工作的性质、任务及方针，为全体工作人员绘制出一幅蓝图。

罗老凭自己多年编纂辞书的经验指出，编写《汉语大词典》要依靠知识分子，走专家路线，要抛弃"人海战术"的"左"倾做法。他提议把各编写组设成高校或科研出版部门的科研机构，编写人员享受相应的工薪、职称、住房、福利待遇，调动他们的积极性。待初稿编完后集中骨干人才到上海完成编辑出版工作。这就有效地稳定了编写队伍，保证了编纂质量。罗老坐镇上海，通过报告、讲话、撰写文章指导整个编辑工作，并亲自审定样稿，成为所有编写人员的楷模。

作为一般编辑人员，我未曾与罗老见过面，但从他的报告、讲话和文章中依然能够学到许多东西，并得到具体的指导。编写词条是一项漫长、琐碎而又艰苦的工作。初写释文时，速度慢，水平又不高，常反复易稿。看到被修改得密密麻麻、有时甚至需要重写的初审稿，我一时感到信心不足。这时，我读到罗老这样的一段话："《汉语大词典》就像是古往今来汉语词汇的一座档案库，库内的每个词都要交代，它是什么时候产生的，原来是什么意思，后来意思有什么变化，为什么不出现了，不用了，或者只用这个意思，不用那个意思了。每个词都像是一个档案袋，汇集起来，就是一部《汉语大词典》。"我终于明白：我们今天编写的每一个词条，就是《汉语大词典》浩浩长卷的每一块砖，每一片瓦。词条的质量如何，直接影响到整个大词典的质量。思想认识提高了，劲头也重新鼓起来了。我以更加饱满的热情和科学研究的态度对待自己的工作。

我所熟悉的相隆本同志是《汉语大词典》编委，第三卷副主编，第

一、二、三卷负责定稿的编纂委员。他在完成任务后，继续参加《汉语大词典简编》的编辑工作，深得罗老的器重和关爱。他尊重、爱戴罗老，二人结下深厚的友谊。每当我向相隆本老师询问《汉语大词典》进展情况时，他总向我谈一些罗老关于编纂工作的政策性意见。他说罗老是位知识渊博、品德高尚的人，特别尊重知识，尊重知识分子。罗老说，中国知识分子好，靠得住，信得过，一定能编好这部词典。这些话极大地鼓舞了编辑人员。相隆本是位不顾家庭困难、不计个人得失、一心扑在编写工作上的中年骨干。他从不提个人私事，却常常反映其他编写人员的工作和生活情况，引起罗老的重视。比如评定职称问题，《汉语大词典》的编纂费力大，耗时久，且出版工程繁巨，只能采取分卷出版的办法。参编人员短期内见不到自己的编纂成果，给参评职称带来诸多不便。罗老因此督促有关部门为参编人员及时颁发了《汉语大词典》工作证书，并向有关单位和学校正式确认《汉语大词典》署名的编纂人员名单，作为评定职称的依据。再如，罗老得知刘俊一教授户口在曲阜，家在青岛，人却在上海工作时，十分关切，立即写信给山东省的教育部门，最终帮助解决了这一老大难问题，为刘教授顺利完成任务解除了后顾之忧。相隆本自己多年做编审工作，却得不到相应的职称，又是罗老亲自致信给山东有关部门负责人反映情况，使其在退休前得以晋升正高职。

1994 年 5 月 10 日，北京隆重举行《汉语大词典》庆功会。相隆本参加会后，给我送来了由国家新闻出版署颁发的《汉语大词典》荣誉证书，讲述了罗老抱病出席庆典，受到党和国家领导人江泽民、李鹏等接见时的盛况和罗老十分钟的发言。讲到罗老送编纂人员代表到大会堂门口，伫立良久、挥手依依惜别的情景，真是感人肺腑，催人泪下。当老相（我这样称呼他）再次忆起罗老"我既然接受了中央的这一重托，我将尽余生之力拼死为之"的誓言时，我想起林则徐"苟利国家生死以，岂因祸福避趋之"的诗句。不同的是林则徐未能领导人民取得抗英胜利，而罗竹风则看到了《汉语大词典》皇皇十二卷的出版，给这项艰巨的工作画上了一个圆满的句号。

三、《汉语大词典》编委、三卷副主编刘俊一教授

刘俊一教授原任《汉语大词典》曲阜师院编写组业务组长，主持词目选择制卡和词条初稿的初审、复审工作，后调至上海编委会，任编委和第三卷分主编，参加了编纂工作的全过程，到第三卷出版时已年逾花甲。我在他的指导下从事选词制卡和编写词目释文工作，深受教益，至今难忘。

1958 年，刘俊一从东北师范大学汉语语言专业硕士毕业后来曲阜师院做了一名教师。他的妻子在青岛工作，二人长期两地分居，很想调往青岛团聚，然而《汉语大词典》的编写任务下达后，领导安排他主持曲阜师院编写组的工作。他一听是周总理批准的项目，就痛快答应留下来，宁肯付出十年心血，也要编好这部大书，为民族争光。十几年间，他不顾家庭困难，一心扑在《汉语大词典》编纂工作上。1977 年 9 月青岛会议期间，我曾到过他在青岛的家：老少三代住在一居室中，岳母住过道，女儿晚上竟然睡在壁橱中，那种情景至今想起心里仍不是滋味。20 世纪 80 年代初，学校建了新房，他因孤身一人在曲阜，所以只分到一居室。当我获悉青岛教育学院可以进人时，立即转告于他。他很高兴，认为时机来了。但谈何容易！后来他又被调往上海编纂处，全家团圆之日又拖下来。在他身上充分表现出中国知识分子的献身精神。

当初，临沂分组刚刚建立，无人知道工作如何展开。他及时从曲阜赶来，一住十多天，不辞辛苦地为我们示范怎样从古籍中选词制卡，先

把我教会了。为了保证质量，他又把各分组的人集中到曲阜，带上自制卡片，互相检查，发现不合格的资料卡，责令去掉或重做，从而使各分组与总组在三年内一起按时保质保量地完成了任务。

进入编写阶段后，编写队伍也进行了重整和充实。作为审稿人，他严格要求，紧紧把关，对每个词条进行初审、复审。从他为我修改的词条中，可以看出他一丝不苟的工作精神和令人叹服的专业水平。如今我已年近八旬，却依然难以忘记我们共同工作拼搏的 6 年时光，难以忘怀这位良师益友。

时光如梭，往事如昨，这些先辈和同事们的献身精神和不朽业绩，常常使我落泪，催我奋进。我相信，祖国和人民不会忘记他们，广大读者更不会忘记他们！

《裸体艺术论》出版的前前后后

———

陈　醉

　　生活中有许多事情是很有趣的，有些现在看来是不可能的事，但它的的确确存在过。譬如 20 世纪 60 年代，有人居然一口气吃了 18 个馒头外加半铅桶稀饭——虽然南方的馒头是一两一个。中国的学术界，也同样经受过这种饥饿。那个年代，就连"革命现实主义与革命浪漫主义相结合"这个单一的创作方法，也都变成了一个干瘪的口号。当然，"革命浪漫主义"也是有的，那就是自己饿着肚子，还要念念不忘"全世界还有三分之二的阶级兄弟生活在资本主义社会的水深火热中"，等待我们去拯救！

　　新中国知识分子真正感受到浪漫，应该说是改革开放后，也就是 20 世纪 80 年代初。那是中国文化人最激越、最有抱负、最充满幻想的年代，那是一个大潮起落、汹涌澎湃的年代，我有幸经历了这个年代。在学术界，因为憋得太久了，对任何异样的理论与实践都很好奇、都觉得新鲜、都跃跃欲试。

一

中华人民共和国成立后，除了美术院校作为基本功训练允许画人体模特儿以外，创作和展览是不能出现的。这在当时是一个绝对的禁区，与黄色、淫秽等同视之。也许出于有过西洋绘画学习和科研深造的经历，加上对神秘区域穷根究底的个性，1981 年研究生毕业后我本人就全身心投入这个选题的研究。穷七年之功，1987 年研究成果《裸体艺术论》出版。客观地说，当时做这个选题还是很冒险的。很多师友好心劝我先搞个平稳的选题在研究院立足后再去冒险，但我觉得到那时这股锐气就没有了，再三考虑还是下决心做。所以同人们开玩笑说，陈醉抱着个裸体（选题）不舍得放。当时写作确实很艰难，没有现成的著作可参考，还要翻阅其他学科的文献，插图只能从外文原版的史论著作中大海捞针。甚至连稿纸都很缺乏，一些部分不得不两面都使用。那时是真正着迷了，有一年春节，太太把冰箱塞满就带着孩子回广州了。一天忽闻窗外爆竹声大作，惊询电梯司机出了什么事，对方更惊奇地回答："今天是大年三十呀！"正因为学问做得不易，所以每写出一张稿纸都非常珍惜，甚至到了神经质的地步。就怕丢失，出差时留在家里不放心，带在路上更危险。书稿交出版社后，正好新闻报道某省亚麻厂失火，不久又报道某印刷厂失火，烧掉了作者多年心血写成的书稿……自此以后就寝食不安，整天都提心吊胆地过日子。直至样书出来才松了一口气，当时下意识地将新书捏在手上，为自己的新生儿激动，但心底里更响亮的声音却是，我再也不怕印刷厂失火了！

而出版这本书也同样担当风险，出版社报选题的时候，还故意将书名改为《人体艺术论》，就是为了回避这个"裸"字，审查通过，正式出版时才改回《裸体艺术论》。当时的社会环境是，老百姓对裸体艺术几乎是一无所知的。一份专业的美术刊物试探发表了安格尔的《泉》，结果招来了不少读者的批评。一个印刷厂承印一本有裸体名画插图的专业书，还专门组织了优秀党员师傅小组并用帆布围起一台印刷机来完成这个"特殊任务"。报刊上也开始了有关裸体艺术的讨论，但基本上还是停留在是否黄色、有无不良影响等层面。一个典型的例子是，重庆新建了一座桥，两边桥头设计了带有象征意义的"春、夏、秋、冬"四座裸体女性雕塑。这本来是一个很美的构思，不料引来了强烈的批评，其中最有趣的一条意见是：弄个裸体女人在桥头，司机不就把车开到河里去了吗？不得已，最后还是让她们"穿"上了衣服——其实很简单，在裸体原稿上略加衣纹罢了……而老百姓最早知道"模特儿"这个词也是从改革开放后引进时装模特儿开始的，他们也并不知道"祖宗"是绘画模特儿，更没听说过还有裸体的……正是因为当时特殊的历史背景，《裸体艺术论》的出版引起了社会的轰动。那是真正的轰动，那时尚未有炒作，而当今的炒作也绝不可能达到那个规格。新华社三次发通稿，《人民日报》《光明日报》《文艺报》《中国日报》等各大报率先发表专家书评。仅1988年，专著就印刷了20万册，创出版史上学术专著成为畅销书的奇迹。

1988年3月26日《文艺报》头版发表的一则关于《裸体艺术论》出版、面市的报道称，"售书人说，这本有着235幅插图的学术论著，尽管定价8元，购书人掏钱大多'十分痛快'"！那时大学毕业生的工资才50多元，8元钱一本的书当然算昂贵的了。但贵也要买，这生动反映出当时人们对新知识的渴求，尤其反映出对这个禁锢领域的强烈好奇。在专著现书售罄而加印又未赶上的断档时刻，小书摊上涨至30元一册，而样书则用塑料薄膜包着，翻阅一次要收5毛钱的折损费。一些书店的橱窗上，张贴着从《裸体艺术论》中摘录的段落，一方面为专著做广告，而更重要的目的是为一些试探着出版的有裸体绘画作品的画册销售充当"护身符"。一些专业的书店，购买《裸体艺术论》还得凭工作证，只能卖给专业工作者。为此还使我"得罪"了许多朋友，中央美术学院不少教授事后见面都少不了要"骂"上几句："阁下不送我书就算了，我自己掏钱买你的书还得看我的工作证，哈哈哈……"的确，人们在以吃18个馒头外加半铅桶稀饭的劲头在狼吞虎咽新的知识，而由于专著的选题特殊，又使读者面突破了专业阶层而大大地扩展了。

1988年被舆论界誉为"陈醉年"。继而，专著获全国图书金钥匙奖、1988年十本优秀畅销书奖和1989年优秀科研成果奖等三项大奖。1999年专著被媒体列为中华人民共和国成立五十周年重大文化成果之一。《裸体艺术论》至今已出第四个版本，手稿为中国现代文学馆收藏。改革浪潮把我推上了潮头，算是当了一回"弄潮儿"了。继《裸体艺术论》后，还出版了《维纳斯面面观》《当代人体艺术》等十来部，都是研究裸体艺术的。从舆论的反馈得知，研究成果对美术和对姊妹艺术如文学、舞蹈、表演以至对教育、医学、心理学等研究领域都产生一定的影响，而外国传媒则将专著的出版视为中国改革开放在学术领域的标志。20年后，一则生动的故事作了例证的补充：2006年6月14日，在专著手稿捐赠中国现代文学馆的仪式上，作家张抗抗手捧该书深情地回忆起往事："这是我20年前购买的第一版的《裸体艺术论》，一直珍藏至今。当年我们老三届回城后，脑子是空空的，对知识如饥似渴，遇到了这本观点全新的著作，真是如获至宝！《裸体艺术论》给青年人的创作打开了很多扇门，告诉一直封闭在那种状态下的青年人对生命、情欲和爱的启蒙认识。我当时就是受了它的启迪、汲取了它的营养，1997年创作出了《情爱画廊》……"

不仅裸体艺术，笔者所经历的最先是"形式的解放"，然后有"现代艺术的创作实践"，特别是"人性的再认识"。改革开放初期，这四个问题最重要、最关键而且影响最广泛，艺术发展甚至社会发展的最根本问题基本上都涉及了。以"形式""现代艺术"两个问题为标志，解放了人的思维与观念，使艺术开始步入多样化。以"裸体艺术""人性"两个问题为标志，解放了人的心灵与肉体——人们重新认识和把握自身，开始逐步由必然趋向自由。诚然，艺术方面所涉及的问题远不止这四个。但有一点是共同的，那就是很多事情都是从无到有，甚至是禁区突破，所以不少新事物的出现都是具有爆炸性的。

二

当然，毕竟是大潮，有时会难以控制，可能会冲击一些不该冲击的地带。面对崭新的前景，面对完全生疏的现实，面对历史前进的滚滚洪流有时也需要判断、需要思考、需要验证，所以在实践的过程中有时来个"软着陆"，甚至来个"硬着陆""急刹车"都是正常的事。

笔者经历的还有两则小故事。一是有关笔者主编的《世界人体艺术鉴赏大辞典》。原定书名《世界裸体艺术鉴赏大辞典》也请刘海粟先生题写了，不料遇到形势变化耽搁下来了。后来出版社为了出书，也把"裸体"改成了"人体"，回避"裸"字。可惜正式出版时并没有将"人体"改回"裸体"。出版社的领导事后还很得意地讲述他们给刘海粟的手迹做"手术"的故事：他们把题签中的"大"字复制出来，去掉一横，就成"人"字了。再用它置换出"裸"字，于是，便成了《世界人体艺术鉴赏大辞典》，依旧是刘海粟的题字，天衣无缝，真是煞费苦心。此外，该书还印了 1991 年和 1990 年两个出版年份，明显地记录了这段等待的时间。另一则故事，就是 1991 年 4 月 22 日前后，香港《明报》《新晚报》《天天日报》等一些媒体都发表了香港中国通讯社的一篇题为《"裸体大师"陈醉称，他在"扫黄"中未受牵连》的报道，这里也明显地折射出了当时的政治气候的变化。这些都是很有趣的历史印记。不过，局势很快就明朗了——邓小平南方谈话再次坚定了改革开放的信念，总结经验，调整政策，步伐更加稳健了。学术界也在调整心态、认真清理、回顾总结、稳步前进。本人也在回顾、在思考，写出了《全面把握中西艺术的美学特质》《十年回眸——论裸体、裸体艺术及艺术中的裸体》等论文。正因为有了十年前对西方艺术的研究与实践，才有今天的中西比较研究。正因为十年前开始了裸体艺术研究，艺术中以至社会中才有了裸体内容，才有可以"回眸"评点的业绩。

三

进入新的历史阶段，国家明确提出了科学发展观。经济发展使中国有能力考虑如何规避西方大工业发展过程的负面后果，进入可持续发展的轨道，有能力进入国际大家庭共同治理"地球村"。无疑，科学发展既包含自然科学也包含人文科学。今天的学术界，思考的问题应该更深、更广、更新。这段时间，本人发表了《女神的腰裘——论性诱惑与人体美的起源及未来》（获第三届中国文联优秀文艺评论"理论"奖）、《未来的大师就在我们当中——面临全球化浪潮的中国美术》（获第四届中国文联优秀文艺评论"理论"奖）、《中国进入泛裸体时期》等，力图对一些带根本性的命题有更深的挖掘和对当下的热点有更敏锐和更全面的审察与思考。

30 年过去，今天不可能再有人一口气吃 18 个馒头外加半铅桶稀饭了。同样，今天，也很难再有当年的轰动了。因为，当年封闭的时间太久了，很多领域都留下了空白，也许很小的事，其效果都可能是由 0 进到 1。而如今，该做的、能做的事情基本上都做了或者正在做。也许很大的事，但其功绩可能不过是由 91 进到 92，不会引起人们的惊奇。今天，也很难再有当年的冲动了。因为，想出去的都出去了，需进来的都进来了；想看的都看了，能做的都做了。我们有了世界全方位的参照。我们不会再像 30 年前那样仰视外来的新鲜，我们也会站在世界的多角度回顾自己的传统。30 年后的今天，我们光明正大地提倡"人性化"、"以人为本"和"人文关怀"等，一句话，我们更关注人自身！这，不正是 30 年前争论、思索的最高升华吗？

图书在版编目（CIP）数据

历史的流星／刘未鸣主编 . — 北京：中国文史出
版社，2018.9

（纵横精华 . 第二辑：历史的侧影）

ISBN 978 - 7 - 5205 - 0851 - 3

Ⅰ . ①历… Ⅱ . ①刘… Ⅲ . ①历史人物—生平事迹—
中国—近现代 Ⅳ . ①K820.5

中国版本图书馆 CIP 数据核字（2018）第 265102 号

责任编辑：金硕　胡福星

出版发行：**中国文史出版社**

社　　址：北京市海淀区西八里庄 69 号院　　邮编：100142

电　　话：010 - 81136606　81136602　81136603（发行部）

传　　真：010 - 81136655

印　　装：北京朝阳印刷厂有限责任公司

经　　销：全国新华书店

开　　本：787×1092　1/16

印　　张：18.5

字　　数：230 千字

版　　次：2019 年 2 月北京第 1 版

印　　次：2019 年 2 月第 1 次印刷

定　　价：56.00 元